한국 자본권력의 불량한 역사

한국 자본권력의 불량한 역사

초판 1쇄 인쇄일 2017년 11월 6일
초판 1쇄 발행일 2017년 11월 13일

지은이 안치용

펴낸이 김완중
펴낸곳 내일을여는책
편집총괄 이헌건
디자인 구정남
관리실장 장수댁

인쇄 예림인쇄
제책 바다제책

출판등록 1993년 01월 06일(등록번호 제475-9301)
주소 전라북도 장수군 장수읍 송학로 93-9(19호)
전화 063) 353-2289
팩스 063) 353-2290
전자우편 wan-doll@hanmail.net
블로그 blog.naver.com/dddoll

ISBN 978-89-7746-082-9 03300

(CIP제어번호: CIP2017028989)

정권은 재벌을 만들고
재벌은 권력을 지배한다

한국 자본권력의 불량한 역사

안 치 용 지음

내일을여는책

서문

'범죄자본주의' 해체하고 한국 자본주의를 전면 재구성하자

희망은 원래 맹목적이다. 그러하기에 희망이 전혀 없어 보일 때 더욱 희망이 절실하다는 역설을 말할 수 있다. 또는 말하고 싶다. 21세기 초반의 한국 사회를 두고도 그렇게 말할 수 있다. 지금 우리나라, 우리 사회가 겉보기로는 괄목할 만한 성장을 이루어내었다는 데에 이견은 없다. 그러나 그 성장이 비대칭/불균형 성장이고, 성장의 과실이 특정 세력에게 돌아가고 있다는 데에도 큰 반론이 없을 것이다. 또한 한국 사회의 속은 썩을 대로 썩었고, 역사는 퇴행에 퇴행을 거듭하여 한 치 앞을 내다볼 수 없는 어두운 절망에 직면하고 있다. 이러한 진단에 사회 구성원의 대다수가 동의하리라는 게 내 판단이다. 혹은 내 희망이다.

에둘러 말할 것 없다. 그 절망을 일으킨 주범은 한국 사회를 특징짓는 '범죄자본주의'와 자본권력이다. 금권으로도 표현되는 자본권력은 민주적이고 사회적인 통제에서 벗어난 소수의 자본가들과, 그들을 정치·경제·문화적으로 뒷받침하고 보위하며 동시에 자신들의 이익을 챙기는 호

위그룹으로 이루어진다.

이 금권 과두집단은, 형식만의 민주주의 국가인 대한민국을 철두철미하게 또한 일관되게 통치하고 지배한다. 그들의 통치와 지배는 보이는 곳과 보이지 않는 곳 모두에 미치며, 그들의 통치와 지배체계 또한 보이는 것뿐만 아니라 보이지 않는 것으로도 구성되어 있다. 사회 구성원의 탈출 또는 저항을 근원적으로 차단하는 구조다. 더 암담한 것은 앞서 언급한 대로 이 금권 과두집단을 제어할 민주적이고 사회적인 수단이 우리에게 없다는 사실이다. 현재로선 이들의 지배가 거의 영구적일 것으로 보인다.

'헬조선'의 한국 사회는 그러한 측면에서 원천과세 성격의 좌절을 안고 살아가며, 희망의 잔고는 끊임없이 '0'으로 떨어지게 된다.

민주공화국 대한민국의 현재 모습은 로마의 라티푼디움과 같은 고대의 계급사회를 연상시킨다. 극소수 지배계급의 특권적 삶과 절대 다수의 노예적 삶이 대비된다. 이 절대 다수는 명목상 시민이고 국민이지만 그들의 삶의 내용은, 구조적으로 빼앗기고 이탈의 가능성이 없다는 점에서 분명 노예적이다. 전례 없는 불평등과 영화 『매트릭스』적인 억압, 그리고 그에 상응하는 계급적 특권을 동시에 만들어낸 현 사회체제는 한국 현대사 최악의 난제이다.

금권 과두제의 극복 없이는 대한민국을 사람이 살아가는 세상이라고 말할 수 없다. 그러나 그 극복은 금권 과두제가 어떠한 타협의 여지도 남기지 않는다는 점에서 완전한 전복(顚覆)으로 향할 수밖에 없다. 탐욕은 타협하지 않는다. 굳이 역사의 교훈을 곱씹지 않아도 그 사실은 자명하다. 지금까지도, 금권 과두집단과 그 하수인들이 우리에게 채운 쇠사슬을 풀어서 돌려주고 우리의 세상을 획득해야 한다는 150년도 더 지난 오래된 이야기가 가슴에 와 닿는 현실이 안타깝다.

전복은 치밀하고 체계적이며 전방위적이어야 한다. 상대는 '범죄자본주의'와 그것에서 발호한 자본권력이다. 누군가는 '범죄자본주의'라는 나의 규정이 불편하고 또 과도하다고 느낄 수 있다. 아무리 한국 자본주의에 문제가 많다고 해도 삼성이나 현대, SK, 한화를 마피아 취급할 수는 없지 않은가 하는 반박 또한 예상된다.

우선 '범죄자본'과 '범죄자본주의'가 다르다는 점을 이야기할 수 있다. 공동체의 질서와 이익에 반해 특정 패거리의 이익을 불법적으로 추구하여 만들어진 자산이 예컨대 마피아나 삼합회 등의 '범죄자본'이다. '범죄자본'은 사법적 심판에 의거해 언제든지 몰수되고 단죄될 수 있다는 측면에서 근본적으로 취약하고, 그렇기에 음성적 성격을 띤다.

반면 한국에서 나타난 '범죄자본주의'는, 그 자본은 공동체의 질서와 이익에 반해 특정 패거리의 이익을 불법적으로 추구하여 만들어졌다는 측면에서 '범죄자본'과 동일하지만, 사법적 심판을 벗어나 있고 나아가 사법을 포함한 국가와 사회의 권력을 총체적으로 장악하고 있다는 점에서는 '범죄자본'과 극명한 차이를 보인다. 해악의 범위가 제한적이고 국가권력이 마음먹기에 따라 언제든 척결할 수 있는 마피아 등의 '범죄자본'과 달리 한국의 '범죄자본주의'는 해악의 범위가 사회와 국가 전체를 포괄하며 국가권력마저 좌지우지하는 최상위 권력이 되었다. 재벌이 마피아보다 더 사악하다.

'범죄자본주의'는 한국 자본주의의 본질적 특성이며, 이는 대한민국이란 근대국가 형성과 맞물려 있는 한국만의 독특한 현상이다. 이승만을 중심으로 한 친일세력과 두 개의 외세에 편승한 기득권 세력이 어떻게 민족공동체의 이익에 반하는 방식으로 국가를 장악하여 대한민국을 그들의 나라로 만들어왔는지는 현대사를 통해 한눈에 파악할 수 있다. 대한민국을 기초하고 설계하여 완성한 이승만·박정희·전두환으로 이어진 정치권력은 태생 자체가 범죄적이다. 이 독재자들은 민족과 공동체의 국가를 찬탈하여 소수 기득권 집단의 국가로 만든 범죄자다.

한국의 자본은 국가권력을 장악한 범죄자들과 협력하고 거래하며 조성되었기에 마찬가지로 범죄적일 수밖에 없었다. 한국 자본주의의 맹아기인 해방 시기로 돌아가보면, 당시 여러 가지 쟁점 가운데 특히 일제가 남기고 간 적산의 처리는 어떤 국가를 지향하느냐와 직결되었다. 조선을 식민지로 만들어 조선인과 조선의 부를 약탈하여 생성한 일제의 재산은 해방 후 민족 공동체의 소유가 되는 게 누가 봐도 수긍할 해법이었다. 임시정부에서 일제는 물론 친일파의 재산까지 몰수하여 국유화한다는 정책을 확립한 것은 정당했다.

그러나 친일파가 주축이 되어 건국된 나라에서, 친일파는 재산을 몰수당하기는커녕 새롭게 적산을 인수하였고, 이승만을 비롯한 미군정과 관련된 일부 모리배들이 적산을 가져갔다. 한국 재벌의 창업자 중 상당수가 해방 시점에 적산의 직원이나 관리자였다. 이들은 자신들의 적산 인수를 상황논리로 정당화하지만 당시의 전체 역사 속에서 이들이 최소한 '약탈'의 포괄적 공모자임을 부인하기는 힘들어 보인다.

더 큰 문제는 재벌의 시원뿐 아니라 이후의 축적과 발전 그리고 자본권력의 행사 과정 전체가 적산불하와 비슷했다는 점이다. 재벌들이 자신들의 창업자를 미화한 것과 달리 그 창업자들에게는 이른바 기업가정신이란 게 거의 발견되지 않으며 오히려 밀수나 뇌물, 불법적 정치자금, 탈세 등 온갖 종류의 범죄로 무장한 '종합모리배정신'만 목격된다.

이러한 '모리배정신'은 한국 자본주의 초창기에 잠깐 등장했다가 소멸한 것이 아니었다. 지금까지도 거의 대부분의 한국 재벌에게서 '모리배정신'이 작동하는 모습을 목격할 수 있다. 최근의 몇몇 풍경만 떠올려도 금세 고개를 끄덕일 수 있다. 4·19 직후 부정축재자 처리 문제가 불거졌을 때 비밀리에 만나 야합한 박정희와 이병철의 딸과 손자는 50년도 더 지나 유사한 행태로 만나 둘 다 구속되었다. 형제의 난을 통해 이러저러한 내부 치부를 드러낸 롯데 재벌 또한 '모리배자본'이라고 불러도 손색이 없지 않을까.

살아남아 번성한 한국 자본 중에 범죄에 관련되지 않은 자본이 과연 몇 개나 될까. '범죄자본주의'에게 범죄는 예외적 상황이 아니다. 오히려 자본주의를 작동시키는 기본원리로서 범죄를 개입시키며, 그 과정에서 국가와 사회 전체의 이익을 침해하고 약탈한다. 물론 당사자들은 범죄를 일상적으로 저지르면서도 범죄라고 생각하지 않는다. 마피아와 달리 재벌은 뻔뻔하고 가당찮은 특권의식에 절어있다.

'사회적 자본주의'라는 전망은 가능할까

'범죄자본주의'의 전복은 기존 자본주의 작동체계에서 범죄적 요소를 제거하고 다수의 이익을 신장하는 시장자본주의를 찾아내어 발전시키는 것을 의미한다. 그러나 아무리 사악한 기득권이라 해도, 아니 사악한 기득권일수록 스스로 제 특권을 내려놓은 적은 없다. 결국 '범죄자본주의'를 넘어 건전한 시장자본주의를 찾아내고 공동체의 이익이 보장되는 새로운 경제·사회 구조를 창안하는 출발점은 '범죄자본주의'에서 부당한 이익을 축적하고 무람없는 특권을 누린 현존 자본의 소유구조를 해체하고, 자본의 성격을 소수 과두집단에 봉사하는 것에서 사회에 봉사하는 것으로 변경하는 것일 수밖에 없다.

재벌의 재산을 몰수하고 국유화하는 식의 혁명을 하자는 게 아니다. 전복은 (어떤 시민이든) 소유권을 비롯한 시민의 권리를 인정하고 보호하며 시장기제를 활성화할 것을 기본전제로 포함한다. 사적 소유와 시장기능을 전제한 가운데 자본의 운용을 공동체의 이익에 맞게 조정하는 '사회적 자본주의' 혹은 '사회화한 자본주의'를 검토하자는 것이다. 이론상 범죄수익은 몰수하는 게 타당하지만 현존 법치국가 모델에서, 게다가 국가권력을 사실상 장악한 금권을 상대로 몰수를 운운하는 건 소극(笑劇)에 불과하다. 입법권과 시민사회권력을 활용하여 몰수 대신 사회화의 길을 모색하는 게 그나마 현실적이고 또한 합리적이다.

기업경영에 다양한 이해관계자 참여, 연기금 의결권의 사회화, 소액주주 참여의 조직화, 상속 등에 관한 세제 개혁, 시민적 입법을 통한 자본의 전횡 방지 등 현존 체제에서 생각해볼 수 있는 '사회적 자본주의'의 실현 방안이 결코 적지는 않다. 그러나 실현 가능성은 솔직히 희박하다.

대한민국을 지배하고 움직이는 금권 과두제는 철옹성으로 자리하고 있다. 이미 다양한 저항수단을 사전에 무력화한 상태이기에 그 철옹성을 공략하기는 어렵고도 또 어려운 일이다. 그러나 역사상 무너지지 않은 성은 없었다. 성의 본래 개념은 안전과 배제이지만 그 속에는 태생적으로 포위가 들어있다. 축성된 성은 공격의 목표로 뚜렷하게 정립되며 언제나 포위의 가능성 아래 놓인다.

물론, 단지 가능성이다. 다른 가능성도 있다. '사회적 자본주의' 실현에 우호적인 조건은 자본주의 자체에서 발견된다. 결국 해답은 문제에서 찾아진다. 칼 마르크스가 말한 대로 사적 소유와 사회적 생산 간의 간극은 자본주의가 발전하면서 더 커지고 있다. 더불어 자본의 규모가 확대되면서 사적 통제가 유지되는 가운데 사적 소유는 한국을 포함한 모든 자본주의 국가에서 점점 약해지는 중이다. 생산의 사회적 성격은 사회화와 지구화가 맞물리면서 이중성을 드러내고 있으나 여전히 '사회적 자본주의'에겐 기회의 요소가 발견된다. 이 책의 주제를 넘어서기에 간단히 정리하고 넘어가면, 자본이 초거대화하면서 자본의 사회화는 불가피해 보인다. 자본의 사회화는 확실히 '사회적 자본주의'에 유리한 환경이다.

이 책은 한국 자본주의의 역사를 다뤘다. 그 역사는 정경유착을 필두로 한 각종 죄악으로 얼룩졌다. 친일세력을 청산하지 못하고 친일파를 건국의 주도세력으로 삼은 대한민국의 슬픈 역사는 여전히 이어지고 있지만, 4·19혁명과 87민주화운동 등을 통한 개혁과 전복의 기도라는 가슴 벅찬 가능성을 보여주기도 했다. 반면 한국 '범죄자본주의'의 사악한 역사에서는 어떠한 전복의 기도도 목격된 바가 없다. '범죄자본주의'는 승승장구했고 시기마다 주역을 바꿔가며 더욱 번성해 금권 과두제는 현재 최고의 전성기를 누리고 있다.

한국의 현대사를 다루는 일은 늘 불편한 일이며, 특히 이 책에서 한국 '범죄자본주의'의 역사를 다룰 때는 불편함이 배가되었다. 그 이유는 확실히 '범죄자본주의'의 폐해가 너무나 심각하지만 개선할 방법이 찾아지지 않고, 근본적으로 이 불온하고 사악한 체계를 벗어날 출구가 보이지 않기 때문일 것이다.

그럼에도 우리는 다시 희망을 이야기해야 한다. 어느 프랑스 철학자가 말했듯이 "희망하는 것, 그것은 금지되지 않았다." 그러나 우리의 전반적 삶에 비춰보면 이 말은 희망적이지 않고 오히려 절망적이다. 금지되지 않았음에도 희망하기를 멈춘 희망부재는 최악의 사태라고 판정할 수 있기 때문이다. 따라서 느린 걸음이 되겠지만 희망 자체보다는 희망의 근거를 찾는 일에서 우리는 희망부재의 타파를 모색해야 할 것이다. 그 일은 절망을 깊숙이 또한 찬찬히 들여다보는 일에서 시작된다. 부끄럽지만 이 책은 일종의 들여다보기라고 할 수 있다.

2017년 11월 **안 치 용**

CONTENTS

PART 3 그라운드 제로 한국전쟁

PART 4 친일에서 친미로

CONTENTS

PART 7 중화학공업 육성으로 재벌은 비대화하고 안정되었다

PART 8 탈(脫) 한국 자본의 한국 지배

PART 9 자본
민주주의 국가의 시장과 사회를 지배하는 최고 권력

PART 1

차이 없는 반복

외적 식민지에서
내적 식민지로

1
백년 호텔을 가진 나라

2014년 10월 한 스포츠 신문에는 "조선호텔 100주년, 한국 호텔의 역사를 새로 쓰다"라는 제목의 기사가 실렸다. 기사는 "10월 10일. 이날부터 한국도 '백년 호텔'을 가진 나라가 된다"라는 감격적인 첫 문장으로 시작한다.[1)]

'호텔' 문화가 도입된 지 100년이 됐다는 사실은 여러 가지 의미로 해석이 가능하다.

기사가 지적한 대로 호텔은 개방과 근대를 상징하므로, 서구 기준에 따라 한국 사회가 근대국가로 변모한 지 막 1세기를 지나고 있다고 풀이할 수 있다. 근대국가의 본질은 자본주의다. 사회주의적인 근대국가는 아직까지는 좌초한 것으로 간주된다.

한국의 자본주의는 외생적 자본주의다. 독자적이고 주체적인 근대화가 좌절되고, 한일합방 이후 일제에 의한 종속적인 외생 자본주의의 길을 걸었다. 또한 광복 이후에는 미국식 자본주의가 외부로부터 이식됐다.

조선호텔의 역사는 한국 자본주의 변천사의 중요한 장면들과 겹

친다.

매일신보는 1914년 10월 10일자에 "진선진미한 조센호테루 낙성-본일부터 개업"이란 제목의 기사를 게재했다. 조선인 거의 대다수가 처음 들어보는 단어였을 '호테루'의 건설은 일제의 구상이었다. 일제는 경부선·경의선 철도를 이용하는 내·외국인 승객들을 겨냥하여 주요 역에 호텔 신축을 추진했고, 가장 번성한 경성에는 '조선호텔 경성'(Chosen Hotel Keijo)을 세웠다. 2)

호텔은 그냥 호텔이 아니라 체제의 일부였다. 1912년, 경성의 중심부에 조선은행(현 한국은행)이 들어서고 1914년에는 조선호텔, 1915년에는 경성우편국이 문을 열었다. 일본의 조선 식민지 지배구상 중 세부적인 한 장(章)이 펼쳐졌다고 볼 수 있다.

'낙성' 당시 조선호텔의 객실요금은 1박(아메리칸 플랜)에 1인당 6엔(2인 11엔)에 조식이 1엔이었다. 1910년대 도쿄[東京]의 한 달 집세가 6엔이었으니, 한 달 집세를 털어야 겨우 하루를 '호테루'에서 묵을 수 있었다. '호테루'라는 현대 문물의 등장에서 요즘 목도하는 끔찍한 양극화의 징후를 엿볼 수 있는 셈이다. 이후 박정희 대통령이 직접 호텔 재건축을 지시하여 1970년에 지금의 모습으로 다시 태어났고, 외국자본의 지분 및 경영참여 등을 거쳐, 1995년 신세계그룹에 인수되어 현재에 이른다. 100년 사이에 일제의 식민지배 거점에서 근대화를 앞세운 독재자의 야망과 외국자본의 탐욕의 그림자가 어른거리는 가운데 재벌 소유물로 바뀐 모습은 한국 자본주의에 관한 생생한 소묘다.

일제강점기 조선호텔과 관련하여 등장하는 조선수력발전 사장 노구치 시타가우[野口遵]는 한국 자본주의의 전개과정을 설명하는 데 빼놓을 수 없는 인물이다. 노구치는 당시 식민지 조선에서 오늘날의 이건희나 이재용에 비견될 만한 인물이었다.

어느 날 초라한 행색으로 조선호텔을 찾은 노구치는 옷차림 때문에 도어맨에게서 문전박대를 당했다. 노구치는 이날의 치욕으로 인한 분노를 삭이지 못하고 1938년 조선호텔 바로 옆에 지상 8층의 반도호텔을 지었다. 전해지기로는, 반도호텔 꼭대기 층에 집무실을 만들어 지하 1층·지상 3층에 옥탑 돔을 얹은 조선호텔을 내려다보며 만족했다고 한다. 그가 홧김에 지어버린 반도호텔이 지금의 롯데호텔이다.

현재 시점에서 한국 자본주의를 상징하는 단어인 재벌을 가장 잘 설명하는 곳은 삼성과 롯데일 것이다. 특히 롯데가 노구치의 야망과 분노, 욕심과 허영의 터 위에 지어졌다는 사실이 참으로 공교롭다. 앞으로 알아보겠지만, 노구치는 일제강점기에 한국 재벌의 원형이라 할 '노구치 콘체른'을 만든 장본인이다. '노구치 콘체른'을 구체적으로 알아보기 전에, 대한민국 최고의 마천루를 쌓고자 한, 노구치와 크게 다르지 않은 롯데 신격호의 거침없는 욕망을 먼저 살펴보자.

조선호텔보다 높은 호텔을 짓겠다는 생각으로 노구치는 반도호텔을 지었고, 신격호는 그 반도호텔 자리에다 새롭게 롯데호텔을 지었다. 롯데가 한일 양국에 걸쳐진 자본이란 점에서, 롯데호텔이 반도호텔의 '합당한' 후계자가 아닐까 하는 생각이 든다. 하지만 '후계자 지명'은 노구치가 아니라 박정희에 의해 이루어졌다.

신격호의 롯데그룹은 모태라고 할 롯데제과가 1948년 일본에서 설립되면서 시작되었다. 한국에는 1967년에 진출했다. 이후 롯데는 재계 서열 5위의 거대 자본으로 성장했지만 현재는 창업자 신격호의 노쇠와 함께 후계자 자리를 두고 소위 골육상쟁을 벌이고 있다.

롯데가 재벌로 본격적으로 발돋움한 계기는 1970년 신격호와 박정희의 만남이다. 신격호는 1970년 11월 13일 주일대사 이후락과 함께 도쿄를 떠나 한국에 도착했고, 공항에서 청와대로 직행하여 대통령 박정희를 만났다.

박정희는 신격호에게 반도호텔을 불하해줄 테니 국제적인 호텔을 만들어서 성공시켜 달라고 요청했다. 노구치의 반도호텔은 해방과 함께 국가 소유로 넘겨져 당시 관광공사가 운영하고 있었다. 돌이켜보면 이날이 오늘날 롯데그룹의 출발점이었다. 한국 재벌의 거의 대부분이 정경유착의 역사를 갖고 있지만 롯데 같은 전격적이고 화끈한 출발의 일화를 찾기는 힘들다.

1974년 6월, 롯데는 반도호텔 매각 입찰에 단독 응찰하여 낙찰을 받았고, 박정희의 지시로 반도호텔 옆의 국립도서관도 손쉽게 사들였다. 중국음식점 아서원을 비롯한 인근 사유지 매입에도 정부의 도움을 받았다.

신격호는 호텔을 짓는 김에 유통업(백화점)에도 진출했다. 호텔 옆에 짓기로 한 9층짜리 부속건물을 당초 신고와 달리 25층으로 높였고, 용도 또한 준공을 앞두고 투숙객을 위한 쇼핑센터(1~2층)에서 '백화점(1~7층)과 임대사무실'로 변경했다. 당시는 '도심 인구집중 억제 정책'이 시행 중이어서 대규모 백화점이 시내 한복판에 들어설 수 없었지만 '백화점'이 아닌 '쇼핑센터'로 명칭을 바꾸는 편법이 동원돼 일을 성사시켰다. 박정희는 궁정동 안가에서 숨지기 불과 몇 시간 전인 1979년 10월 26일 오후에 '롯데쇼핑센터' 건을 재가했다.[3)]

다음날 박정희의 피격 사망 보도를 접한 신격호가 '하마터면' 하며 가슴을 쓸어내리는 광경은, 직접 보지 않았지만, 능히 짐작할 수 있다.

신격호는 88서울올림픽을 앞두고 잠실 롯데월드를 개장하는 등 전두환 정권에서도 성장가도를 이어갔다. 나중에 전두환 비자금 수사를 통해서 밝혀진 바에 따르면, 신격호는 전두환에게 정치헌금 명목으로 50억 원을 건넸다. 물론 다른 재벌들도 전두환에게 이권의 대가로 돈을 갖다 바쳤지만, 롯데의 이권이 주로 인허가와 관련되어 있기에 신격호의 '헌금'은 대가성이 직접적이라는 측면에서 가장 노골적인 뇌물이라고 볼 수 있다.

신격호는 이명박 정부에 이르러 본인의 숙원사업인 '대한민국 최고층 마천루'의 꿈을 이룬다. 군의 반대 등 여러 논란을 잠재우고 이명박이 123층의 제2롯데월드를 안겨준 것이다. 그러나 그룹 후계자 자리를 둔 형제의 난에다 건강악화와 검찰조사 등으로 신격호의 높은 꿈은 높이 오른 만큼의 심각한 추락을 경험하는 중이다.

90대에 이르러 필생의 과업으로 생각한 마천루를 성사시킨 신격호의 말년은 그다지 행복해 보이지 않는다. 일본과 한국에 걸친 복잡한 지배구조, 부패, 탐욕, 골육상쟁 등 2016~17년의 롯데는 한국 재벌의 모든 적폐를 집대성한 곳으로 받아들여진다.

한국 재벌의 원형, 노구치 콘체른

롯데 이전에 소공동의 주인이었던 노구치 시타가우[野口遵]는 롯데호텔의 전신인 반도호텔의 건립자 이상의 의의를 가지고 있다. 간단하게는 "일본의 경제인으로, 조선총독부의 절대적인 지원 하에 압록강 수계에 부전강발전소 등 대규모 수력발전소를 몇 개나 건설하는 등 함경남도 흥남에 거대한 콤비나트를 조성"[4)]한 인물로 소개된다.

주지하듯 일제의 식민지 지배가 해방 이후 한국 사회에 심대하고 근본적인 영향을 미치는데, '노구치'는 그 영향의 목록에서 상단에 위치한다. 앞서 언급했듯 한국 재벌의 원형이 노구치에서 발견되기 때문이다. 식민지 조선에서 독점적인 방식으로 막대한 투자와 상응한 이익을 실현한 기업이 '노구치 콘체른'이다.

니혼[日本]질소비료주식회사 대표 노구치 시타가우(1873~1944)는 1926년 조선수전주식회사를 설립해 조선 동북지방에서 수력발전소 건설을 추진하는 한편 이듬해 흥남에 조선질소를 설립해 질소비료를 대량 생산한다. 이후 노구치는 광업, 수산업, 임업, 운수업, 유통업, 건축업, 군수업 등 농업과 일반 소비재 생산을 제외한 거의 모든 산업부문으로 사업을 확장했다. 무엇보다 노구치는 흥남 일대에 동양 제일의 콤비나트를 건설하면서 '흥남' 자체를 만들어냈다. 한국전쟁사에서 중요한 역사의 현장인 흥남철수의 '흥남'이 일본인에 의해 건설되었다는 사실을 아는 한국인은 이제 거의 없다.

조선질소가 비료를 대량 생산하려면 안정적인 에너지원이 필요했는데, 노구치는 이를 위해 부전강 등지에 수력발전소를 건설했다. 동시에 광범위한 지역을 관통하는 송전·급수 설비와 원료·생산물을 신속하게 수송할 수 있는 현대식 항만시설을 통해 공장의 순환계와 소화계를 조직했다. 대규모 공업단지의 몸체가 들어서면서 작은 어촌 마을에는 '흥남'이라는 이름이 붙게 된다. 대한제국시대에 함흥군 동운전(東雲田)과 서운전(西雲田)으로 나뉘어 있던 두 면(面)은 식민지가 된 후 1914년 총독부에 의해 운전면(雲田面)으로 통합되었고, 조선질소 공장이 건설된 후인 1930년 9월에 운전면 가운데 조선질소 공장과 사택 등이 들어선 지역이 흥남면으로 분리되었다.[5)]

흥남면은 1년 만에 흥남읍으로 승격되었다. 초대 읍장이 조선질소의 대표인 노구치 자신이었다는 사실이 의미심장하다.[6)] 노구치와 조선질소는 주재소가 경찰서로 승격되도록 힘을 썼고,[7)] 조선질소의 간부들이 읍의회와 학교조합 의원 등으로 배치되었다.[8)] 인구의 대부분이 공장 노동자와 그 가족이고 자본이 행정·치안·교육 등 규율·통제 권력과 일체화한 도시는, 그 구성원들의 경제활동을 포함한 일상적인 삶 전체를 하나로 포획한 '기업도시'라고 부를 수 있다.[9)] "흥남경찰서 건물이 공장 사택과 같은 재료로 지어져 공장의 부속물로 지어진 듯한 인상을 주었다"라는, 조선질소 흥남공장에서 근무한 적이 있는 어느 일인 노동자의 회고는 기업도시로 현현한 도시자본에 관한 증언인 셈이다.[10)] 특히 중일전쟁 발발 이후 폭약과 항공기 원료를 비롯한 군수품 생산에 주력하면서 '기업도시'로서 함흥의 군·정·산 결합체 성격은 더욱 공고해진다.[11)]

'신흥재벌'로서 니혼질소의 비약적인 성장은 사업기반의 중심을 식민지 조선으로 옮긴 이후의 일이다. 1927년까지 비료 생산에 주력한 니혼질소의 연매출은 평균 2,000만~3,000만 엔 수준이었으나 조선 진출 후 급격한 성장을 거듭하여 1935년을 전후해서는 매출이 1억 엔에 이르렀고, 1939년에는 2억 5,000만 엔을 돌파했다.[12] 이 과정에서 광업 군수업 등으로 사업 다각화가 진행되었음은 물론이다.[13] 조선질소 그룹의 자본금이 조선의 전체 주식회사 자본금의 3분의 1에 달했다는 분석[14]은 노구치 콘체른의 위상을 단적으로 보여준다. 지금의 삼성을 능가한다고도 볼 수 있다.

'노구치 콘체른' 같은 신흥 재벌은 그 출발부터 '국책사업'과 긴밀히 연결되었다는 특징을 갖는다. 신흥 콘체른의 기술적 구성이 표방한 '공적(公的)' 성격은 '국가적' 의의와 동일시되었다. 이들은 식민지 개발·전쟁·점령 등 일본제국의 팽창 과정에서 유발된 특수(特需)에 조응하여 생산을 확대한다. 중화학공업은 다량의 에너지원 보유, 도로·철도·항만을 비롯한 광범위한 교통망 구축, 다수의 저렴한 노동력 확보 등 사회기반시설 조성 및 대규모 인구 이동 없이는 불가능하다. 이 때문에 그 출발부터 국가의 재정적·행정적 지원을 필요로 한다.
'노구치 콘체른' 같은 신흥재벌들은 식민지 조선과 대만, 만주 등지의 개발과정에 참여하면서 비약적으로 성장했기에 군·정·산 결합을 떠나서는 결코 형성될 수 없었다. 군국주의판 정경유착인 셈이다. 나중에 박정희 정권에서 비슷한 현상이 나타나는 걸 확인할 수 있다.

일본 정부와 조선총독부의 전폭적인 지원 속에서 인력, 토지, 자원을 손쉽게 동원하며 동양 최대를 자부한 거대 화학공업 복합단지를 흥남 일대에 구축한 '노구치 콘체른'은 그 대표 사례였다.[15] 정경유착을 기반으로, 사업 다각화와 차입경영을 특색으로 했다는 점에서 '노구치 콘체른'은 한국 재벌의 스승이 된다. 결과론으로 한국 재벌들은 모두 노구치를 사숙한 셈이다.

2

한국 자본주의에서 식민지근대화론과 내재적 발전론

한국 재벌의 원형이 '노구치 콘체른'이란 필자의 설명은 자칫 이른바 '식민지근대화론'을 지지하는 것으로 비춰질 수도 있겠다.

우리 역사에서 일제강점기의 의미를 해석하는 한국 사학계의 관점은 널리 알려진 대로 '식민지근대화론'과 '내재적발전론'으로 양분된다. 독자적인 발전경로를 걷고 있던 조선이 일제에 수탈당함으로써 내재적 발전을 저지당했다는 '식민지수탈론'의 입장(내재적발전론)은 민족 자존감과 일제에 대한 적개심에 부합하는 설명이어서 받아들이기에 거부감이 없다.

반면 (심정적으로) 일제가 미워도, 일제에 의해 식민지 시기에 근대화의 토대가 마련됐다는 점을 (학문적으로) 인정하자는 '식민지근대화론'의 입장은 타율성론 등을 근간으로 하는 식민사관을 연상시킬 수 있어 일단 불편하다. '식민지근대화론'이 '내재적발전론'에 맞선 이론임을 감안하면, 크게 보아 결국 식민통치 없이는 근대화가 가능하지 않았다는 논리로 이어질 수 있어 일제의 식민통치를 정당화하거나 미화할 우려를 낳게 된다. 나아가 이 이론이 타율성론, 정체성론 등 식민사관의 업그레이드판에 불과하다는 비판에 직면할 수 있다.

'내재적발전론'과 '식민지근대화론' 사이의 논쟁은 필자의 관심사가 아니며, 이 책의 주제도 아니다. 개인적 관심은 '발전' 또는 '근대화'란 개념이 상정하는 단선적 역사전개 또는 자본주의·서구적 방식의 역사발전 외에 다른 길이 없었을까 하는 것이다. 역사의 진보를 믿지만(맞다. 그것은 믿음의 문제다), '발전' 또는 '근대화'를 논하기에 앞서 그런 특정한 방향의 진보만이 가능한 진보였을까 하는 근본적 질문을 던져야 한다. 하지만 이 질문에 답하기는 어렵다.

그렇다면 최소한 특정한 방향의 단선적 발전이 특정한 시기엔 불가피하다고 받아들인다고 하여도(불가피한지 아닌지는 잠정적으로 묻지 않는 것으로 하고) 내재적 발전이든 식민지 근대화든 만일 다중의 이익과 부합하는 방향이 아니라면, 그 발전 혹은 근대화가 어떤 의미를 가질 수 있을까? 즉 조선왕조의 왕족이나 문벌귀족, 탐관오리에 의한 약탈과, 일제 제국주의자와 그 앞잡이들에 의한 약탈 가운데 어느 것이 더 나은지 혹은 덜 나쁜지 고를 수 있을까 하는 의문이다. 토착자본에 의한 약탈이든 외래자본과 매판자본의 연합에 의한 약탈이든 다중에게는 약탈이라는 점에서 동일할 수 있다.

미국 독립이 전혀 새로운 자유국가의 출범이 아니라 대서양을 두고 지배세력이 변경된 것에 불과하다는 해석과 같은 시각이다. 물론 내부적 약탈일 때는 약탈된 자산이 여전히 국내에 남아 있으며 정치적 전환을 통해 언제든 약탈구조를 변경할 가능성을 내부적으로 보유한다는 강력한 반론이 맞선다. 맞는 말이긴 하지만 그 반론이 약탈 자체를 정당화할 수는 없으며, 더구나 약탈 순간의 고통을 경감시키지도 않는다. 왜놈이 때리는 매가 탐관오리가 때리는 매보다 더 아플 리는 없지 않은가. 고통의 연원에 호오(好惡)가 있을지는 모르지만 고통의 구조 자체에는 호오가 없다.

'노구치 콘체른'이 오늘날 한국 재벌의 원형이란 가정이 언뜻 식민지근대화론을 지지하는 듯 보일 수 있겠지만 꼭 그렇지만은 않다. 한국 자본주의에는 일본 외에 미국이란 강력한 외생변수가 존재한다. 해방과 함께 새출발한 한국경제가 일제 식민통치의 영향에서 완전히 자유로울 수는 없었지만, 즉 식민통치의 유산이 어느 정도 포함될 수밖에 없었지만, 새로운 국가경제를 구축하는 데 필요한 시스템과 기본자산이 주로 미국과 친미 통치엘리트들의 정치행위에 의해 도입되고 배분되었기 때문이다.

근본적으로 대한민국 자본주의의 자본은 축적되었다기보다 특정한 디자인에 의거하여 (재)분배되었다. 두말할 필요 없이 분배는 축적보다 훨씬 고도의 정치적 행위다. 대한민국의 출범과 형성에 미국에 의한 '리셋'이 결정적 요인이라 할 때, 만일 식민지근대화론을 그대로 유지하려면 일본과 미국에 의한 두 번의 식민통치를 가정해야 하는데, 일본은 몰라도 미국을 적대하는 사관이 근대화론과 공존하기는 힘들어 보인다.

'노구치 콘체른'을 재벌의 원형으로 상정한다는 것은 근대화 혹은 자본주의화의 관행과 규범을 우리가 일제강점기에 학습했다는 정도의 의미로 받아들이면 되지 싶다. 물론 학습된 그 근대·자본주의가 제국주의 억압 및 착취와 함께 작동하는 기형이란 점을 감안해야 하며, 이때의 '기형의 학습'은 장차 한국 사회에 만연할 변형된 기형을 예고한다.

일제 식민통치 시기 이전인 조선시대 말기에 약간의 자본주의 징후가 나타났다는 연구는 대체로 학술적인 영역에서 의의를 갖는다. 그 같은 징후가 확연해지기 전에 조선이 일제에 병합됨으로써 자율적이고 독립적인 발전의 길이 어차피 차단되었으니 말이다.

연구에 따르면 조선후기 농촌사회에서 농업기술의 발달과 상업적 생산, 상품화폐경제의 발달 등에 따라 농민경제가 향상되었다. 그러나 사회적 생산의 기초인 소작농민층에 의한 농업생산은 소작인의 잉여축적으로 이어지지 못했다. 다만 지대 문제로 지주·소작인 간의 대립이 첨예화하면서 항조운동·농민항쟁으로 연결되었을 뿐이다. 경제적 변동이 유발되지 않고 정치적 적대가 출현했다고 할 수 있다.

1894년 농민전쟁 초기에 부농층은 일반 영세 소농·빈농층과 함께 전쟁에 참가하여 조선 정부의 여러 봉건적 농업경영상의 수탈을 저지하려 했다. 그러나 집강소 시기에 이르러 농민군이 부농을 침탈하면서 빈농중심의 개혁을 기도하자, 부농은 그들과 대립하게 되고, 종국에 농민전쟁이 진압되면서 항쟁은 전설로만 전해지게 된다. 이후 대한제국기에 농촌사회는 한편으로 지주제를 확대·강화하고, 다른 한편으로 많은 몰락계층을 양산하는 분화양상을 보인다. 농촌에서 유리된 농민들은 광부, 부두노동자, 철도노동자 등 전업노동자로 전화했으며, 미약하지만 한성을 중심으로 공장노동자가 나타났다.

(농촌과 농촌경제에 연결된) 봉건적 신분제의 폐지와 더불어 신분적으로 자유롭고 경제외적 강제에서 어느 정도 벗어난 임노동자층이 광범위하게 존재했다는 사실은 자본주의가 성장할 수 있는 바탕을 제공하는 것으로서 중요한 의미를 갖는다. 또한 아직 큰 비중을 차지하지는 못했지만 새로운 자본주의 생산관계에 편입될 공장노동자가 생성되었다는 점은 자본주의 발달과정에서 매우 의미 있는 현상이었다.[16)]

그러나 신분제적 속박에서 자유롭고 생산수단을 갖지 못한, 마르크스가 말한 '이중으로 자유로운' 노동자계급(프롤레타리아트)의 형성만으로 자본주의가 도래하지는 않는다. 자본축적을 통해 생산수단을 보유한 자본가 혹은 유산계급(부르주아지)이 한반도에 출현하려면 시간이 더 필요했을 텐데, 알다시피 조선과 대한제국에는 시간이 주어지지 않았다.

3
일제에 의한 자본주의 이식

이 땅의 자본주의는 전격적으로 들어왔다. 자생이 아니라 이식에 따른 자본주의였기에 불가피했다. 먼저 중앙은행이 설립되었다. 1909년 출범한 한국은행은 1910년의 한일합방과 함께 조선은행[17]이라 이름을 바꾸고 다이이치[第一]은행으로부터 발권 업무를 비롯해 대출과 같은 일반 금융업무를 승계했다. 다이이치은행은 강화도조약 이후 조선·일본 간의 무역금융을 처리하기 위해 한국에 지점을 설치한 일본의 은행으로, 조선은행이 설립되자 지점을 모두 넘기고 본국으로 철수했다. 조선은행 건물은 원래 다이이치은행이 쓰려고 짓던 것으로, 중간에 주인이 바뀌었다.

조선은행은 설립 10년이 지나기 전에 파산 위기에 몰린다. 1910년대 제1차 세계대전의 호황기에 일본 및 만주에 진출한 기업들에게 방만하게 대출을 내주었다가 전후 반동으로 공황이 내습하자 1922년쯤엔 파산 일보 직전까지 갔다.[18] 시간이 흘러 대한민국의 경제성장기에 이르면, 이러한 풍경을 자주 접하게 된다.

한반도에서 병립된 자본주의 이식과 식민통치 가운데 일제에게 우선순위는 두말할 필요 없이 식민통치였다. 모든 것이 식민지 지배를 공고히 하는 동시에 일본 본토의 자본주의 발전(당시 일본인들은 이것을 국가 발전으로 인식했을 것이다)에 기여한다는 목적에 맞춰질 수밖에 없었다.

그러나 이러한 맥락 하에 이식된 자본주의라 해도 사적 소유를 근간으로 하는 자본주의를 성립케 하려면 조선에서 근대적 소유권 제도를 확립할 필요가 있었다. 조선이 농업국가다 보니 조선에서 근대적 소유권 제도를 확립하는 핵심 수단은 토지조사사업이었다. 일제는 토지조사사업을 벌여 이중의 효과를 거둘 수 있었다. 소유권을 확인받은 조선인 지주를 일본 통치를 지지하는 세력으로 만드는 한편 근대적 소유권 제도 확립이란 정치적 약탈 과정을 통해 조선인이 소유하거나 점유한 토지를 빼앗음으로써 일본인의 자본을 축적하는 계기로 활용했다. 동양척식주식회사는 1926년까지 일본으로부터 9,000호의 이주를 알선했다.[19]

조선과 일본이 하나의 경제권이 되면서 자본의 이동이 시작되었다. 근대적 소유권 제도의 확립과 자본의 이동은 병행된다. 1914년 1차 세계대전이 발발하면서 수출산업이 호황을 누리게 되자, 본토보다 인건비가 낮은 조선으로 일본 재벌 기업들이 잇따라 진출했다. 1920년대에 이르면 관세정책, 산미증식계획 등에 힘입어 조선의 무역구조는 일본으로 식량·원료 이출과 일본상품의 이입이라는 전형적인 식민지 무역구조로 확립되었다.[20]

1929년 세계 대공황 이후 일본 자본이 유휴화하자 때맞춰(혹은 유휴화를 극복하기 위해) 1931년 만주사변이 일어난다. 만주사변 이듬해 만주국을 설립하는 등 대륙침략을 본격화하면서 일본은 조선을 병참기지로 전환했고, 1937년 중일전쟁 이후 한반도에서 군수품을 효과적으로 조달하기 위해 조선의 중화학공업화에 박차를 가한다. 이에 따라 대규모 자본이 필요해지자 일본의 유수 독점자본들이 경쟁적으로 한국에 진출했다.[21)]

자본주의의 이식과 생산구조의 식민지적 재편 속에서 조선 민중의 삶은 나날이 힘들어졌지만, 새로운 체제에 적응한 조선인 자본가가 등장하게 된다. 산미증식계획으로 식민지 지주제가 더욱 성장·강화하는 가운데 계획기간 중에 일본인 및 조선인 대지주가 번성하고, 일부 조선인 지주가 기업가적 지주로 변화했다. 동시에 조선인 중소지주들은 몰락한다.[22)]

실제로 1916년 이후 1920년까지 기업발흥기에는 조선인 회사 수가 증가하고, 자본금이 급증하고, 업종이 다양화하는 등 질적·양적인 측면에서 조선인 자본이 비약적으로 성장했다. 대지주들이 회사 설립에 주도적인 역할을 담당하는 한편, 야철수공업·철가공업·유기업 등 토착산업이 부활하여 소규모 조선인 회사가 다수 생겨났다. 조선인 자본가들은 이밖에 조선인의 생활에 중요한 면제품이나 메리야스제품을 중심으로 강세를 보였다.

그러나 식민통치를 받는 상황에서 이른바 민족자본이 실재했는지는 의문이다. 대자본일수록 수입원료 사용, 식민지 금융기관 이용, 노동운동 대응 등에서 조선총독부에 의존하고 일본 독점자본에 종속될 수밖에 없었다. 한마디로 '조선인'보다는 '자본가'의 성격이 강했는데, 이미 조선이 소멸하고 일제 식민지만 남은 상황인데다, 당시 경제의 구조가 정경유착을 기본으로 했기에 자본의 탈(脫)민족화는 불가피했다.[23)]

그나마도 1929~1944년에 조선인 자본가는 세 부류로 분화하게 된다. 먼저 극소수에 불과하지만 대자본가들은 군수산업에 직접 관계하거나 일본경제권 내 분업구조에서 일정한 역할을 수행했다. 그 다음 부류는

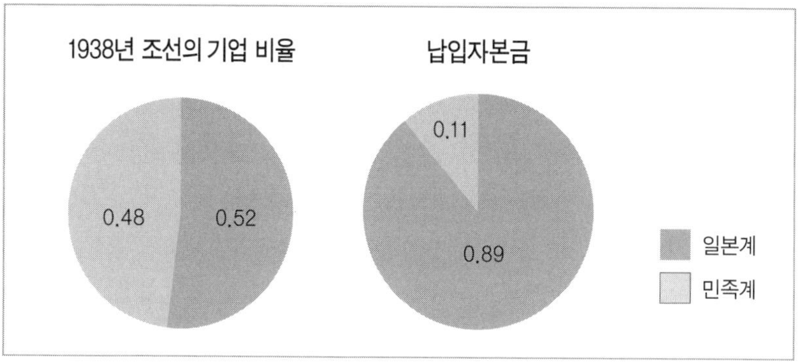

(단위 %)

1930년대 공업화의 바람을 타고 어느 정도 성장했으나 전시체제가 강화함에 따라 점차 일제의 정책으로부터 소외되면서 타협적인 변신을 꾀했던 자들이다. 마지막으로는 전시통제 속에서 몰락할 수밖에 없었던 대다수 조선인 중소자본가들이 있다.[24] 분명한 현상은 1930년대 후반 이후 일제에 의한 경제통제의 강화로 조선인 자본가들이 급격히 몰락하는 가운데서도 일부 예속 자본가들이 괄목할 만한 성장을 지속했다는 것이다.[25]

자유경쟁이란 시장원리 속에서 승자가 될 수 없었던 조선인 자본가와 자본주의 체제의 모순 심화로 몰락한 식민지 민중은 공익을 표방하는 국가통제에 순응해갔다. 조선의 구 지배계급의 몰락은 역설적으로 사회안정에 기여한 측면이 있었다. 내선일체 이데올로기를 앞세워 전시 동원과 수탈을 강압하는 일제의 국가통제에 대한 순응은, 대자본가·대지주 계층까지 수탈과 동원의 대상이 되는 하향평준화를 초래함으로써 민중에게 상대적 빈곤감과 박탈감이 줄어드는 착시를 만들어냈기 때문이다.[26]

이른바 민족자본 혹은 조선계 자본의 현황을 살펴보면, 한일합방 직후에는 왕족과 귀족, 대지주가 압도적으로 많았다. 1911년을 기준으로 조선에서 50만 엔이 넘는 자산을 가진 사람은 모두 32명으로, 그중 11명은 대원군의 장남 이희를 비롯하여 박영효, 이완용과 같은 왕족이거나 귀족이었으며, 15명은 지방의 대지주였다. 나머지 6명은 상업과 금융업에 종사하는 실업가였는데, 두산그룹 창업자인 박승직이 여기에 포함된다.

이후 일제강점기를 거치면서 조선계 자본은 당연하게도 일본계 자본에 압도당한다. 1938년 기준으로, 일본계 기업의 평균 납입자본금이 30만 5,000엔인 반면 조선계는 5만 3,000엔에 불과했다. 1942년에 자본금 50만 엔 이상의 조선계 기업은 50여 개에 불과했다. 이들은 해방 후 대부분 쇠락했지만, 태창직물과 화신상회처럼 새로운 정치권력과 결탁하여 살아남은 기업도 있다.

두산과 함께 현재까지 살아남은 대표적 기업으로는 삼양사와 경방이 있다. 1924년 삼수사로 설립되었다가 이름이 바뀐 삼양사의 오너 김연수는 『동아일보』 창업자인 김성수의 동생이다. 삼양사는 '노구치 콘체른'과 함께 현존하는 재벌의 전범을 제시한 것으로 평가받는다. 다양한 분야에서 사업을 벌이면서 육영과 언론, 문화사업에도 손을 대 오늘날 재벌들의 행태에 많은 영향을 미쳤다.[27)]

경방으로 바뀐 경성방직은 김성수·김연수가 전국을 돌며 1인 1주 공모방식으로 자본금을 마련한 우리나라 최초의 주식회사로 1919년에 설립됐다. 경성방직은 1956년에 증권거래소에 주식을 상장했는데, 국내 주식시장은 이 해에 세워진 대한증권거래소의 출범과 함께 시작됐다. 3월 3일 증시 개장 당시 모두 12개 종목이 상장되었으며 경성방직은 회원번호 001번을 받았다.

1) 『스포츠서울』, 2014.10.9.

2) 조선호텔이 국내 최초의 호텔은 아니다. 서양문물의 관문인 인천 중구 중앙동에 우리나라 호텔의 효시로 불리는 대불(大佛)호텔이 1888년에 완공됐다. 건축주는 일본인 호리 리키타로[堀力太郞]다.

3) 『한겨레신문』, 2016.6.25.

4) 두산백과.

5) 차승기, 「자본, 기술, 생명 : 흥남-미나마타[水俣] 또는 기업도시의 해방 전후」, 『사이』, 제14호, 국제한국문학문화학회, 2013, 421~422쪽.

6) 「흥남읍 초년 예산 26만여원」, 『동아일보』, 1932.2.19.

7) 「흥남에도 경찰서」, 『조선일보』, 1931.1.28.

8) 손정목, 「일제하 화학공업도시 흥남에 관한 연구 (하)」, 『한국학보』 16권 3호, 1990, 167쪽.

9) 손정목, 같은 글, 195쪽.

10) 磯谷季次, 『우리 청춘의 조선』, 김계일 옮김, 사계절, 1988, 105쪽.

11) 차승기, 같은 글, 422쪽.

12) 식민지/제국 시기 니혼질소가 동아시아 각 지역에 투자한 고정자산 규모 비교표. 東洋經濟新報社, 「朝鮮產業の共榮圈 參加體制」, 『季刊朝鮮』 1943, 120쪽.

	고정자산 금액(백만엔)	비율(%)
일본	170	17
조선	659	66
만주	138	14
중국	29	3
계	996	100

13) 차승기, 같은 글, 424~425쪽.

14) 지동욱, 『대한민국 재벌』, 삼각형비즈, 2006.

15) 차승기, 같은 글, 426쪽.

16) 강만길, 『한국 자본주의의 역사』, 역사비평사, 2000, 71~80쪽.

17) 조선은행은 일제에 의해 식민지 조선에 설립된 중앙은행을 의미하지만, 같은 이름으로 설립된 한국 최초의 근대적인 은행을 뜻하기도 한다. 1896년 6월 김종한(金宗漢)·안경수(安駉壽)·이완용(李完用)·이채연(李采淵)·이근배(李根培)·윤규섭(尹奎燮)·이승업(李承業) 등 전·현직 관료들이 발기하고 주식을 공모하여 설립했다. 1897년 2월에 정부의 허가를 얻어 영업을 시작했으며, 초대행장은 안경수였다. 1900년 한흥은행으로 명칭을 바꾸었다가 1901년 1월 사실상 폐점했다.(한국민족문화대백과)

18) 조명근, 「1920년대 조선은행 정부 과정 연구」, 『사학연구』, 제112호, 2013, 324쪽.

19) 지동욱, 『대한민국 재벌』, 삼각형비즈, 2006.

20) 강만길, 『한국 자본주의의 역사』, 역사비평사, 2000, 106쪽.

21) 이한구, 『한국재벌형성사』, 비봉, 1999, 23쪽.

22) 강만길, 같은 책, 111쪽.

23) 강만길, 같은 책, 116쪽, 125쪽.

24) 강만길, 같은 책, 174~175쪽.

25) 지동욱, 『대한민국 재벌』, 삼각형비즈, 2006, 27쪽.

26) 이송순, 「1930~40년대 일제의 통제경제저액과 조선인 경제전문가의 인식」, 『한국사학보』, 제17호, 2004년, 35~36쪽.

27) 지동욱, 같은 책, 28쪽.

PART 2

한국형 엔클로우저, 적산

1
광복과 함께 일어난 최초의 뱅크런

한반도가 미국과 소련에 의해 분할 점령되면서 졸지에 패전국 국민이 된 한반도 거주 일본인들이 가장 먼저 할 일은 무엇이었을까. 서둘러 본국으로 돌아가야 할 일본인들은 가장 먼저 금융기관으로 달려갔다. 그리고 일순간에 휴짓조각이나 다름없어질 조선은행권을 모두 찾아 일본은행권으로 바꾼 다음 가능하면 일본으로 송금을 했고, 송금이 쉽지 않을 경우에는 직접 보관했다.

한꺼번에 많은 사람들이 은행에서 예치한 돈을 찾아가는, 이른바 뱅크런이 발생하면 금융시장이 마비된다. 따라서 뱅크런 위험이 예상되면 당국은 일시적으로 금융기관에서 돈을 찾아가지 못하게 하는 지불유예 명령을 내린다. 그러나 미군정의 통치가 시작되기 전, 금융시장을 관리하던 일본인 관리들은 필요한 조치를 취하지 않았다. 한반도 거주 일본인의 본국 귀환을 지원해야 하는 그들의 입장에서 조선 금융시장 보호가 안중에 있을 리가 없었다.

일본인들이 앞을 다퉈 예금을 인출함에 따라 현금이나 예치금이 갑

자기 줄어든 금융기관들은 조선은행에 긴급히 돈을 빌렸다. 금융기관 대출이 폭증하자 조선은행도 감당할 수 없게 되었다. 결국 조선은행은 부족한 돈을 마련하기 위해 돈을 더 찍어냈다. 통계를 보면 1945년 8월 15일 현재 은행권 발행액은 49억 7,500만원(圓)이었고 예금액은 41억 8,000만원이었으나 같은 해 9월 말에는 은행권 발행액이 86억 8,000만원으로 증가한 반면 예금액은 19억 8,700만원으로 급감했다. 뱅크런은 미군정이 조선은행을 접수한 이후에야 진정되었다.[28]

당시 통화증발이 얼마나 심각한 수준이었는지는 1945년 8월 15일 기준으로 남한지역에서 유통된 조선은행권이 약 26억원 수준(추정)이었다는 사실로 능히 짐작할 수 있다. 통화량이 한 달여 만에 남한 유통액의 3.3배로 증가했다.[29]

그러나 통화증발은 시작에 불과했다. 미군정은 재정 적자를 해결하기 위해 미국 정부에 지원을 요청하는 대신 조선은행을 통해 화폐발행량을 늘렸다. 미군정이 통화관리를 담당한 이후 1947년 12월까지 2년 3개월 동안 통화량은 무려 4배 이상으로 늘었다.[30]

해방정국의 통화량 / 물가

연월	통화량 (M1)	서울 소비자 물가지수	서울 도매 물가지수	주요 품목의 서울 도매 물가지수			
				곡물	섬유	연료	건자재
1945. 9	100	100	100	100	100	100	100
1945. 12	106	218	249	107	398	185	432
1946. 12	227	793	1,459	575	2,603	692	4,243
1947. 12	438	1,666	3,327	844	5,476	1,621	6,770
1948. 12	602	2,772	6,155	1,150	9,001	2,160	11,481
1949. 12	1,065	4,776	9,645	1,748	11,538	3,441	17,756

* M1 : 현금통화 + 요구불예금 + 수시입출금식 저축성 예금. 자료 : 『한국은행 100년사』.

혼란은 대한민국 정부 수립 이후에도 계속되었다. 신생 정부는 금융시장을 감당할 준비가 되어 있지 않았다. 1년이 넘는 정책 준비기간을 거쳐 1950년 3월에야 '경제안정 15원칙'을 발표했다. '경제안정 15원칙'의 시행으로 통화량 증가세를 어느 정도 잡을 수 있었고 귀속재산 처리가 정상궤도를 찾기 시작했다. 금융기관에서는 '수신 내 여신' 원칙을 지키려는 분위기가 싹 텄다. '경제안정 15원칙'은 남한 단독정부 수립 이후의 경제적·사회적 혼란을 잠재우는 데 다소나마 기여한 것으로 평가받는다.[31] 그러나 시행 3개월 만에 곧바로 한국전쟁이 발발하면서 제대로 된 역사적 평가를 받을 기회마저 갖지 못했다.

극심한 인플레이션과 함께 경제는 사실상 와해되어 민중의 삶을 지반부터 흔들었고, 반면 모리배들에겐 새로운 기회가 제공되었다. 해방과 함께 일본인들이 생산현장을 떠남으로써 한국경제는 극심한 생산위축에 직면했다. 해방 직전 조선의 전체 공업자본 중 94%가 일본인 자본이었고 한국인 자본은 나머지 6%에 불과했다. 더 심각한 것은 기술인력의 유출이었다. 생산설비를 들고 나갈 수는 없었지만 운영기술은 기술자가 귀국해버리면 그만이었다.

전체 기술자의 약 80%를 차지하는 일본인 기술자들이 한꺼번에 빠져나감으로써 산업시설이 방치되었고, 연이어 생산이 급속히 둔화하여 심각한 물자부족이 빚어졌다. 1939년 기준 5억 2,794만원이었던 남한 9개도의 공업생산액은 1946년에 이르러 1억 5,219만원으로 급락했다. 설상가상, 남북이 분단되어 산업구조가 왜곡되면서 물자난이 가속화했다. 이에 따라 해방 후 남한 민중은 끔찍한 경기침체와 살인적인 고물가에 그대로 노출된다. 단적으로 해방 전에 6~7원 하던 쌀 한 가마니가 1945년 연말에는 무려 60원으로 폭등했으니, 해방의 기쁨도 잠깐이고 입에 풀칠하

는 게 전 국민의 최대 현안이 되고 말았다.[32)]

생산위축으로 생활필수품을 비롯하여 물자공급이 급감했고, 일자리 감소로 실업자가 급증한데다 미증유의 물가상승에 반비례하여 구매력이 급락하면서 해방 후의 조선에는 살인적인 혼란이 빚어졌다.

생산정체 상황은 쉽게 극복되지 않았다. 주요 원인은 우선 내부적인 요인 외에도 붕괴된 무역이 좀처럼 재건되지 않았다는 점을 들 수 있다. 대외결제에 필요한 외한이 모자란데다 무역에 관한 경험이 부족했기 때문이다.[33)] 1948년 한국의 무역액은 1946년과 비교해 빠르게 증가하여 98억 5,500만원을 기록했으나, 이 액수는 1941년 무역액의 1.8%에 불과했다. 생산이 원활하게 이루어지려면 원료의 안정적 공급이 전제되어야 했으나, 무역이 회복되지 못하면서 연쇄적으로 생산의 회복 또한 지연되었다.

생산정체의 또 다른 요인으로는 에너지 공급 차질이 꼽힌다. 해방 당시 남한은 전력 수요의 85%를 북한으로부터 공급받았다. 남북 대치 상황으로 인해 공급은 안정적이지 않았고, 1948년에는 5·14 단전조치가 취해져 생산이 일거에 중단되기도 했다.

내부적으로는 정치적 혼란이 경제혼란을 가중시켰다. 어떤 경제체제를 확립할 것인가를 둘러싸고 다양한 사회단체와 정당 간에 이데올로기 대립이 격화하면서 정치가 불안해졌고, 이에 따라 자원이 생산활동이 아닌 정치활동에 동원되는 등 정치적 혼란과 갈등이 경제에 부정적인 영향을 미쳤다.[34)]

2
미군정의 적산 처리

해방 후 조선 민중의 염원은 민중의 총의와 이익을 반영하는 자주적인 남북 통일정부의 수립이라고 간단히 정의할 수 있다. 그러나 자력에 의한 해방이 아닌데다 한반도가 해방이 아니라 점령된 상태에서, 그것도 강대국에 의해 남북으로 분할 점령된 상태에서 이러한 염원의 달성은 점차 요원해졌으며 종국엔 불가능한 것으로 판명되고 말았다.

남한만 보더라도, 친일청산이 저지되었고 분단 이데올로기의 고착과 함께 미국식 민주주의와 자본주의가 일거에 도입되었는데, 이 모든 과정은 통합적으로 진행되었다. 해방 후 아주 짧은 기간에 친일과 친미는 융합되었고, 이 융합으로 탄생한 남한의 새로운 지배세력은 정통성의 부재를 분단이란 특수상황을 통해 만회하는 전략을 구사했다. 남한의 새로운 지배세력 가운데는 일제강점기부터 이어져온 기득권 그룹이 포함되었다. 정치적 기득권을 확대·강화하기 위해 이들은 혼란을 틈 타 국부를 사유화했다. '국부의 찬탈'이라고 할 이 사건의 중심에 적산(敵産)이 위치한다.

적산은 일제 강점기에 일본인이 설립한 기업 및 소유 부동산, 반입했다가 가져가지 않은 동산 등을 해방 후에 총칭하여 부른 이름이다. 적산은 크게 식민지인 한반도 내에 남겨진 일본 정부의 재산과 한반도에 거류한 일본인들의 재산으로 나뉘며, 각각 처리 방식이 달랐다.

해방 후에 가장 먼저 불거진 문제는 이 재산의 소유권이 누구에게 있느냐는 것이었다. 놀랍게도, 식민지 조선 민중을 수탈하여 축적한 부가 식민지 민중에게 반환돼야 한다는, 어찌 보면 당연한 상식이 처음에는 논란거리였다.

적산에 관한 조선 측의 최초 발언은 해외에서 나왔다. 해방 직후인 1945년 8월 28일 대한민국 임시정부의 여당인 한국독립당은 중국 중경에서 제5차 임시 대표대회를 열어 "적산은 관·공·사유를 물론하고 일률로 몰수하여 국유로 할 것"(25조), "매국적과 독립운동을 방해한 자를 징치하여 그 재산을 몰수하여 국영사업에 충용하고 토지는 국유로 할 것"(26조)을 포함한 '당책'을 발표했다.[35] 임시정부는 이에 앞서 1941년 11월 28일 발표한 '대한민국 건국강령'에서 공유·사유를 불문하고 일체의 적산을 몰수하여 국유화하겠다는 방침을 이미 밝힌 바 있다. 즉 "(일제가 약탈했거나 새로 만든) 관·공·사유 토지와 어업, 광산, 농림, 은행, 회사, 공장, 철도, 학교, 교회, 사찰, 병원, 공원 등의 부동산과 설비, 기타 경제, 정치, 군사, 문화, 교육, 종교, 위생에 관한 일제의 사유자본과 일제에 부역한 자들의 일체 소유 자본과 부동산을 몰수하여 국유로 함"을 선언했다.[36]

너무나 당연해 보이는 이러한 원칙이 해방 후 논의과정에서 흔들리다가 결국 지켜지지 않게 된다. 원칙의 혼선은, 한국에 남겨진 일본인 재산, 즉 적산에 대한 연합국의 구상이 동경발 외신보도를 통해 알려지면서 엉뚱한 방향에서 처음으로 확인되었다. 『매일신보』는 "국제법에 기(基)

하여 일본인의 사유재산은 아무런 변동이 없는 성질"이라고 보도했다.[37]

보도는 해프닝으로 끝났다. 재조선 미주둔군 사령관 하지 중장은 한국의 독립이 경제적 독립 없이 성립될 수 없고, 카이로회담은 조선 내에서 일본의 세력과 모든 권리를 제거하도록 했으므로 "조선 안의 재산은 조선의 것"이라는 입장을 밝혔다.[38] 군정장관 아놀드도 미군정은 조선총독부 및 일본인 소유 재산을 보관하고 있을 뿐 "접수한 재산은 조선의 소유가 될 것"이라고 말했다.[39]

미군정은 이어 군정법령 제2호(1945.9.25.)를 통해 일본 재산의 이전을 금지하고 조선 내 일본의 국·공유 재산을 군정당국이 접수할 것을 규정했다.[40] 이어 조선 내 일본 육군과 해군 소속 재산을 미국의 소유로 하는 조치가 취해졌다. 이에 따라 일본 육·해군의 재산은 매매와 취득, 양도가 금지되고(제1조), 미국 등 연합국의 허가 없이 점유하는 것은 불법으로 규정(제2조)되었다.[41] 또, 일본인들이 본국으로 돌아갈 때 현금 소지액을 1,000원으로 제한하고 다른 동산의 철거를 불허했다.[42] 그러나 군정법령 제2호의 대상에 일본인 소유의 사유재산이 포함되지 않아 논란이 야기된다.

이 문제를 조금 더 살펴보기 전에 적산에 관한 또 다른 혼선이 있었음을 짚고 넘어가자. 1945년 11월 3일 미 대통령 배상특사 에드윈 폴리(Edwin E. Pauley)는 "미국은 일본으로부터 배상을 받아내기 위해 외국 유상증권이나 재외 자산을 가질 것"이라고 밝혔다.[43] 이어 11월 28일에는 "일본은 연합국에 몰수된 조선, 만주, 중국, 대만, 필리핀, 인도네시아 등지의 투자만으로도 수십억 달러에 상당하는 배상금을 지출할 수 있다"고 구체적으로 언급했다.[44] 적산을 연합국에 대한 일본의 배상에 충당할 것이라는 보도는 한국인들을 큰 충격으로 몰아넣었다.

그러나 정작 아주 심각한 혼선은 앞에서 언급했듯 군정법령 2호에서 사유재산을 제외한 데서 빚어졌다. 사유재산은 군정법령 제2호의 대상에서 빠졌을 뿐만 아니라, 매매·양도가 가능했다. 법령은 일본이 항복한 후 일본 정부와 소속기관에 속한 모든 재산의 매매와 이동을 금지했지만 (일본인 소유의) 사유재산은 '정당한 수속'을 밟으면 매수할 수 있도록 했다. 논란이 된 일본인 사유재산의 양도 및 처분의 허용은 3개월 만에 철회되었다.[45] 미군정은 12월 6일 돌연 군정법령 제33호를 발포하여 일본인 재산 불매 방침을 천명했다.[46] 이후 일본인 재산을 전부 미군정 관리 하에 두고 사용자(조선인)에게 사용세를 징수하기로 결정했다.

짧은 기간이지만, 격동기의 급작스러운 정책변경이 미친 영향은 컸다. 8·15 직후부터 군정법령 제33호가 발포된 12월 6일까지 3개월 동안 일본인 재산에는 급격한 변동이 일어났다. 가능한 한 빨리 본국으로 돌아가야 하는 한반도 거주 일본인들이 당시 상황에서 재산을 처분하는 데 얼마나 필사적이었을지는 능히 짐작이 간다. 9월 이전 즉 미군 진주 이전에 일본인들은 이미 재산을 조선인들에게 처분했고, 이러한 행태가 법령 발포 정도로 중단될 리는 없었다.[47]

미군정의 정책 변화는 사후약방문에 그치지 않고 부정적인 효과를 산출하게 된다. 법령 33호가 발포되었을 때는 이미 대다수 일본인들이 고국으로 돌아간 뒤였고, 일본인이 경영하던 공장 대부분이 그곳에서 일하던 조선인 노동자들에 의해 자주적으로 운영되고 있었다. 미군정의 입장 번복은 조선 노동자들이 자주적으로 운영하던 공장을 빼앗아 미군정에 귀속시킨 것으로 귀결됐다. 조선은행 자료에 따르면 공업 부문에서, 당시 남한 총 공장 수의 85% 정도가 미군정에 귀속되었다. 미군정은 대한민국 정부가 수립되기 전까지 이 재산에 대한 관리와 운영 처분권을 보유했다.

조선인 노동자들에 의한 자주적 운영이 꼭 민주적 운영과 평등한 재산분배를 뜻하는 건 아닐 수도 있지만, 이후의 적산 처리 결과보다는 여러 모로 나았으리란 생각이 든다.

자주적 운영을 배제하고 미군정 주도로 적산을 불하하면서 적산불하는 이제 정치적 행위로 변질된다. 영국에서 엔클로저가 공동체 재산을 사적 소유물로 전환시키는 데 기여한 것처럼 미군정과 이어 등장한 이승만 정권의 적산불하는 적산이라는 '민족자본'을 친일/친미 기득권 세력에게 넘겨주는 약탈과정으로 변모한다.

미군정의 귀속재산 처분이 연고자 중심으로 이루어지다 보니 원래 일본인 소유자에게 재산관리를 위임받은 사람들이 거의 귀속재산의 주인이 되었다. 따라서 미군정이 처분한 일본인들의 재산은 대부분 친일 성향을 지녔던 사람들의 차지가 되었다.[48]

다수의 역사학자들은 미군정이 우왕좌왕하는 모습을 보이는 가운데서도 적산불하에는 분명한 정치 논리가 개입했다고 판단한다. 미군정은 정치 지형의 재편 외에 토지정책과 적산불하 정책을 통해 좌파 진보세력을 제거하고 친일/친미 우파 세력의 안정과 성장을 지원했다. 1948년 3월 신한공사가 관리하던 일제 귀속 토지를 분배하기에 앞서 미군정은 1947년 7월 일부 적산을 불하하기 시작했다. 좌익과 민중을 중심으로 진행된 자생적 국가건설운동을 철저히 탄압하고 일본의 식민통치에 협력한 관료계층과 보수정치세력을 자신의 동맹자로 육성하는 데 적산불하는 유효한 수단으로 간주되었다.

한국 민중의 감정을 일체 무시하고 친일파·민족반역자들을 등용함으로써 이 땅의 민족정신을 혼탁·타락시킨 미군정은 적산 처리과정에서도 정상배들을 날뛰게 하고 이 나라 경제윤리를 타락시켰다.[49] 8·15 해방 뒤 친일파를 청산하고 민족경제를 확립하여 완전한 자주독립국가를 건설하려던 우리 민족의 소망이 물거품으로 돌아간 것은 미군의 남한 점령에 따른 불가피한 전개였다.50)

송건호는 미군정 3년의 특이사항으로 전 한국 산업자본의 98%, 전 자산의 약 80%에 달했던 식민통치시대 일본 재산이 적산으로서 미군정에 귀속되었다는 점을 든다. 이 엄청난 귀속재산이 군정 시기에 주로 친일 기회주의자들 손에 불하된 반면 당시 전체 인구의 약 80%를 차지하는 농민을 대상으로 한 농지개혁이 미진했던 점을 그는 안타까워한다. 대한민국 정부 수립 이후, 1950년대 자유당 통치는 미군정 3년의 정책을 그대로 계승·발전시킨 것에 불과하다고 송건호는 평가했다.51)

3
대한민국 정부의 적산 처리

미군의 진주와 함께 자주적인 독립 통일국가 수립이 좌절되고, 동시에 친일청산이 물 건너가면서 산업현장은 모리배들의 탐욕의 장으로 변질된다. 떠나는 일본인 기술자들을 어떻게든 붙들어 기술을 전수받아야 할 상황이었지만, 일말의 이권이라도 있는 이들은 하루 빨리 그들을 쫓아내고 적산에 관한 우선권을 주장하는 데 혈안이 되었다. 뒤늦게 등장한 미군정 역시 산업의 복구와 재건 및 생산 증강에는 별반 관심을 기울이지 않았다. 한마디로 귀속기업의 접수와 현상유지를 위한 최소한의 관리가 미군정기 공업정책의 전부였다고 해도 과언이 아니다.[52]

1946년 12월 31일 미군정은 『각종 귀속사업체에 관한 건』(관재령 제8호)을 공포했다. 그중 "군정청 재산관리관은 현재 其 관할 하에 있는 귀속된 각종 기업체, 회사, 조합 기타 사업 단체 일체(공업, 광업, 상업, 청부업, 어업, 은행업, 농업, 임업, 금융업, 사립학교 보험업, 운수업, 선박업)의 관리감독권(其 운영권과 其 관리자 내지 최고 책임자의 임명권을 포함함)을 관재처 관재 수속 요령에 규정한 수속에 의하여 군정청 각

부처 및 其 대행 기관의 소관 고문관에게 此를 이관"[53]하도록 한 제1조 2항이 논란이 되었다.

미군정이 접수한 적산을 그동안 군정청 관재처에서 관리했는데, 그 가운데 회사와 공장 등 사업체의 관리를 각 관련 부처에 넘긴다는 내용이었다. 공포 후 한 달 동안 별다른 주목을 받지 못하다가 해를 넘겨 2월 들어서 부정적 여론이 비등하기 시작했다. 관리감독권이 조선인 부처장이 아니라 미국인 고문관에게 넘어간다는 사실이 실행단계에 접어들면서 이목을 끌었기 때문이다. 이로써 적산의 관리인 임명부터 생산제품의 처리에 이르기까지 모든 권한이 미국인에게 속하게 되었다.[54]

이어 적산의 불하가 진행되었다. 미군정은 여러 차례 적산의 불하를 부인했고, 적산을 향후 수립될 조선정부에 넘길 것이라고 공언했다. 그럼에도 불구하고 "파괴 방지를 위해 실업계에 한한다"며 부분적인 불하를 단행했다. 이 같은 미군정의 적산 처리 방침은 남한에서 사회주의 세력을 물리치고 자본주의체제를 세우려는 미국의 한반도 전략에 맞춘 것이었다.

미국의 후견 아래 수립된 남한만의 단독정부는 기본적으로는 미군정의 적산 처리 방침을 계승했으나, 새로운 국가의 권력을 재편하는 데에 더 초점을 맞추었다. 대한민국 정부는 민간경제의 활성화를 유도하기 위해 1949년 12월 19일 '귀속재산처리법'을 공포하는 한편 이후부터 이 법에 따라 귀속재산을 처분하기 시작했다. 귀속재산의 처분은 비교적 큰 규모의 공장은 국유·국영으로 하고 중소규모의 공장은 민간인에게 임대 혹은 매각 처분함을 원칙으로 했다.

이후 귀속재산의 불하가 본격화했는데, 당시 적산불하에 파격적인 재정·금융 혜택이 제공된 데다 살인적인 인플레이션이 맹위를 떨치고 있었기 때문에 신청자가 쇄도했다. 적산불하가 지금의 로또나 다름없었던 셈이다. 이때 정부가 귀속재산 불하자의 최우선 자격을 신청자의 경영능력에 두면서 문제가 발생한다.[55)]

일제강점기에 관료, 은행가, 기업가로 근무한 사람들이 이 방침의 혜택을 받게 되었기 때문이다. 이는 결과적으로 친일 세력을 온존·강화하여 일제강점기의 기득권을 새로운 국가로 고스란히 이전시켰다. 더불어 불하 자체가 고도의 정치적인 행위일 수밖에 없어 대한민국에는 출범과 함께 정경유착이란 DNA가 배태된다.

1949년 12월 '귀속재산처리법'이 제정되고 50년 3월 시행령이 공포됨으로써 시작된 정부 소유의 귀속재산 불하작업은 한국전쟁 시기에 잠시 중단되었다가 종전 후인 1954년에 재개되었고, 1958년에 거의 마무리되었다. 자본가에게 있어 적산이란 이권의 획득은 자본축적의 결정적 계기가 되었다. 적산불하 가능성은 권력에 댄 연줄이 강할수록 높아졌다. 귀속재산은 시중가의 10분의 1에 불과한 가격에 특혜 불하되었으며, 15년 이상 할부 조건의 구입대금마저도 저리의 은행융자로 조달되었다.[56)]

이에 따른 부의 재분배, 더 정확하게는 정경유착에 근거한 국부의 약탈이 대대적으로 진행되었다. "시설은 귀속업체의 불하로부터, 원료는 원조 원면으로부터 그리고 기업자금은 대충자금으로부터" 확보할 수 있었기에 기존에 별다른 자본을 갖고 있지 않아도 권력과 선이 닿으면 하루아침에 재벌이 될 수 있었다. 1953년에서 1960년 사이에 15대 재벌의 총자본은 무려 28배 증가했고 자기 자본은 54배, 은행 차입금은 45배 늘었다.[57)] 1950년대의 22개 거대 기업체 중에서 불하된 귀속기업체는 15개(68%)나 되었다.[58)]

정경유착의 대표적인 예로 이승만의 재정적 후원자이자 '국내 최초의 재벌'이라는 타이틀을 얻은 백낙승을 들 수 있다. 그는 이승만에게 정치자금을 대주는 대가로 귀속재산인 고려방직 영등포공장을 불하받았으며, 귀속재산인 조선기계의 관리권을 얻었다. 또한 식산은행(현 산업은행)으로부터 500만 달러의 외화를 대부받아 기존의 태창방직을 확장했으며, 정부는 태창그룹의 계열사인 대한문화선전사에 홍삼 판매권을 부여했다.[59] 친일반민족행위자인 백낙승에게 식산은행이 행한 대출은 한국의 제2호 외화대출이었다.[60]

정리하면, 미군정과 그 뒤를 이은 제1공화국은 귀속재산을 국유화하는 대신 민간에 불하하는 방식을 택했고, 이것은 한국에 민간자본을 육성함으로써 미국이 주도하는 자본주의 경제권에 한국을 편입시키려는 미국의 전략과 맞아떨어졌다. 적산불하 정책은 미 군정기에 시작되었지만 대한민국 정부 수립 이후 본격 추진된 것으로, 대한민국의 정체성을 규정하게 된다.[61] 즉 해방 공간에서 생존을 위해 기민하게 합체한 친일과 친미 세력이 두 외세로부터 경제력과 정치권력을 모두 온전하게 이양받아, 대한민국 출범과 함께 척결대상에서 지배집단으로 기사회생한 건국스토리를 남긴다.

신생 독립국가의 민족적 자산이 되어야 할 귀속재산이 식민유제의 청산은 물론 별다른 검증절차도 없이, 또 국내의 많은 반대를 무릅쓰고 기득권 집단과 일제강점기의 연고자를 중심으로 한 개인들에게 불하됨으로써 대외의존적 민간 독점자본을 형성하는 시원(始原)이 되었다는 게 강만길의 평가다.[62]

이 시기의 특징으로 관치금융의 개시를 빼놓을 수 없다. 해방과 함께 일본인이 경영하던 은행과 보험회사 등 금융기관이 적산으로 간주되어 정부에 귀속됨으로써 정부는 시중은행의 최대 주주가 되었다. 시중금리와 공금리 간의 격차가 매우 큰 당시 상황에서 정부와 연결되지 않고는 기업 활동에 필요한 자금을 은행으로부터 제대로 융통받을 수 없었다.[63] 국가가 자본에 대해 우위에 서기 전까지 금융은 정치권력이 경제를 통제하는 핵심적 기능이었다.

4
화약은 진실하고 정직하다?

적산을 바탕으로 재벌로 성장한 사례는 많다. 한화의 창업자 김종희가 대표적 인물이다. 2016년 『주간조선』에 연재된 김종희의 창업 스토리는, 노골적으로 미화한 당대 기업 성장사의 전형을 보여준다.

『주간조선』에서 다루는 최초의 일화는 1940년 11월 경기공립상업학교 4학년 학생인 김종희가 일본인 학생들과 패싸움을 벌인 것이다. 이 싸움으로 퇴학을 당한 김종희는 어렵사리 원산공립상업학교 4학년에 편입해 1941년 12월에 졸업한다.

김종희는 경기도 경찰부 고이케 쓰루이치 경부의 주선으로 한국화약의 전신인 조선화약공판에 입사했다. 『주간조선』의 설명에 따르면, 이후 "화약과 인연을 맺게 된 김종희는 열심히 업무를 파악하고 수행한 결과 채 1년도 지나기 전에 사내에서 자신의 입지를 확실히 다졌다. 또한 화약산업의 중요성에 대해서도 깊이 인식하게 되면서" 광복을 맞이한다. 광복과 함께 김종희는 "자의반 타의반"으로 화약공판자치위원회 위원장이 되었다.

9월 중순쯤, 고이케 경부의 부탁으로 미야모토 사장을 비롯한 회사 임원들이 김종희를 불러 조선화약공판을 넘겨준다. 일본으로 돌아가기 전에 그들은 그동안 존재하지 않던 '지배인'이란 직위를 만들어 김종희를 '합법적인 회사의 주인'으로 만들어준 것이다. 『주간조선』의 필자는 "조선화약공판 중역회의 결의는 어디까지나 정당하고 합법적"이라는 문구를 명시했다. 김종희는 이렇게 1945년 9월 24일부로 조선화약공판주식회사의 지배인이 되었다.

이후 김종희는 미 군정 공병대 소속 스미스 대위와 친분을 쌓고 회사의 지배권을 유지하면서 사업을 키워나간다.[64]

창업과정에 관한 설명에서 알 수 있는 것은 한화의 창업자가 일본인 경찰의 도움으로 한화의 전신인 조선화약공판주식회사에 입사했고, 해방 국면에서는 기존 일본인 경영진의 결정으로 회사를 넘겨받았으며, 이후 회사 경영권 확보 및 성장에는 미군 장교와의 우호적인 관계가 핵심적이었다는 사실이다. 물론 그렇다고 김종희가 청소년기에 일본인 학생들과 주먹다짐을 마다하지 않을 정도로 의협심이 강하고 조국애가 투철했다는 기술이 부인되지는 않는다. 하지만 민족 전체로 보면 국유화를 거쳐 세월이 흐른 뒤에 정상적인 방법으로 민영화를 모색하는 게 더 나았을 터이다. SK, 두산, 쌍용 등 이런 아쉬움을 남긴 사례는 한화 말고도 많다.

올리가리히

1991년 소련의 갑작스런 붕괴는 20세기 역사의 대표적인 한 장면이다. 1982년 고르바초프의 개방·개혁 정책의 실시에 따라 시장경제를 도입하며 새로운 전환을 준비 중이던 러시아는, 전혀 준비가 되지 않은 상태에서 자본주의로 돌진했다. 20세기 초반에 유럽의 변방에서 자본주의를 넘어서는 혁명을 시작했다가 20세기 후반에 뒤늦게 우회하고자 한 그 자본주의와 맞닥뜨리게 된 것이다. 러시아는 자본주의를 구축하기 위해 첫 단계부터 시작해야 했다. 자유시장경제로의 전환은 쉽지 않았다. 빈부격차, 실업, 각종 범죄는 점차 증가했고, 자유민주주의 체제 역시 쉽게 받아들여지지 않았다. 하루라도 더 빠른 정착과 안정을 위해 1992년, 옐친은 상품가격의 자유화, 국가보조금 철폐, 군수산업의 민수화, 국영기업의 민영화 등 급진적인 경제개혁을 시작했다. 이 과정에서 국가의 부는 개인에게 넘어가게 되었다. 이때 국가의 재산을 차지한 사람들은 거부가 되었고, 이는 빈부격차의 심화를 불러왔다. 한마디로 정경유착에 근거한 약탈이라 할 수 있다. 이 약탈의 장본인을 올리가르히라고 부른다.

올리가르히가 등장하는 모습은 한국에서 해방 후 이루어진 적산불하와 닮은꼴이라고 할 수 있다. 국부를 약탈해간 이들이 기득권에 속했다는 사실도 닮았다. 과거 소련의 특권계층인 노멘클라투라는 국영기업을 설립하여 실질적인 지배자가 되었고, 소련의 붕괴 이후에도 여전히 그 지위를 유지했다. 민영화 과정에서 민영화한 기업의 주인이 되었고, 사업을 일으키고 이어갈 부와 권력, 인맥을 유지했다.

1991년 소련이 붕괴되자마자 러시아 정부는 국영기업의 주식회사 전환을 허용했다. 기업의 여러 이해관계자와 종사자들에게 기업의 지분을 부여하여 이윤동기와 주인의식을 심어줄 수 있다고 판단했기 때문이다. 하지만 이 정책은 실패했다. 노멘클라투라는 우월적 지위를 이용하여 직원들로부터 지분을 사들이고, 주식배분 절차에서 그들에게 유리한 요구를 관철하는 등 기존 경영권을 방어하는 데 성공했다. 노멘클라투라가 여전히 그 위치를 지켰을 뿐 아니라, 주식회사 전환에 따라 이제는 자본주의 이념에 부합하는 명실상부한 기업의 주인이 되었다.

이 정책이 실패하자 1992년 말에는 민영화 증서인 바우처를 통한 개혁을 진행했다. 1인당 한 장씩 바우처를 배당하고, 자신이 원하는 회사의 주식을 구입하도록 한 것이다. 하지만 바우처 역시 회사의 주식을 구입하는 데 사용되지 않았다. 사람들은 바우처를 매매함으로써 각자의 이익을 채웠다. 생활고를 겪는 일반인은 당장의 현금이 필요했고, 관리자는 이런 상황을 이용해 주식을 사들였다. 결국 주식은 특권층이나 일부 투기업자들에게 몰렸다.

개혁파가 내놓은 주식담보부 대출 경매 방식도 같은 결과를 낳았다. 정부가 국영기업의 주식을 담보로 은행에 돈을 빌렸다가 자금부족으로 빌린 돈을 갚지 못하게 되자, 해당 국영기업들이 특정 거부들에게 넘어간 것이다. 이처럼 무능한 혹은 의도적인 정책실패에 따라 러시아에서는 올리가르히가 탄생했고, 사회는 갑작스럽게 양극화 시대로 이행했다.[65)]

올리가르히의 탄생에 이은 안착 및 성장의 전 과정은 한국과 같은 정경유착의 길이었다.

1996년에 옐친이 대통령에 재선된 데에는 러시아 신흥자본의 기여가 결정적이었

러시아의 기업 사유화 관련 주요 법률 및 규정

제정 시기	명칭	주요내용
91. 7. 3	러시아연방의 국가, 자치기업의 사유화에 관한 법	기업 사유화의 기본법
91. 12. 29	1992년도 러시아연방에서의 국가, 자치기업 사유화계획의 기본규정	'국가계획'의 기초
92. 6. 5	'러시아연방의 국가 및 자치 기업의 사유화에 관한 법'의 개정 및 추가에 관한 법	
92. 6. 11	1992년도 러시아연방에서의 국가, 자치기업의 사유화 국가계획	기업 사유화의 법적 기초
92. 7. 1	국가기업 및 국가기업 자발적 연합의 주식회사화를 위한 행정 자치에 관한 대통령령	대기업은 1992.11.1까지 주식회사 전환
92. 7. 27	주식회사를 통한 사유화 시 주식의 내부응모 절차에 관한 국유재산관리위원회의 여행(旅行)령	
92. 8. 14	러시아연방에서의 사유화수요제도 도입에 관한 대통령령	액면가 1만 루블, 1992. 10. 1부터 전 국민에 배포
92. 10. 14	주택, 구획토지, 지방자치제 자산의 수요 및 매매에 관한 대통령령	사유화수표의 수여 확대
	러시아연방에서의 사유화수요 제도의 발전에 관한 대통령령	사유화수표로의 지불비율 규정
92. 11. 16	국가기업 사유화기의 산업정책 실행 수단에 관한 대통령령	전략적 주요기업의 지배적 지분매각
93. 4. 23	시민들에게 토지를 제공하기 위한 추가수단에 관한 대통령령	
93. 5. 8	러시아 시민의 사유화 참여권한의 국가적 보장에 관한 대통령령	29%의 주식은 3개월내 사유화수요로 경매
93. 8. 10	러시아 시민의 사유화 참여권한 보장에 대한 추가적 장치에 관한 정부결정	연방재산의 탈집권적 조속한 사유화 어용 방산업체의 사유화절차 예외 불인정

* **자료** : Youry Petchenkine, "Holding on to Federal Contract, Holding Companies, and Other Privatization Moves", *East/West Executive Guide*, (Februart 1993), p. 263.

다. 소련 해체 후에 경제는 좀처럼 나아지지 않았고, 자본주의의 부작용인 빈부격차만 점차 커졌다. 실망한 사람들은 공산당 당수였던 주가노프에 눈길을 돌렸다. 올리가르히에겐 위기였다. 민영화 중단을 외쳤던 주가노프가 당선된다면, 올리가르히는 모든 걸 잃게 될지도 모를 일이었다.

올리가르히 동맹은 1996년 스위스의 다보스포럼에서 시작되었다. 라이벌 관계였던 베레조프스키와 구신스키를 비롯해 다보스포럼에 와 있던 여러 올리가르히는 추바이스의 중재 속에 그날 밤 긴급 회동을 가졌다. 이후 이들은 옐친에 대한 전폭적인 지지를 표명하며 선거운동에 참여했다. 그들의 자금과 기업, 언론사가 동원됐고 그 결과 가망이 없어 보이던 옐친은 대통령 재선에 성공했다.[66]

이제 올리가르히는 정치와 공공연한 공생관계가 되었다. 올리가르히는 주식담보부 경매를 통해 국영기업의 지분을 장악했고, 몇몇 올리가르히는 정치권에 이름을 올리기도 했다. 말하자면 1996년 대통령 선거를 기점으로 경제엘리트가 옐친에 전폭적인 지지를 표명했고, 노골적인 선거운동 이후 정치권과 일부 경제엘리트가 공생의 관계로 바뀌게 된 것이다.

언론이 이들을 비판하면서 정치권과 가까운 거대 산업-금융자본 집단인 '빅세븐'(Big 7)이 있다고 주장했는데, 빅세븐에 포함되는 베레조프스키(Boris Berezovsky: LogoVaz), 블라디미르 구신스키(V. Gusinsky: Most), 포타닌(V. Potanin: Oneksim Bank), 호도르코프스키(Mikhail Khodorkovsky: Menatep), 스몰렌스키(A. Smolenskii: SBS-AGRO), 아벤과 프리드맨(P.Aven and Fridman: Alfa Group) 등이 현대적 의미로 사용되는 산업금융자본가인 올리가르히로 점차 알려지게 되었다는 것이다. 이후 이들은 사유화 정책을 통한 이익을 흡수하고 경제를 장악했다. 그 결과로 올리가르히로 알려진 소위 'Big 8'(Menatep, Interros, Millhouse/

Russian Aluminium, Sistema, LUKoil, Alfa, Surgutneftegaz, AvtoVAZ) 그룹의 2000년도 총수입액은 620억 달러에 달해 러시아 연방 예산규모를 50%나 초과했다. 러시아 최대의 국영기업군인 Gazprom(가스), UES(전력), Sberbank(은행), Svyazinvest(통신) 등이 올린 수입만 해도 470억 달러를 훨씬 상회하고, 올리가르히에 의해 지배되는 상위 12개 기업군의 연간 매출액은 이미 연방정부의 연간 세입액과 맞먹을 정도로 급성장하기에 이른다.[67)]

1998년 러시아의 모라토리엄 선언 이후 옐친은 사실상 힘을 잃고 옐친의 후계자인 푸틴이 1999년 8월 총리에 올랐다. 그리고 3개월 뒤인 12월 31일에 대통령이 되었다. 정치권에서 무명에 가까웠던 푸틴의 대통령 당선은 옐친 주도의 권력집단과 올리가르히의 지지로 가능했다. 집권 초기의 푸틴은 올리가르히의 요구를 들어줘야 했지만 이후 일부 올리가르히를 손보는 등 점차 긴장관계를 조성했다. 마침내 푸친은 옐친의 올리가르히를 척결하고 새로운 올리가르히를 형성했는데, 주종관계는 달라졌다. 올리가르히의 편익을 위해 정부가 힘을 쓰던 옐친 시절과 달리, 푸틴의 올리가르히는 국가가 기업에 통제력을 행사하는 구조가 된 것이다.

여전히 러시아 경제에서 차지하는 올리가르히의 영향력은 엄청나다. 대표적 올리가르히 23명이 러시아 전체 취업자의 16%, 금융자산의 17%를 차지할 뿐 아니라 러시아 전체 매출액의 3분의 1을 차지하고 있다.[68)]

푸틴은 정경유착을 뿌리 뽑았다기보다는 새로운 형태의 정경유착을 만들어냈다. 경제엘리트들은 기술개발이나 산업구조의 고도화를 통해 러시아 경제의 발전을 꾀하기보다는 지하자원의 분배와 같은 지대추구행위를 지속함으로써 그 한계를 노정시키고 있으며, 정치엘리트들 또한 국가의 자원을 분배하는 과정에서 정치권

러시아 연평균 GDP 성장률

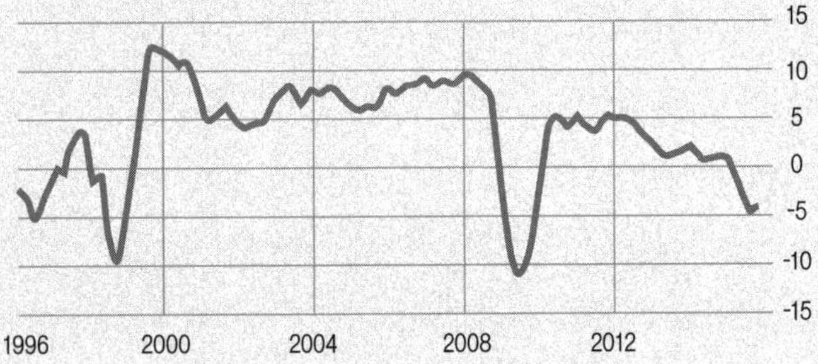

력에 순응하고 우호적인 올리가르히에게 경제적 이권을 제공하는 형태로 국가권력을 유지하려 하고 있다.[69)]

장기집권에 들어간 푸틴의 권력을 중심으로 한 러시아의 정경유착과 특권계급의 구조적 약탈은 아직 현재진행형이다. 러시아의 자본주의가 어떤 미래상을 연출할지 궁금하지만, 한국의 자본주의가 러시아 못지않은 약탈자본주의의 구조적 취약성에 직면하여 자칫 좌초할지도 모른다는 걱정이 먼저 드는 시점이다.

28) 석혜원, 『이야기로 읽는 대한민국 경제사』, 미래의 창, 2008, 19~20쪽.

29) 이대근, 『해방 후 1950년대의 경제』, 삼성경제연구소, 2002, 136쪽.

30) 석혜원, 같은 책, 21쪽.

31) 이임광, 『어둠 속에서도 한 걸음을』, 공감의기쁨, 2012, 68쪽.

32) 이한구, 『한국재벌형성사』, 비봉출판사, 1999, 48~49쪽.

33) 최상오, 「1950년대 외환제도와 환율정책에 관한 연구」, 성균관대학교 경제학과 박사학위논문, 2001, 22~24쪽.

34) 유영익, 『이승만 대통령 재평가』, 연세대학교출판부, 2006, 294쪽.

35) 대한민국 27년 8월 28일 한국독립당 제5차 대표대회(전단), 이현주, 「해방직후 적산처리 논쟁과 대일배상요구의 출발」, 『한국근현대사연구』, 72집, 2015, 217쪽 재인용.

36) 한시준, 『대한민국임시정부 법령집』, 국가보훈처, 1999, 79~80쪽.

37) 『매일신보』 1945.8.24.

38) 『매일신보』 1945.9.12.

39) 『매일신보』 1945.9.16.

40) 『미군정법령총람』(국문판), 한국법제연구회, 1971, 121~122쪽.

41) 『미군정법령총람』(국문판), 124쪽.

42) 『자유신문』 1945.10.5., 철거 전 임시 거주기간 동안 한 달 생활비도 500원으로 제한했다.

43) 『매일신보』 1945.11.6.

44) 이현주, 「해방직후 적산처리 논쟁과 대일배상요구의 출발」, 『한국근현대사연구』, 72집, 2015, 218쪽.

45) 『군정 1년의 행정』, 『1947年版 朝鮮年鑑』, 조선통신사, 1946, 38쪽.

46) 『미군정법령집』(국문판), 49쪽.

47) 이대근, 『정부수립 후 귀속사업체의 실태와 그 처리과정』, 『근대 조선공업화의 연구』, 일조각, 1993, 490~491쪽.

48) 석혜원, 『MUST KNOW 대한민국 경제사』, 미래의 창, 2012, 24~25쪽.

49) 이덕호, 『친미사대주의 교육의 전개과정』, 다움, 2001, 37쪽.

50) 역사학연구소, 『함께 보는 한국근현대사』, 서해문집, 2004.

51) 송건호, 『송건호전집7』, 한길사, 2002.

52) 이대근, 『해방 후 1950년대의 경제』, 삼성경제연구소, 2002, 108쪽.

53) 『조선경제연보, 1948』.

54) 『적산기업체』, 『1948년판 조선연감』, 176쪽.

55) 이한구, 『한국재벌형성사』, 비봉출판사, 1999, 50~51쪽.

56) 장하진, 『이승만정권기 매판지배집단의 구성과 성격』, 『역사비평』, 제6호(1989년 가을), 74~77쪽.

57) 박태순·김동춘, 『1960년대의 사회운동』, 까치, 1991, 31쪽.

58) 역사학연구소, 『강좌 한국근현대사』, 풀빛, 1995, 293쪽.

59) 강준만, 『한국현대사산책 1950년대편 3권』, 인물과 사상사, 272쪽.

60) 지동욱, 『대한민국 재벌』, 삼각형비즈, 2006, 21~22쪽.

61) 임영태, 『대한민국史』, 들녘, 2003, 191쪽.

62) 강만길, 『한국 자본주의의 역사』, 역사비평사, 2000, 21~22쪽.

63) 이한구, 『한국 재벌형성사』, 비봉출판사, 1999, 621쪽.

64) 고정일, [조선 창조경영의 도전자들] 한화그룹 창업주 현암 김종희, 『주간조선』 2396~2399호, 2016, 요약정리.

65) [네이버 지식백과] 「러시아역사 다이제스트100-소비에트 연방, 사라지다 : 소련붕괴, 그 후」(1991년~1994년).

66) 김윤태, 『한국의 재벌과 발전국가』, 한울아카데미, 2012, 65~66쪽.

67) 예병환, 『한종만 A View of Russian Mafiya』, 『e-journal』, No. 7, 2009, 141쪽.

68) 김선래, 「러시아의 정경유착-푸틴시기를 중심으로」,
한국외국어대학교 러시아연구소, 『Russia & Russian Federation』, 2010, 54쪽.
100대 올리가르히의 소유 재산은 2480억 달러 규모로
러시아 국내총생산(GDP)의 4분의 1에 해당한다.

69) 김선래, 「러시아의 정경유착-푸틴시기를 중심으로」, 한국외국어대학교
러시아연구소, 『Russia & Russian Federation』, 2010, 54~56쪽.

PART 3

그라운드 제로
한국전쟁

1
폭력적 사회 재편과 비자발적인 전면적 리셋

한국전쟁이란 전면적 리셋과 신분질서의 전면적 해체

한국전쟁은 한국 자본주의 발전에 어떤 영향을 미쳤을까. 전쟁은 막대한 인명살상과 산업설비를 포함한 국토의 초토화로 인해 당연히 치명적인 악영향으로 간주된다. 그런데 한국전쟁은 자본주의 발전에 말하자면 '긍정적인' 영향을 끼쳤다. 가히 한국전쟁의 역설이라 부를 만하다. 마치 사바나 지역에 불이 나서 초원이 타버리고 난 뒤 재가 거름 역할을 함으로써 초목이 더 무성해지듯, 한국전쟁은 이 땅의 자본주의 발전에 가장 핵심적인 기반을 조성해주었다. 막스 베버가 프로테스탄트 윤리를 자본주의 정신의 핵심 인프라로 파악한 것과 비슷한 맥락이다.

우선 전쟁을 통해 남한 단독정부의 아킬레스건이라고 할 수 있는 정통성 문제가 해소되었다. 내부의 갈등은 외부의 거대하고 폭발적인 갈등에 가려 소멸했거나 혹은 불편한 도식 아래서 은폐되었다. 남과 북의 개별 정권은, 전쟁을 통해 이념적으로 반쪽 국가를 극복하고 안정된 국가로 정립되었다. 남에서 이념은 정치적 안정(혹은 억압) 외에 자본주의정신을 고양하는 방향으로도 작동했다.

한국전쟁이 촉진시킨 생존경쟁, 물질만능주의, 개인주의, 경쟁과 같은 가치들은 자본주의 이데올로기의 심층을 구성하는 것들로 평가된다.[70] 전쟁의 소용돌이에서 발생한 평준화 의식과 상승이동의 기회균등화가 사회발전에 기여했다는 뜻이다.[71]

송호근은 한국전쟁에 의한 모든 시설의 파괴, 재산의 파괴가 토크빌이 말한 '제 조건의 평등'(equality of all conditions)이 '부정적 방식'으로 이뤄졌음을 의미한다고 말한다. 토크빌은 자유민주주의의 전제로서 제 조건의 평등을 중시했다. 자신의 조국인 프랑스와 비교할 때 미국은 이미 민주주의를 꽃피울 여러 가지 조건이 정착되어 있다고 보았다. 그것은 자원, 기회, 신분의 평등이었는데, 이것들이 미국에 역사적으로 우연히 주어졌듯이 한국에도 한국전쟁을 통해 '우연히' 주어졌다.

재산과 전통, 제도 등이 온전하면서 '제 조건의 평등'으로 전환하는 것을 '긍정적 방식'이라 한다면, '부정적 방식'이란 그나마 존재했던 재산, 계급 및 신분관계, 관습, 제도적 유산 등이 모두 파괴되어 아무것도 갖추지 못한 상태로 회귀하는 것, 그리하여 이른바 '영의 상태'(zero situation)에서 다시 출발해야 함을 뜻한다.

해방 이후에 관습적으로 남아 있던 신분제 의식과 관행은 한국전쟁을 통해 거의 소멸했다. 지주에 대한 관습적 존대행위가 없어졌고, 소작인과 하인에 대한 하대가 사라졌다. 국가적 위기 앞에서 과거 신분이 무엇이었든 모든 사람을 대한민국이라는 근대국가의 국민으로 재정립시켰다.

이러한 '그라운드 제로'에서 새로운 신분질서는 오직 돈에 의해서 구축된다. 재산을 획득하면 인간다운 삶을 누릴 수 있다는 의식과 천대받는 신분에서 탈출할 수 있다는 희망이 존재했다. 해방과 함께 시작된 혼란은 전쟁을 거치면서 핵폭발을 방불케 하는 수준으로 격화해 종국에는 혼란 자체가 질서가 되는 지경으로 치달았다. 도덕과 공동체의 이익을 전혀 고려하지 않고 오직 자신과 가족의 성공을 위해 진력하는 천박하고 끔찍한 경쟁의 장이 열렸다. 재산을 향한 무한질주의 욕구는 이렇듯 한국전쟁이 만들어낸, 아무것도 없는 상태의 평등한 공간 즉 '제 조건의 평등'으로부터 출발했다.[72]

박명림의 해석도 비슷하다. 전쟁을 거치면서 구체제의 전통적인 지배계층은 물적 토대를 상실했다. 공산주의 사회라는 신분질서 역전과 세계적 전쟁의 최초 경험, 현대식 총포 앞에서의 차별 없는 죽음의 목도 등은 평등주의를 확산시키면서 새로운 사회에 대한 눈뜸으로 연결되었다. 도시와 농촌, 지역과 지역, 남한과 북한 사이의 격렬한 인구 이동과 사회적 유동성의 증가 역시 전통적 한국사회의 소규모 공동체 의식을 파괴시켰다. 대면 사회 내에서 유지되던 인간관계는 더 넓은 공동체 단위로 확대되며 좁은 범위 안에서의 위계적 인간관계를 해체시켰다. 전쟁은 평등의식과 근대 대중사회의 도래에 뚜렷한 전환점을 이루었다.[73]

사회의 평준화 혹은 '그라운드 제로'를 초래한 개별적인 요인으로 토지를 중심으로 한 농촌의 변화에 주목할 필요가 있다. 해방이 되면서 현저히 약해진 지주계급은 토지 방매와 농지개혁으로 더욱 약화하였다. 한국전쟁과 살인적 인플레이션은 지가증권을 휴지나 다름없게 만들어 많은 지주들을 몰락시켰다.

한국전쟁은 복합적 성격을 띠는데, 그중에는 분명 계급투쟁의 요소가 포함된다. 지주계급이 몰락한 반면 농촌의 피지배계급은 혁명적 변화에 노출되었다. 비록 짧은 시간이었지만, 세상이 뒤집어져 빈농이나 머슴이 힘을 썼다. 산간의 빨치산 출몰 지역에서는 평준화가 급속히 진행되었고, 가진 자들이 갖가지 수단으로 징집에서 빠져나감에 따라 역설적으로 주로 농촌 청년들로 구성된 군대 생활이 평준화를 촉진시켰다.

이처럼 갑오개혁, 일제 통치, 해방, 지주제 폐지, 전쟁, 군대 등을 통해 신분관계와 신분의식은 소멸되었다. 그러나 이런 평준화는 시민의식이나 민주의식을 수반하지 못했고, 친일파 청산 실패나 정치·경제의 난맥상 등으로 가치관이 혼란되고 전도된 상황이 작용해서 천민적인 하향 평준화 양상을 보였다. 어떤 지위에 있든, 어떤 계층이든 존경을 받을 수는 없었다.[74]

전쟁은 역사학계의 논쟁거리 중 하나인 봉건제를 무의미하게 만들었다. 봉건제 논쟁의 한쪽 주장을 받아들여 한국에 봉건제가 존재했다고 인정하더라도, 그것은 일본의 식민지 지배, 그리고 결정적으로 한국전쟁과 농지개혁 등을 거치면서 그 흔적을 대부분 잃어버렸다. 한국 자본주의는 한국전쟁을 기점으로 봉건제를 포함해 모든 것을 무화(無化)하고 대부분의 사람들에게 비슷한 출발선을 제공한 셈이다.[75]

한국전쟁으로 지주계급이 몰락하면서 지배블록 내의 변화가 불가피해진다.[76] 해방 당시 전체 농지의 65%를 차지하며 남조선과도입법의원에서 농지법 개정안을 부결시킬 정도로 지배블록의 중추 역할을 한 지주들은, 1952년 말에 이르러서는 개인적 거래나 농지개혁 등을 통해 그 물적 토대와 정치적 권력을 상실하고 사실상 지배블록에서 밀려났을 뿐만 아니라 계급으로서도 해체된다. 지주계급의 몰락과 관련해 파악되어야 할 한국전쟁의 또 다른 영향은, 토착자본 내에서 '예속자본'이라 부를 수 있는 특정 분파의 위상이 지배블록 내에서 상대적으로 상승했다는 점이다.

지주계급이 빠져나간 자리를 이들이 채웠으리란 정황을 그리 어렵지 않게 상상할 수 있다.[77]

특히 이 예속자본에는 한국전쟁 전까지만 해도 일제의 잔재인 친일자본과 귀속재산 처리로 새롭게 등장한 친미자본이 혼재했지만, 이후 이 예속자본은 친미 일변도로 전환하여 미국 독점자본의 하위 동맹자로 모두 재편된다. 이 예속자본은 독점화 경향을 거쳐 예속 독점자본으로 탈바꿈해 (해외 독점자본과 제휴하여) 국내 지배연합의 기본 축을 형성하게 된다.[78]

새로운
신화의 시작

출발 시점의 자본은 전적으로 정치적 현상이었다. 국가는 적산불하와 미국의 원조를 통제함으로써 자본가계급에 대해 우위에 설 수 있었다. 지배계급의 일원으로서 자본가계급은 정당한 방법으로 생산력을 갖추지 못한 탓에 사회 피지배계급의 동의를 얻어낼 수 없었고, 따라서 생산력 발전과정에서 발생하는 생산관계의 모순을 해결하는 데 국가의 억압기능에 의지했다. 한국 자본가계급은 물적으로 허약할 뿐더러 정치적으로도 허약했다.

자본주의에 조응하는 수준의 시민사회를 발전시킨 서유럽과 달리 한국에서는 정치적 계급으로서 시민계급이 부재했기에 결국 위로부터 조립된, 시민적 이념체계와 물적 기초가 결여된 시민국가가 형성되었다. 이러한 시민국가는 동서냉전이 내재화하고 계급투쟁이 외재화하여 형성되

었다고 할 수 있다.[79)]

이는 곧 소련의 팽창 저지를 목적으로 한 미국의 후원을 배경으로, 토착 공산주의자 및 좌경세력의 분쇄에 근거한, 초보수적이고 반공주의적 리더십을 지닌 이승만을 중심으로 한 자본주의 국가의 건설을 의미한다. 이로써 자유시장경제의 기초확립이 가능해졌고, 공고화한 국가권력은 계급적 간섭을 배제하고 충분한 자율성을 확보하여 자본축적을 주도하게 된다. 이때 국가는 이데올로기 장악을 통해 강권적 사회통제를 실행하는 이념적 구조화를 완성한다.[80)]

한마디로 국가, 즉 한국전쟁을 통해 비대해진 폭력기구를 보유한 데다 강력한 이념적 지배구조를 확보하게 된 지배블록이 '그라운드 제로'에서 정치권력과 경제권력을 자유롭게 디자인하고 구축할 수 있게 되었다는 얘기다. 그러나 그 전에 망국, 식민지배, 전쟁, 돌진적 산업화를 거치면서 양반 지주계급의 정치적 정당성과 경제적 지배력, 사회적 위신이 급격히 훼손된 반면, 어떤 영역에서든 능력을 발휘해서 성공하면 정당하고 인정받을 수 있다는 신념이 신분의 고귀함에 대한 믿음을 대체했다는 점을 반드시 기억해야 한다. 이것이 근대 이래 한국 우파의 오랜 신념이었다. 예컨대 대중은 빈농의 아들로 태어나 초졸 학력으로 재벌그룹을 일군 고 정주영 회장의 신화를 공유한다.[81)] 그러나 그 신화는 기존의 불평등 구조를 제거했지만 새롭고 강력한 불평등 구조의 고착은 보지 못하게 만드는 오도된 신화라는 측면에서 집단(무)의식에 확고히 뿌리내린 '허위의식'의 단면일 뿐이다.

좌승희는 1) 미국을 통해 현대적 민주주의 정치체제와 시장경제 체제가 도입되고, 2) 유상매입-유상분배에 기초한 농지개혁으로 전근대적 소작농제가 타파됨과 동시에 농촌에 근대적 형태의 자본주의 사유재산권 제도와 시장경제 원리가 정착되었으며, 3) 한국전쟁을 거치면서 전근대적 조선사회의 반상의 신분개념이 와해됨으로써 동등한 신분적 질서가 구축되는 등 새로운 경제적 도약을 위한 제도적 여건과 장치들이 마련되었다는 점에서 이 시기는 필요한 시대적 사명을 다했다고 평가했다.[82]

경제발전 초기에는 6·25전쟁으로 기득권층이 몰락하고 사회유동성이 높아진 데다 높은 교육열과 신분상승 욕구가 겹쳐 경제성장 여건이 여타 개도국에 비해 양호했다는 게 일반적 분석이다.[83]

한국전쟁이 한국 자본주의에 미친 영향에 관한 기존의 분석들이 이러한 역설적 이점들과 함께 새로운 공동체의식이 모색되지 않은 '부재'와 '결여'에만 주목하고 대신 이념에 근거한 강력한 자본주의적 허위의식이 정치·경제적 불평등과 부패를 구조화하기 시작했음을 도외시하는 듯하다는 게 필자의 견해다. '그라운드 제로'로 인한 평준화는 어쩌면 한 번도 존재한 적이 없는 허상일 수 있다. 자본주의의 시작과 함께 지금까지도 선전되고 있는 '완전경쟁시장'이란 신화가 허구이듯이 말이다. 다중의 지반이 무너지는 그 시점에 지배블록의 영민한 구성원들은 붕괴를 기화로 새로운 마천루의 건설에 발 빠르게 착수했다.

2
‘그라운드 제로’의 예외

친일파, 미국과 협력하여 반공 이념의 자본주의 국가의 주역으로 번성하다

민족에서 이념으로

한국전쟁 전후로 조성된 ‘그라운드 제로’가 특히 사회의 문화나 구성원의 보편적 의식과 관련한 한국 자본주의의 시원이라고 한다면, 반대로 한국 자본주의가 ‘그라운드 제로’를 만들어냈다고 해도 틀린 말은 아니다. 앞서 지적했듯 ‘그라운드 제로’라는 착시를 공공연하게 유통시키면서 자본과 권력은 스스로를 예외로 괄호 쳐서 숨겨두는 책략을 병행했다. 일제의 식민지에서 태동한 한국의 자본주의는 출발 시점부터 외생적이었으며 해방 후 결정적 국면에 민족 자본주의로 전환할 기회를 잃어버림에 따라 매판성과 유사하다고 할 이 외생성이 구조화한다. 구조화의 핵심 에너지는 분단과 반공에 의거한 '민족의 폐기 및 이념 우선'이었다.

알다시피 남북을 분단한 38도선은 미국과 소련이 공동의 적인 일본을 무장해제하는 관할범위를 정한 편의적인 분획선이었다. 그러나 38도선의 남과 북을 분할 점령한 미국과 소련이 군정을 시행하면서 편의적이고 잠정적인 분할선은 정치적이고 이념적인 경계선으로 바뀐다.

외세에 의한 통치와 권력의 재편에 따라 세대와 지역, 좌우를 막론한 해방 이후 공통의 핵심의제가 '민족'에서 슬그머니 '이념'으로 둔갑한다. 결국 역사에서 보았듯 미국은 이러한 의제전환에 근거하여, 혹은 의제전환을 위하여 자국에서 활동한 해외파 독립운동 지도자 이승만과 김성수·송진우 등 보수세력과 연대하고 조선공산당 같은 좌파를 비롯하여 여운형 같은 온건 좌파까지 배척하는 노선을 일관되게 걸었다.

미군정의 3년은 세계적인 냉전과 맞물려 남한의 좌파세력 청소로 귀결했고 한반도의 남쪽에서는 가장 반공적인 체제가, 북한에서는 가장 급진적인 사회주의 체제가 수립되었다. 이때 이념의 차이에 따라 나뉜 같은 민족이 참혹한 전쟁까지 벌임으로써 '민족주의'는 설 곳을 잃어버리고 말았다.

피통치자의 입장에서 전혀 대항할 수 없었던 일본과 미국에 의한 두 차례의 제국주의 통치체제는 이념 대립의 제도화와 전쟁이란 격렬한 물리적 충돌에 편승하여 더 강력한 다른 형식으로 복원된다. 즉 냉전의 전개, 이데올로기적 양극화, 분단국가의 수립 등 해방공간에서 사회적 동원이 억압·해체되는 과정은 남한에서 과거 식민지 국가기구의 역할을 다시 복원케 하여 과대성장국가를 출현케 했다.[84]

폭력적 통치기구를 동원한 과대성장국가는 불가피했다. 제1공화국의 수립과 함께 남한 내 좌파를 완전히 궤멸시키고 좌우 갈등을 남북 갈등으로 치환하는 작업은 자연스러운 것이 아니라 조작적인 과정이었기 때문에 폭력의 도움 없이는 불가능했다. '민족'의 관점에서 정통성이 결여된 분단국가 남한의 두 중심 정치세력인 이승만 그룹과 한민당은, 단독정부 수립 이후 정치지형을 이념 지평으로 확고하게 정리하고, 좌파 및 김구 등의 민족주의 경쟁자들의 흔적을 지우는 한편 독점적 정치시장을 조성해 내부적으로 두 세력이 경쟁하는 분업 정치모델을 구축했다. 친일에 뿌리를 둔 보수적인 우파세력이 남한 정치의 주도권을 장악한 것이다. 이들이 미국과 협력하여 한국 자본주의의 밑그림을 그렸다는 측면에서 한국 자본주의는 정치적 취약성을 태생적으로 갖게 되고 정경유착을 기본 구조로 삼게 된다.

당시 분단·반공·이념화의 수석 디자이너가 이승만이었음은 누구나 아는 사실임에도 최근 특정한 의도에서 이승만과 관련한 사회적 건망증을 확산시키고 있으므로 차제에 명확히 하고 넘어가자.

송건호는 '반공'을 "8·15 후에 얻은 것 중의 하나"라고 말한다. 일제강점기에도 사상대립이 있었지만 함께 항일투쟁을 했기에 민족의 해방과 독립이라는 대과제 앞에서 이념은 이차적 대립 요소였다. 그런데 해방 이후 정치분석에서 자주 쓰는 이른바 프레임이 민족에서 이념으로 급작스럽게 전환하면서 이념이 같으면 민족이 달라도 동지일 수 있으나 이념이 다르면 아무리 민족이 같아도 적이 되었다. 이런 논리에 입각하면 미군과 남한의 주도세력은 (물론 미군이야 그들을 하수인으로 취급했겠지만) 동지였다.

민족보다 이념이 확고한 우위를 점한 데는 미국의 세계전략의 영향이 크며, 이승만의 정치이념에서 생긴 정치풍토이기도 했다. 그리하여 남한의 주도세력으로부터 김구나 김규식은 공산당 또는 용공주의자(容共

主義者)로 비난을 받았다. 급기야 이승만의 추종자가 항일투사인 김구를 살해하는 사태까지 빚어졌지만, 잘 알고 있다시피 이승만은 김구 살해범을 후대했다. 나아가 살해범을 형무소에서 꺼내 원대로 복귀시키고 대령으로 예편시킨 다음 군납업의 특혜를 줌으로써 거액의 돈을 벌게 하여 여생을 편안히 보내게 했다.

형·동생 하는 사이인 이승만과 김구가 멀어진 까닭은 주지하듯 남한에 단독정부를 세우려는 이승만의 노선과 반대로 김구는 통일협상을 위해 평양을 다녀오는 등 남북한 통일 민족정부 수립 노선을 견지했기 때문이다. 이승만으로 하여금 김구를 없애야겠다고 생각하게 한 이유는 단지 이것이었다. 한쪽은 이념보다 민족을, 다른 한쪽은 민족보다 이념을 우위에 두었다.

이승만은 김구 살해범을 애지중지 사랑하고 돌보아주었을 뿐 아니라, 자기와 이념을 같이한다는 이유로 일제 치하에서 항일애국지사를 고문·학살한 친일역적까지 감싸면서 반민특위(反民特委)를 폭력으로 해산시키고 친일역적들을 석방시키는 등 천추에 씻지 못할 반민족적 범죄를 자행했다.[85)]

친일파를 중심으로 한 미국의 새 판 짜기

김구를 중심으로 한 '민족' 세력의 남북협상에 의한 자주적 통일노력이 좌절됐다는 것은 민족자주연맹의 좌절을 의미한다. 이것은 바꿔 말하면 냉전편승파의 승리를 의미하며, 일제잔재의 재생을 의미하는 것이

기도 했다. 결국 이 땅에서 민족자주세력을 좌초시켰다는 점에서 김구의 1946~47년의 선택은 정치적 오판이라는 지적이 있다.[86)]

하지만 김구의 국제정세 인식이나 신탁통치에 대한 입장과 무관하게, 한반도의 분단 및 냉전의 전초기지화의 흐름은 돌이킬 수 없었다는 점을 감안하고 보면, 김구가 가령 '올바르게' 판단했다고 가정해도 뭔가 특별히 달라지지는 않았을 것 같다. 이념과 민족의 프레임 대립에서 이념에는 친미·친일·기득권 보호라는 매우 핵심적이고 사활적인 동기가 결부되었기 때문이다. 이승만이 이 작업의 수석디자이너라면 발주자는 미국이었으므로 김구에게 오욕이 아닌 영광스런 정치적 길이 열리기는 결코 쉽지 않았을 것이다.

여기서 당시 이승만 등의 친미·친일·우파 세력의 이념은 '자본주의 대 사회주의'라고 하는 정통적 이념대립 구조에 포함된 이념과는 달라 보인다는 점을 지적하고자 한다. 남한의 지배세력이 된 이승만 등의 친미·친일·우파 세력에 이념적 자각이 있었다기보다는 역설적이게도 '민족' 의제를 주도하게 된 좌파에 맞서 생존 차원에서 뭉쳐 대항하다 보니 미국의 세계전략에 조응하여 '반공'을 이념의 정점에 위치시킨 것이다. 정상적인 이념이란 무엇을 반대한다기보다는, 예컨대 사회주의적인 민족공동체처럼 무엇을 지향하는 것이어야 하는데 이승만 일파는 지향점 없이 생존을 위한 반대만으로 이념전선을 구축했다. '무엇으로'(to)와 '무엇으로부터'(from) 중에서 'from'만으로 무장한 이념은, 사실 이념이라고 하기도 민망한 것이었다.

결국 생존목적에서 이념을 민족에 우선한 것의 기이한 논리적 귀결은 반공이었고, 이는 미국이라는 외세가 반공논리를 남한 지배를 실현하는 필요조건으로 간주한 데서 생겨났다고 볼 수 있다(박성옥, 1997). 2차

대전 후 세계지배를 위해 반공과 냉전을 기조로 한 세계전략을 추진한 미국은 그 정책실현의 수단으로, 공산주의와 생사를 건 투쟁만이 '자유세계'의 유일한 선택이 되어야 하며 반공이념은 민족이라는 존재와 가치를 넘어서서 모든 것에 우선한다는 가치관을 확산시켰다. 따라서 반공이 동전의 앞면이라면 친미가 그 뒷면이었으며, 정경유착에 근거한 친일세력을 포함한 기득권의 보호와 확대가 앞면이라면 한국적 자본주의가 그 뒷면을 이루게 된다.

결론적으로 반공은 사상으로서 아무런 체계가 없는 것이지만, 미국이 선도한 자유민주주의 이념을 공산주의로부터 지켜내야 한다는 논리에 반공이 덧씌워짐으로써 반공은 이념적 성격을 짙게 지니는 전략적 수단으로 격상되며 종국에는 최상위 가치로 등극한다.

역대의 독재자들이 전가의 보도처럼 수용한 반공은 한국에서 외세의 지배와 친미사대를 정당화하며 민족의 자주권을 부정하고 민족분단을 긍정하는 이데올로기 및 정치적 수단으로 기능했다. 이리하여 이 땅에 상륙한 반공 이데올로기는 주체적인 민족자주의식과 통일의식을 폭력으로 억압하고, 독재와 동족상잔을 부추기는 동족대결의식의 종합적 표현이자 분단의식으로 정립되지 않을 수 없었다.

반공을 통한 자유민주주의의 표방은 그 어떤 자유나 민주주의에 대한 관심이 아니라 미국식 자유민주주의 즉 미국의 반공냉전논리의 수용 외에 다른 것이 아니다. 그것은 미국의 세계지배 원리이지 결코 민족을 위한 이념이 아니며 자유와 민주주의의 논리도 아니다.[87]

해방 시점으로 돌아가면, 뒤늦게 상륙해 군정을 펼치기 시작한 미군으로서는 북한에 진주한 소련군과 대치하는 상황에서 남한에 친미·반공정권을 수립해야 함은 당위였고, 그렇다면 날로 기세를 올리고 있는

범(汎)공산주의 세력의 척결이 최우선 과제가 될 수밖에 없었다. 북한에서 친일파 숙청을 서두른 것은 제2차 세계대전을 치르는 동안 일본이 일·소 중립조약이 발효 중인데도 소련의 볼셰비키 혁명체제를 배척하고 철저하게 반공정책을 펼친 데 대한 복수심리가 중요한 동기 중의 하나일 수 있다. 또한 소련에 의해 수립된 북한의 조선임시인민위원회가 최우선적으로 추진한 토지개혁은 분명 공산주의 혁명을 의도한 것으로 해석되었다. 북쪽의 이러한 상황은 남쪽에서 정반대 상황을 만들어냈다.

어제의 미군에게 일본 제국주의는 적이었지만 공산주의자들을 적으로 삼은 오늘의 미군정에게 일제는 친구가 되었다. 더욱이 태평양전쟁 기간에 일제의 경찰 및 관료들이 철저하게 반공정책을 펼친 이력이 미군정에겐 주목할 만한 것이었다. 이에 따라 8·15 해방 후 민중의 보복이 두려워 도망친 한국인 경찰과 관료 등 친일세력까지 미군정이 남한 현지에서 효율적이고 조직된 폭압수단을 필요로 함에 따라 기사회생하여 당당히 과거 수준은 물론 그 이상의 힘까지 회복한다.[88]

미국이 남한에서 반공정권을 수립하는 과정에서 편리하다는 이유만으로 친일세력을 파트너로 삼은 것은 아니었다. 패망한 일본은 승전군인 미군에게 자신들이 지배한 조선에 관하여 왜곡된 정보를 전달했고 일본인의 본국 철수 등 여러 면의 편의를 감안하여 친일 한인 세력에게 우호적인 환경을 조성했다.

실제로 패전 후 남조선을 사실상 통제하고 있던 조선군사령관 고오즈기 요시오[上月良夫] 육군 중장은 오키나와 주둔 미 제24군단[89]이 서울에 도착하기 이전에 한반도의 상황에 대해 보고형식의 정보를 수시로 타전했는데, 미군이 한국인을 부정적으로 인식하도록 중상모략한 사실과 시각을 수없이 되풀이했다. 조선군사령부는 8월 31일 오키나와에 주둔하고 있는 미 제24군단 사령부와 직접 교신하는 데 성공하여, 이때부터 타전 45회, 수신 35회의 통신을 교환했다. 그 내용은 주로 "남한에는 공산주의 세력이 팽배해 앞으로 공산정권이 수립될 가능성이 높다." "남한 사회는 치안질서가 문란할 대로 문란한 상황에 빠져 있다." 등이다.[90)]

미군정 초기에 이뤄진 미군 장교들과 일본인 관리들 간의 이와 같은 협조는 미군정 3년에 걸쳐 계속되는 편견을 낳았다. 미국인들은 일본인들이 협력적이고 질서정연하며 유순하다고 본 반면 한국인들은 고집이 세고 무례하며 반항적이라고 보았다. 미군정의 이러한 편견은 당시를 기록한 문서에 자주 언급되는데, 아마도 그 기원은 1945년 가을 한국에 대한 미군정의 초기 인식에서 나온 듯하다.

워싱턴의 국무성 관리들은 하지가 일본인 관리들을 유임시키자 이에 대해 강력히 이의를 제기했다. 『뉴욕타임스』는 1945년 9월 11일자에서 "국무성은 일본인 관리들을 잠정적으로 유임시키라는 어떠한 명령도 군부에 내리지 않았다고 발표했다. 그렇다면 그것은 분명히 현지 사령관(즉 하지 장군)이 내린 결정임에 틀림없다"고 지적했다. 이어 이 신문은 사설에서 "우리는 식민정책을 시행한 일본 제국주의 쓰레기들에게는 '부드럽게' 대하고 우리가 해방시킨 민중에게는 강경하게 대해야 하는가?"라고 물었다.

그러나 일본인 관리들을 유임시킨 하지의 결정이 꼭 독단적이었다고 보기는 힘들다. 트루먼 대통령은 같은 해 9월 18일 "잠시 유임될 이러한 일본인들은 한국 국민들과 우리 점령군에게 도움이 되리라 생각한다. 왜냐하면 그들이 행정업무에 필수적이라고 생각되는 기술상의 자격을 갖고 있기 때문이다"라는 성명을 발표했다. 또한 이 성명서에서 트루먼은 "한국의 정치·경제 생활에서 일제 잔재를 제거해야 하지만 그러한 목표는 '시간과 인내'를 필요로 한다"고 말했다.

커밍스는 미군정의 일인 관리 유임 및 중용 정책에 대해 두 가지로 설명했다. 먼저 맥아더가 일본에서 기존 행정기구를 활용하여 군정을 실시하겠다는 결정을 내렸기 때문에 한국의 제24군단 장교들도 비슷한 정책 노선을 추구하게 되었을 가능성을 지적한다. 다음으로 인민공화국(人民共和國)이 미군 진주 이틀 전에 선포되었으므로 당장 일본인 관리들을 해임한다면 인공(人共)이 권력을 장악할 상황을 우려했다. 나중에 일본인 관리들을 해임한 이후에도 미군정은 그들을 비공식적인 고문으로 삼아 계속해서 자문을 구했다.

이러한 정황에서 자연스럽게 미군정과 가깝게 지낼 수 있게 된 다수의 친일파를 포함한 한민당 지도자들은 미군정에게 인민공화국은 공산주의자와 민족반역자들의 집단일 뿐이며 한민당이야말로 남한의 민주주의를 이끌어갈 중심세력이라고 믿게 했다. 한민당은 자신들의 궁극적 목표, 즉 일본이 남기고 간 고도로 중앙집중화한 정치적 지배도구들을 그들이 통제할 수 있는 방향으로 미국인들의 동의를 얻어내는 데 모든 노력을 경주했고, 실제로 성공했다.[91]

새로운 나라에서도 생명을 유지하려고 한 친일파 중심의 이승만·한민당 세력이 '반공'으로 성공할 수 있었던 이유가 반공이 미국의 사활적 이익이었기 때문이었음은 너무 자명하다. 1946년 3월 30일자 미국의 『새터데이 이브닝 포스트』(Saturday Evening Post)지는 "우리의 한반도 점령의 가장 중요한 결과 중 하나는 이곳에서 공산주의 혁명을 저지한 것이다. 한반도 전역에서 공산혁명을 저지하지 못하면 그 반쪽(남한)에서만이라도 저지해야 한다"는 에드가 스노(Edgar Snow) 기자의 서울발 기사를

실었다. 공산주의 축출이라는 미국의 한반도 정책은 그만큼 분명했다.[92]

그러나 분명 그렇다 해도, 재삼 확인하거니와, 반공이 미국의 한반도 정책의 최우선 순위라는 사실만으로 일본인 관리들을 유임시키고 친일파를 파트너로 택한 미군정의 선택을 자동으로 설명하지는 않는다.

앞서 언급한 인공과 충돌이 우연찮게 미군정의 선택의 경로를 강제했을 개연성이 존재한다. 아베 총독으로부터 항복절차를 받은 9월 9일, 군정청을 개설하고 남한 통치에 들어간 하지 중장은 남한에 대한 통치체제를 미처 갖추지 못한 상태에서 인공을 선포한 조선공산당과 정면으로 충돌했다. 이 충돌은 향후 대립과 갈등으로 점철된 해방정국의 신호탄이자, 미군정으로 하여금 미 태평양육군사령부 작전명령 제4호에 명시된 '적대집단' 타도의 절박성을 인식하는 계기가 된다.

미군이 남한 진주와 동시에 직면한 인공과의 충돌은 두 가지 의미를 갖는다. 하나는 미군이 한반도에 상륙하기 전 오키나와에 있을 때 조선군사령부가 중상모략 차원에서 제공한 한반도 정세에 관한 정보를 전적으로 신뢰하게 함으로써 향후 남한 통치에 커다란 후유증을 남겼고, 다른 하나는 공산주의 축출을 위해 수단과 방법을 가리지 않게 됨에 따라 경찰을 비롯한 친일세력을 청산하라는 국민적 여망에도 불구하고 그들을 재등용하고, 전방위에 배치하게 되었다는 점이다.[93]

빨갱이

미국 입장에서는 남한의 파트너가 반공과 친미면 되지 친일일 필요까지는 없었다는 분석이 가능하다. 그렇다면 공산당이나 극좌를 제외한 김구나 여운형 김규식 등 민족주의 및 중도세력이 반공과 친미를 미국에게 확약하면 이승만과 한민당 세력을 대체하여 남한에 들어서는 분단국가의 권력을 장악할 수 있었으리라고 가정해볼 수도 있다. 그러나 민족적이고 자주적인 통일정부 수립 노선을 걸었던, 자존감이 강한 이들이 권력욕 때문에 이승만처럼 기민하게 노선을 변경하기는 쉽지 않았을 것이다. 다만 돌이킬 수 없고 불가피한 분단이 펼쳐진다면 이들로서도 현실정치를 수용하게 되었으리라 예상할 수 있으며, 정상적인 상황이었다면 이들이 대한민국의 주류 정치세력으로 자리를 잡을 수 있었을 것이다. 하지만 안타깝게도 여운형과 김구는 해방정국에서 암살당하고, 김규식은 한국전쟁 때 납북되어 1950년에 사망함으로써 자신들은 물론이고 한국사의 불행이 되었다. 김구와 여운형이 살아있는 한 이승만과 한민당 등의 친일세력의 입지가 언제든지 무너질 수 있었다는 점에서 두 사람의 암살은 피할 수 없었을 것이다.

이승만과 한민당 세력으로서는 미군정의 파트너 지위에서 밀려나지 않으면서 분단국가의 권력을 거머쥐고 유지하기 위해서는 잠재적 경쟁자를 암살 등의 방식으로 제거하는 물리적 방법 외에 체계적이고 배제적이며 동시에 강력한 낙인효과를 지니는 이데올로기적 조작이 필요했다. '빨갱이'는 이렇게 해서 한국 사회에 등장한다.

그러나 그 빨갱이는 반공의 대상과 정확하게 일치하지 않을뿐더러 빨갱이 중의 대다수는 실제 공산주의자가 아니었다. 그럼에도 빨갱이란 호명은 해방조국에서 척결되어야 할 친일세력이 이승만을 끌어들이고 미국에 협력하여 부당하게 권력을 장악하는, 말하자면 쿠데타나 다름없는 권력찬탈 과정에서 매우 강력한 도구였다.

마침내 이승만과 한민당을 주축으로 한 친일세력은 미군정으로부터 권력을 넘겨받는 데 성공한다. 1948년 7월 17일 반포된 대한민국 제1공화국 헌법에는 교묘하게 그들의 의중이 반영되었다. 부칙을 통해 미군정의 법령을 이어받고(제100조 "현행법령은 이 헌법에 저촉되지 아니하는 한 효력을 가진다"), 재직 공무원은 그 직무를 계속 수행할 수 있다고 규정함으로써(제103조 "이 헌법 시행 시에 재직하고 있는 공무원은 이 헌법에 의하여 선거 또는 임명된 자가 그 직무를 계승할 때까지 계속하여 직무를 행한다") 친일 공무원들이 계속 공직에서 일할 수 있게 보장했다.[94)]

그러나 친일세력을 보호하려는 온갖 노력에도 불구하고 대한민국 정부 수립 이후 친일파 청산 문제가 언제까지 회피될 수는 없었다. 헌법 부칙에도 친일파의 입지를 강화하는 조항(100조, 103조)과 함께 친일파 처단이 명시되어 있었다. 제1공화국 헌법 제101조는 "이 헌법을 제정한 국회는 단기 4278년 8월 15일 이전의 악질적인 반민족행위를 처벌하는 특별법을 제정할 수 있다"고 명시했다.

마침내 1948년 8월 5일 제헌국회 제40차 본회의에서 의원 김웅진의 발의로 친일파 처단 문제가 다시 본격적으로 논의되기 시작했다. '반민족행위처벌법' 제정을 둘러싼 공방이 치열하게 전개되던 8월 26일 국회의원의 숙소와 시내 각처에는 다음과 같은 내용의 '삐라'가 살포되었다.

> "대통령은 민족의 신성(神聖)이다. 절대로 순응하라. 민족을 분열하는 반족안(反族案)을 철회하라. 민족 처단을 주장하는 놈은 공산당의 주구(走狗)다. 인민은 여기에 속지 말고 가면 쓴 의원을 타도하라. 민의를 이반하는 의원은 자멸이다. 한인은 지금 뭉쳐야 한다."

흥미롭게도 삐라 안에는 '민족'과 관련된 표현이 자주 등장한다. 민족과 친일이 당시 지배세력에게 아킬레스건이었음을 '반어적'으로 보여준다. 도둑놈이 제 발 저린 격이다. 8월 27일엔 2명의 방청객이 국회의사당 안에서 "국회에서 친일파를 엄단하라고 주장하는 자들은 빨갱이다"라는 삐라를 살포했다.[95] 이제 민족이란 말 대신 빨갱이가 사용된다. 또한 "국회에서 친일파를 엄단하라고 주장하는 자들은 빨갱이다"란 무지막지한 논리와 기함할 표현이 가능한 것도 충격적인 일이었다.

친일파 처단을 간절히 바라는 민심을 외면할 수는 없었기에, 우여곡절 끝에 1948년 9월 22일 '반민족행위처벌법'이 제정되었다. 명분에 밀려 반민법을 공포하긴 했지만, 이승만 정권은 반민법에 대단히 적대적인 태도를 보였다. 이승만은 1945년 10월 귀국하면서부터 친일파 재산가들로부터 정치자금을 받았고, 친일경찰을 옹호하는 등 친일파와 긴밀한 관계를 맺고 있었기에 이 같은 태도는 어찌 보면 당연했다.

이승만이 반민법을 공포한 9월 23일 서울운동장에서는 내무부 주관으로 '반공구국 총궐기 및 정권이양 축하 국민대회'가 열렸다. 형식적으로는 반공대회였지만 사실은 반민법 반대 국민대회였으며, 군중의 상당수는 강제로 동원되었다. 경찰은 집집마다 찾아다니면서 "오늘은 국기를 꽂아라. 오늘 서울운동장에 나오지 않으면 빨갱이다. 양곡 배급통장을 뺏는다" 하면서 협박했다.[96]

제헌국회의 소장파 의원들에 의해 추진된 반민특위 등 일련의 친일청산 노력은 그러나 처음부터 조작이라는 주장[97]이 제기된 국회 프락치 사건[98]으로 핵심 인물들이 일거에 제거되면서 좌초하고 만다. 결국 1949년 10월에 반민특위, 특별검찰부, 특별재판부는 해체되었고 이후 개정된 반민족행위처벌법에 따라 기소된 친일파의 재판은 임시재판부에 의해 한국전쟁이 일어나기 전까지만 진행되었다. 이 기간 680여 명이 친일 혐의로 조사를 받았으나 결국 집행유예 5명, 실형 7명, 공민권정지 18명 등 30명이 처벌을 받았지만 실형의 선고를 받은 7명도 재심청구 등의 방법으로 얼마 지나지 않아 모두 풀려나 친일파의 숙청작업은 용두사미로 끝났다. 반민족행위처벌법 자체도 1951년 2월에 폐지되어 친일파를 처벌할 수 있는 법적 장치가 완전히 사라졌다.

친일세력이 권력을 장악한 상황에서 친일청산은 애초에 요원한 것이었고, 실낱같은 가능성도 한국전쟁을 거치면서 완전히 소멸했다. 반대로 친일청산 세력에게 붙인 '빨갱이'란 사악한 의도의 호칭은 실제로 친일청산 세력을 빨갱이로 만들거나 빨갱이 취급하면서 유효한 낙인이 되었고 급기야 한국전쟁을 거치면서 이념적 배제수단으로 가장 강력한 지위를 갖게 된다. 반면 친일파는 빨갱이를 때려잡는다는 명분에 의거해 애국자로 변신할 수 있었고, 이러한 되먹임 기제에 따라 빨갱이란 이념의 낙인은 더욱 강화되었다.

친일세력은 대한민국이란 근대국가(nation)의 설립을 주도하면서 배제와 증오를 근간으로 한 이념체계에 의지하지 않을 수 없었고, 국민의 형성도 민족이 아닌 이념, 그것도 반공이란 기이한 이념에 기댈 수밖에 없었다. 이승만 정부는 한민족 중에서 대한민국의 경계선 안에 있는 민족을 남한의 국민으로 만들기 위해 같은 민족이지만 남한 밖의 민족을 적으로 만들어야만 했다. 특히 한국전쟁은 남한의 전 주민이 정부가 주장한 이념적 동질성을 직접 체험하는 시기이자 대한민국의 국민이 될 수 있는 조건을 스스로 혹은 국가에 의해 배우는 시기이기도 했다. 이 점에 있어서 한국전쟁이 남한 국가 형성에 중요한 원인임은 물론 국민국가의 국민이라는 정체성과 동질성 형성에도 커다란 영향을 미쳤다고 말할 수 있다.[99] 이 같은 현상은 북한에서도 동일하게 나타났다.[100]

이제 대한민국 국민임을 증명하는 기준은 '빨갱이=비국민'을 수용할 수 있는가로 정립되었다.

4·19혁명으로 이승만이 퇴진하고 쿠데타로 들어선 박정희 정권에서도 '빨갱이' 기제는 유효했고, 자체 논리에 의거하여 더 강화하기도 했다. 말하자면 진짜 빨갱이도, 민족화해를 주장한 민족주의자도 모두 빨갱이로 몰려 처단받았다. 반공 이념은 군사독재의 좋은 정신적 바탕이 되었고, 일반 국민은 별다른 이의를 제기할 수 없었으며 결국 시간이 지나면서 스스로 내면화하기까지 했다.

이런 경향은 전두환 통치기를 거쳐 민주화가 이루어지면서 조금 줄었지만 아직도 계속되고 있다.[101] 2016~17년의 박근혜 탄핵 국면에서 박근혜 지지자들인 이른바 '친박'이 성조기와 태극기를 들고 시위를 벌이면서 탄핵을 찬성하는 국민들을 빨갱이라고 매도했던 모습도 이러한 맥락에서 이해될 수 있다.

3
노동운동의 불모화

대한민국 정부의 수립과 노동운동의 실질적 소멸

남한에서 권위주의적 반공국가의 출현은 노동운동의 위축 나아가 사실상의 종언으로 귀결했다. 노동운동은 태생상 좌파 성향일 수밖에 없기 때문에 해방정국에서 미군정은 물론 반공을 기치로 내건 대한민국의 주류 건국세력과 대립할 수밖에 없었다. 적산불하와 원조물자 배분, 금융특혜 등 정경유착을 특징으로 한 자본의 형성기에 이러한 반(反)노동 기류는 자본가들로선 더없이 반가운 현상이었다. 남북 분단에 따른 이념적 왜곡은 노동운동에 '빨갱이' 딱지를 붙이게 했고, 자본은 노동운동으로부터 아무런 견제를 받지 않은 채 정권과 협력관계를 유지하며 쾌속으로 성장할 수 있었다.

1946년 3월 10일 대한독립촉성노동총연맹(한국노총의 전신)이 결성되었지만 이렇다 할 하부조직을 갖추지 못했을 뿐만 아니라 처음에는 '노동단체 형식을 통한 반공단체'에 지나지 않았다.[102] 8·15 이후 적어도 1년 동안은 조선노동조합전국평의회(전평)가 사실상 유일한 전국 단위 노동자 조직이었고, 전평은 "경제투쟁의 토대 위에서 정치투쟁을 강력하게 전개한다"는 것을 기본방향으로 내세우고 있었다. 일제강점기부터 8·15에 이르기까지 노동운동의 전통을 이어온 중심축은 전평을 주축으로 한 좌익계 활동가들이었다.[103]

전평은 1947년 6월 "정치색을 띤 노동조합은 정당한 단체로 인정치 않겠다"는 남조선과도정부 이대위 노동부장의 담화[104]에 의해 불법화한 뒤 지하운동으로 전환했다. 전평은 지하운동으로 전환한 지 몇 개월 뒤 미군정기 전국 규모 최대 총파업인 9월 총파업을 주도한다. 총파업이 지방으로 확산되면서 지방인민위원회 및 노동조합[全農]의 활동과 연결되자 사태는 대중봉기의 양상으로 격화했다. 9월 총파업과 대중봉기의 진압과정에서 미군정이 동원한 두 '진압세력'은 경찰과 우익단체들이었다. 미군정과 경찰 및 우익단체의 정치적 제휴는 이제 끊을 수 없는 '동지적' 관계로 발전했다. 친일이 친미의 탈을 바꿔 쓰며 부활하는 시점인 셈이다.

한편 전평의 지하화 및 정치투쟁의 불법화에 따라 대한노총이 대안으로 모색되었지만, 정황상 대한노총의 행동강령은 전형적인 노동조합주의 운동노선이 표방할 수 있는 강령 수준에 머물 수밖에 없었다. 한국노동운동에 있어서 노동조합주의로 전환이 공식적으로 선언되는 순간이었다.[105]

1948년 대한민국 정부 수립을 계기로 좌익노조의 타도에 성공한 대한노총은 노동조합으로서 새로운 투쟁노선을 모색하지 않으면 안 되었지만, 당시 대한노총의 주체적 조건이 미비한 데다 정치·사회적 여건의 미성

숙과 사용자의 전근대적 의식 등으로 인해 여의치 않았다.

대한노총 전진한 위원장은 정부 수립 이후 좌익노조 타도의 공로를 인정받아 5개월 동안 초대 사회부 장관을 겸직했다. 노동운동 지도자가 정부 각료를 겸임하는 진풍경이 벌어졌으나 당시엔 특별하게 받아들여지지 않았다. 그도 그럴 것이 대한민국 정부 수립과 함께 대통령에 취임한 이승만이 대한노총 총재를 겸하는 세상이었다. 1949년 3월 대한노총 내에서 혁신파와 집권파 사이의 분쟁이 일어났는데, 이 분쟁을 조정하여 수습한 이가 바로 이승만이었다.

제1공화국의 노동조합 조직과 운동에 있어서 이승만의 영향력은 거의 절대적이었다. 대한노총은 노동조합의 기능에 소홀했고 1952년의 부산정치파동, 1956년의 이승만 대통령 3선을 위한 대통령 재출마 염원 데모 등에서 자유당의 기간단체로서 정치에 직접 깊숙이 간여했고, 사실상 시녀의 역할을 담당했다. 어용노조 역할의 대가로 대한노총의 최고위직 간부들은 이승만 정권에서 영달을 누렸다. 또한 노동조합 운동이 본래의 목적에서 벗어나 정치의 시녀로서만 기능했기에 국회의원 등의 자리를 두고 노동계 최고 지도자들 사이에 파벌투쟁이 끊임없이 계속되었다.[106)]

이 시기, 한 노동운동가는 "대한노총은 이승만 독재정권의 축소판으로, 간부들은 착취·부패·아부·무식 등을 속성으로 한 노동 브로커이고, 권력과 자유당 배경을 가진 노동쟁의 파괴자"라고 요약했다. 노자협조주의를 내건 대한노총이 노동자들을 위해서 한 일은 매우 드물었다. 대한노총 초기에는 간부 중에도 혁신파가 존재했지만, 1951~52년 조선방직 파업이 좌절된 이후에는 이승만의 수족이나 다름없게 되었다. 대한노총은 자유당 기간단체로 규정되기는 했지만, 실제로는 이승만 권력에 복무하여 노동을 통제하고 권력의 필요에 의해 동원되는 하부조직이었을 뿐이

다.[107]

전쟁 중 부산에서 일어난 조선방직회사(조방)의 노동쟁의는 노동운동사는 물론 한국 자본주의 발달사에서 중요한 의의를 갖는다. 1951년 12월 15일부터 다음해 3월 13일까지 3개월 동안 계속된 노동쟁의는 우선 "대한민국 수립 후 가장 치열하고 또 가장 대규모의 쟁의였다"는 평가를 받는다. 또한 적산처리 과정과 노동운동의 좌절 방식 등에서 한국 초기 자본주의의 전형적인 모습을 보여준다.

1951년 9월 상공부는 적산인 조방의 새로운 관리인으로 강일매(姜一邁)를 임명·파견했다. 조방은 1917년 부산 범일동 일대에 세워진 일본 미쓰이 재벌계의 방직회사로 해방 후 한국 최대의 적산기업이었다. 한국 전쟁기에 전화를 입지 않고 가동된 방직회사는 부산의 조방과 조방 대구공장, 삼호방직뿐이었다. 방적기가 4만여 추에 달하는 조방에 비해 삼호방직은 1만여 추에 불과했기에 당시 산업계에서는 조방의 위상이 높았다. 이러한 연유로 조방은 정치적인 영향력 아래 휩쓸려 들어가 풍파를 겪게 된다. 강일매가 오기 전 이미 조방에 대해서 일제강점기부터 근무한 기술자 정호종과 부산의 대표적인 경제인 김지태 등이 불하를 받을 준비를 하고 있었다. 자신과 정치노선이 다른 실업가 김지태에게 경영권이 넘어가는 것을 우려한 이승만은 이른바 조방낙면 사건[108]을 이유로 불하를 취소하고 종로통 깡패 출신이자 자신의 측근인 강일매를 관리인에 임명했다.

그는 대통령 이승만과 정실이 얽힌 신분임을 배경으로 자의적 해고나 차별적 임금 지급을 자행하고, 이에 반발하는 대한노총 조방분회 지도자들을 파면했다. 그 결과로 발생한 파업을 정부와 경찰의 뒷받침으로 탄압하고, 기업 내에 어용노조를 새로 조직해서 회사를 완전히 지배하였다. 이 과정에서 대한노총 중앙본부는 대응방안을 두고 분열하고 결국 이승만 마음대로 조종되는 어용단체로 전락했다. 이후 조방은 1955년 2월 대구공장의 분리와 동시에 부산공장이 강일매에게 임대되었다가 그해 8월, 35억 환에 강일매에게 불하되었다. 그러나 방만한 경영과 시설개선에 쓰여야 할 자본이 자유당의 정치자금으로 들어가면서 시설의 노후화, 체불임금으로 인한 파업, 불하대금의 연체 등 자금난이 가중되어 불하 3년 만에 불하금의 2배에 육박하는 55억 환의 부채를 지면서 강일매는 몰락하고 조방은 1968년 4월 부산시로 넘겨진 뒤 청산된다.

나카오 미치코는 조방의 쟁의에 이 같은 정치적이고 노동사적인 의의 외에 또 다른 의미를 부여했다. 당시 한국의 산업구조에서 방직공업이 차지한 비중, 다시 말해 조방이 그 입지조건상 한국전쟁 과정에서 유일하게 피해를 피할 수 있었기 때문에 대부분의 국내 수요를 맡은 최대 규모의 방직공장이었다는 사실 등을 감안할 때, 사적 영리를 첫째 목적으로 하는 순사영(純私營) 주식회사가 처음으로 등장했다는 의의를 갖는다는 주장이다. 조방쟁의를 통해, 비록 나중에 망하기는 했지만 "현대 한국에 자본주의 기업의 창출"이 최초로 목격되었다는 설명이다.[109]

조방쟁의와 노동제법 제정

하지만 "사적 영리를 첫째 목적으로 하는 순사영(純私營) 주식회사가 처음으로 등장한 것"(나카오 미치코)보다는 노동법 제정에 적잖은 영향을 미쳤다는 데서 조방쟁의의 의의를 찾을 수 있다는 게 중론이다.

정치적이고 급진적인 좌파 노동운동세력을 전멸시킨 상황에서, 지배계급으로서는 조방분쟁 이전까지 특별히 노동문제에 주목할 필요성을 느끼지 못했다. 한국의 국가는 농업관료적인 전통지배체제를 기반으로 공적 이해관계와 사적 이해의 총체적인 상호침투로 이루어진 이른바 관료자본주의를 형성시켰다.

노동계급에 대한 실질적인 통제력을 국가가 장악하였고, 해방 이후 극히 짧았던 기간에 분출한 민중주의적 동원이 봉쇄된 후 탈정치화의 고착 및 민중주의 이념의 차단으로 국가는 노동계급을 통제하는 데 굳이 정교한 기교를 사용하지 않아도 되었다. 즉 시민사회에서 계급투쟁의 확산이 미진했고, 자본가 계급에 의한 헤게모니가 마련되지 못한 상태에서 국가의 비대칭적인 자율성은 불가피하게 권위주의적 속성으로 발현했다. 이것이 노사 간에 상충하는 이익에 대해 국가의 노동정책이 대립투쟁적 합의절차 과정, 즉 자주적인 노동3권의 보장으로 이어질 수 없었음을 보여주는 간접적인 정황인 셈이다.[110)]

이에 따라 제헌헌법에서 사회권적 기본권 조항으로 나타난 노동3권의 보장은 한계를 갖게 된다. 즉 법 원리로서 힘의 균형 원칙이 노사 간에 적용됨에도 불구하고[111)] 실제 노동정책의 영역에서는 권위적인 상의하달식 통제양식이 시행되었다. 제헌헌법에서 사회권적 기본권 조항에 해당하는 제17조 근로권, 제18조 노동3권 및 이익균점권[112)] 가운데 '이익의 분배 균점 권리'에 관한 구체적인 법률은 제1공화국에서 제정되지 못하고 사문화했고, 노동입법을 촉구했던 부산 조선방직 쟁의의 격렬한 파업이 바탕이 되어 전시인 1953년 3월 8일에 노동조합법·노동위원회법·노동쟁의조정법 등이 그리고 5월 10일엔 근로기준법이 제정·공포되었다.

그러나 노동3권의 보장은 서구에서와 같은 노동자계급투쟁의 산물이었다기보다는 반공이념과 자유민주이념의 양극단 사이에서 피동적으로 규정되어진 시혜물의 성격을 띠었다. 전쟁이 종결되지 못한 상황에서 국가가 불가피하게 노동제법을 제정한 데는 먼저 생존권 보장을 외치는 노동운동이 1951~52년에 있었던 조방쟁의를 필두로 광산노동자 파업, 부산 부두노동자 파업 등으로 격화했다는 점을 들 수 있다. 다음으로는 극한의 노동쟁의 표출에 대응하기 위해서라도 노동입법을 더 이상 미룰 수 없게 되었다고 볼 수 있다. 즉 노동운동의 합법 한계의 모호성 때문에 노동운동의 격화에 대처할 수 없게 되자 법제정이 서둘러 이루어지게 된 것이다.

노동제법의 입법화 과정은 노동자들의 격렬한 쟁의에 대한 응급처방으로, 법제정에 필요한 기초 연구·조사가 불충분했을 뿐만 아니라 당시 일본 노동관계 제법을 거의 그대로 모방하는 졸속성을 나타냈다. 이런 배경에서 한국의 노동제법의 성격은 제도상 미국의 영향력 하에 있던 일본의 법제 모방으로 대륙법 제도인 근로계약 및 단체협약제도에, 미국법 제도인 부당노동행위제도, 노동쟁의 냉각기간제도, 노동위원회에 의한 조정제도 등이 섞인 혼합적인 법제로 시작하게 되었다.[113]

세부적으로는 서구 선진국과 달리 노동관계법은 출발부터 정부나 정부기관 나아가 기업체 수준에서 노동통제를 가능케 할 여지를 지니고 있었다. 단체협약의 체결단위를 사업장·직장으로 한정하여 연합체의 단체협약을 인정하지 않았고, 행정관청의 노동조합 결의 취소변경권·조합운영 조사권·임원개선 및 조합의 해산권리의 보유 등이 여기에 해당한다. 국가규제와 행정개입 가능성은 규제자로서 정부의 지위를 명백하게 했고, 정경유착에 따라 노조에 대한 자본가 측의 일방적 우위를 가져왔다.

대한노총이 자유당의 외곽단체로 전락한 데 반발하여 대한노총 내에서 지속적인 민주노조운동 움직임이 나타나자 정부가 157개 조합을 해산하고 121개 조합의 조직을 변경함으로써 조합의 규모를 일방적으로 축소한 것에서 노조의 취약성이 단적으로 목격된다. 이 한 장면만으로도 자본이 권력과 연합하여 노동에 대한 전제적인 지배권과 위계적인 노동통제체제를 확립했음을 충분히 파악할 수 있다.[114)]

1960년대 초반까지 위계적 노동통제는 기본적으로 일제 식민지의 병영적 노동통제의 유산을 이어받았다고 볼 수 있다. 구체적으로는 국가의 노동통제 양식은 자유민주 이념에 기초한 노동조합운동의 합법적 공간을 분단구조에 의거한 편협한 반공이데올로기의 수단으로 제약하는 것으로 나타났다. 이는 노동운동에 대한 조합주의 통제와도 다른 것으로, 한국에서는 민중주의적인 요구가 팽배했다 하여도 제대로 분출되기 어려웠는데, 동원화를 실행할 사회계급구조가 미분화한데다 강력한 보수적 반공이데올로기의 재생산이 일방적으로 진행되었기 때문이었다.

또한 노동자계급이 계급의식으로 각성하지 않았고, 소시민적 속성을 지니는 즉자적 계급으로서 보수적 성향을 지녔기 때문이기도 했다. 다시 말해 계급간의 차이가 명료하게 분할되지 않은 채 쁘띠부르주아적·상향적 사회이동을 추구하는 열의와 기업가 정신이 뒤섞인 계급구조가 한국 사회를 특징지었다.[115)]

이승만 정권 시기의 노동운동과 노동법을 평가하자면, 먼저 이승만은 대한노총의 상층 지도부를 그의 정치부대로 만들었고, 그들을 통해 다수의 노동대중을 집권을 위한 국민동원에 연결시켜냄으로써 철저히 권력획득의 수단으로 만들었다. 둘째, 1948년 단독정부 수립 후 주요한 노동운동이었던 철도노조의 합법화 투쟁과 조선전업노조의 노조결성 투쟁, 조선방직 쟁의가 해결되는 과정을 들여다보면, 대(對) 사용자 투쟁을 통해 노동자들이 자주적·민주적으로 문제를 해결하는 것이 아니라 외부에서 제3자인 이승만이 개입하여 자신의 의지대로 쟁의를 종결시키는 방식을 취했다. 이로써 노동조합 활동의 본질인 자주성과 민주성이 훼손되었으며, 자주성과 민주성의 부재는 이후 남한 노동조합 활동의 한계가 되었고 운동의 보수성 또한 고착되어 갔다.

셋째, 이승만은 한국전쟁 동안 자행된 조직적·집단적 민간인 대량학살, 반공 이데올로기와 물리적 압력을 동원한 대통령 직선 개헌 통과 등에서 야기된 정치적 위기를 극복하기 위해, 1953년 3월 노동조합법, 노동쟁의조정법, 노동위원회법을 제정·공표했다. 당시 노동관계법의 제정 과정에서 대한노총 주류파인 전진한 의원의 노력 등이 존재했고 그 당시 전개되고 있던 조방쟁의가 단독정부 수립 이후 가장 치열한 투쟁으로서 입법에 영향을 주었음은 분명하지만 그러한 상황적 요인 외에 정치적 고려 또한 노동입법의 배경으로 볼 수 있다.[116]

이승만 정권 시기를 포함하여 한국 노동운동의 실상을 단적으로 파악하려면 '노동절'을 살펴보면 된다. 우리나라의 노동절은 1923년 5월 1일 조선노동총연맹 주최로 2,000여 명의 노동자들이 참가한 가운데 '노동시간단축, 임금인상, 실업 방지'를 주장하며 최초로 기념되었다. 일제 치하에서 명맥이 끊겼다가 해방 후 부활된 노동절은 1958년에 얼토당토않게 대한노총 창립일인 3월 10일로 바뀌었고 1963년 노동법 개정과정에서는 명칭마저 '근로자의 날'로 변경되었다.

이듬해 박정희 정권은 5월 1일을 아예 미국처럼 '법의 날'로 정해 노동절의 흔적을 지워버렸다. 노동절은 1994년에야 원래 기념일인 5월 1일로

되돌아왔으나 이름은 '근로자의 날'이 그대로 유지되고 있다.

이승만 정권만 놓고 보면, 대표적인 어용단체로 손꼽힌 대한노총의 창립일이 전체 한국 노동자의 명절이 되었다는 사실 자체가 노동문제에 임하는 정부의 정략적 자세를 웅변적으로 폭로한 셈이다.[117]

앞서 살펴보았듯 해방 후 폭발적으로 성장했던 전평 주도의 노동운동은 미군정의 탄압으로 불법화했고, 대한민국 정부 수립 뒤에는 정부 산하기관이나 다름없는 대한노총이 유일한 합법조직으로 자리 잡게 된다. 그럼에도 불구하고 한국전쟁 기간에 발생한 조방쟁의에서 알 수 있듯이 노동운동의 명맥은 일정하게 유지되었다.[118] 전후 노동운동은 노동시간 단축 등과 같은 노동법의 주요 내용을 실현하기 위한 투쟁을 중심으로 낮은 수준에서나마 계속되었다.[119]

1950년대 이승만 정권기의 노동운동에서 가장 주목되는 움직임은 전국노동조합협의회(전노협)의 결성이다. 1956년 대구 대한방직 노동쟁의 과정에서 쫓겨난 100여 명의 노동자들은 어용적 태도를 취한 대한노총을 조직 내부에서 정화하는 것은 불가능하다는 판단 아래 1959년 10월 비밀리에 '전국노동조합협의회'를 결성하여 별도로 활동했다. 전노협은 이승만 정권 말기의 부패한 독재체제를 타도하려는 노동자들의 민주적 각성과 성장이 반영된 결과였다.[120]

물밑에서 진행된 '어용노조 민주화투쟁'은 4·19혁명과 함께 본격 분출하여 전노협·대한노총·신규 노조들이 합하여 한국노총 결성으로 이어진다.[121] 그러나 노동운동의 반짝 해빙은 5·16쿠데타로 다시 급격하게 위축되어 오랜 동면에 들어갔다. 다음의 〈1950년대 후반~제2공화국 시기의 노동조합·노동쟁의〉 표는 한순간에 불과했던 노동운동의 해빙을 극적으로 보여준다. 이후 한국 자본주의에는 노동세력의 억압을 바탕으로 한

자본의 일방적인 독주 국면이 본격적으로 전개된다.

1950년대 후반~제2공화국 시기의 노동조합·노동쟁의 현황 122)

연도	노동조합				노동쟁의	
	신설	취소	조합수	조합원수	건수	참가인원
1957	83	89	572	241,680	45	9,304
1958	86	24	634	248,507	41	10,031
1959	81	157	558	280,438	95	49,818
1960	388	32	914	321,097	227	64,335
1961					81	16,208

70) 정진상, 『한국전쟁과 전근대적 계급관계의 해체』, 경상대학교 사회과학연구소 엮음, 『한국전쟁과 한국자본주의』, 한울아카데미, 2000, 50~51쪽.

71) 강준만, 『한국현대사산책 1950년대편 1권』, 인물과사상사, 2004, 15~16쪽.

72) 송호근, 『한국의 평등주의, 그 마음의 습관』, 삼성경제연구소, 2006, 104~109쪽.

73) 박명림, 『한국 1950 전쟁과 평화』, 나남, 2002, 34쪽.

74) 서중석, 『이승만과 제1공화국』, 역사비평사, 2007, 141~142쪽.

75) 주영하 외, 『한국학의 즐거움』, 휴머니스트, 2011, 258쪽.

76) 1970년대 대자본가의 51%가 대지주의 자제인 것으로 밝혀졌듯이 일부 대지주는 자본가로 변신에 성공한다.(김영모, 「해방후 자본가의 사회이동에 관한 연구」, 진덕규 외, 『1950년대의 인식』, 한길사, 1981, 260쪽.)

77) 손호철, 『현대 한국정치 이론, 역사, 현실, 1945~2011』, 이매진, 2011, 230~231쪽.

78) 홍장표 외, 「1980년대의 한국자본주의」, 학술단체협의회, 『1980년대 한국사회와 지배구조』, 풀빛, 1989, 81~115쪽.

79) 황병덕, 「기획2 : 한국자본주의의 현단계 한국 자본주의의 축적위기와 권위주의적 정권」, 『역사비평』, 12호, 역사비평사, 1990, 111~112쪽.

80) 한배호, 『한국현대정치론1』, 오름, 2000, 468쪽.

81) 구갑우 외, 『좌우파 사전』, 위즈덤하우스, 2010, 274쪽.

82) 좌승희, 『진화를 넘어 차별화로』, 지평, 2008, 205~206쪽.

83) 권순우, 홍순영, 장재철, 김용기, 손민중 외, 『한국경제 20년의 재조명』, 삼성경제연구소, 2006, 290쪽.

84) 최장집, 『민주화 이후의 민주주의』, 후마니타스, 2002, 53~55쪽.

85) 송건호, 『송건호전집2』, 한길사, 2002, 274~275쪽.

86) 林鍾國, 『解放前後史의 認識1』, 한길사, 1979, 32쪽.

87) 박성옥, 『신민족주의론』, 살림터, 1997, 141~143쪽.

88) 김영택, 「친일세력 미 청산의 배경과 원인」, 『한국학논총』 제 31집, 2009, 500쪽.

89) 미 국방성의 정책에 근거하여, 미 극동군 사령부는 8월 19일 미 제24군단에게 한반도 진주 명령을 내렸다. 1945년 9월 8일 한국에 진주한 미 제24군단의 총 병력은 7만 7,600명이었다.(한용섭, 「한국 국방정책의 변천과정」, 『국방정책의 이론과 실제』, 오름, 2009, 68쪽.)

90) 김영택 같은 글, 502쪽.

91) 브루스 커밍스, 『한국전쟁의 기원 上』, 靑史, 1986, 237~245쪽.

92) 파냐 이사악꼬브나 샤브쉬나 저, 김명호 역, 『1945년 서울에서』, 한울, 1996, 180쪽.

93) 김형택, 같은 글, 520~521쪽.

94) 서중석, 『이승만과 제1공화국-해방에서 4월혁명까지』, 역사비평사, 2007, 32쪽.

95) 이강수, 『반민특위연구』, 나남, 2003, 155~156쪽.

96) 이강수, 같은 책, 159쪽.

97) 서중석, 같은 책, 69쪽.

98) 국회프락치 사건 : 1949년 4월, 이른바 남로당 프락치(공작원)로 제헌국회에 침투, 첩보공작을 한 혐의로 김약수(金若水) 등 13명의 의원이 체포된 사건. 당시 국회 부의장이던 김약수를 비롯하여 노일환(盧鎰煥)·이문원(李文源) 등 소장파 의원들이 외국군의 완전철수, 남북정당·사회단체 대표로 구성된 남북정치회의 개최를 주요내용으로 하는 '평화통일방안 7원칙'을 제시하자, 평화통일·자주통일을 불온시하고 북진통일만을 주장하던 이승만 정권은 이들이 남로당 공작원과 접촉, 정국을 혼란시키려 했다는 혐의로 김약수 등 13명을 검거했다.(『한국근현대사사전』, 2005.9.10., 가람기획.)

99) 한유동, 「이승만 정부의 '반공' 국민형성 과정에 대한 연구 : 이념적 동질성의 형성을 중심으로」, 서강대학교 대학원 석사학위 논문, 2013, 42쪽.

100) 한국전쟁은 북한에 있어서도 북한주민들이 '인민'(국민)으로 형성되는 중요한 북한주민들이 조선인민민주주의 공화국의 인민이 되는 과정은 한성훈(2012)의 『전쟁과 인민: 북한 사회주의 체제의 성립과 인민의 탄생』에서 다루어졌다.

101) 김영명, 『좌우파가 논쟁하는 대한민국사 62』, 위즈덤하우스, 2008, 94쪽.
102) 한국노총, 『한국노동조합운동사』, 한국노동조합총연맹, 1979, 281쪽.
103) 성한표, 「9월 총파업과 노동운동의 전환」, 『해방전후사의 인식2』, 한길사, 1985, 259~360쪽.
104) 『동아일보』 1947.6.8., "노동조합은 본래의 목적과 사명을 떠나 정치사상의 선전과 파괴행동을 … 금후 이러한 불법행위를 감행하는 노동조합은 정당한 노동조합으로 인정하지 않을 뿐만 아니라 노동조합으로서 차지할 수 있는 특권을 부여하지 않을 것."
105) 성한표, 같은 책, 369~401쪽.
106) 배문기, 『노동경제학』, 경문사, 2005, 362~363쪽.
107) 서중석, 『한국 현대사』, 웅진지식하우스, 2005, 157~158쪽.
108) 1951년 3월 14일 피난지 부산에서 조방의 임직원 20여 명이 전격 구속됐다. 혐의는 이적행위. 조방에서 군수용 광목을 만들었는데, 의도적으로 불량 면인 낙면을 혼합해 제품의 질을 떨어뜨렸다는 것이 이유였다. 불량 광목으로 군복을 만들면 품질이 떨어져 작전 수행에 차질을 가져오게 되고, 그래서 결과적으로 적을 이롭게 했다는 논리였다. 적산기업 조방의 이사이면서, 실질적인 경영주였던 김지태(훗날 MBC·『부산일보』 사장) 또한 기소됐다. 그가 적산기업 조방을 불하받기로 사실상 내정된 상태에서 일어난 사건이었다. 이것이 '조방낙면' 사건이다. 이 사건이 일어났을 땐 대통령 이승만이 재선을 위해 신당인 자유당을 창당하면서 많은 정치 자금을 필요로 하던 시기였다. 민주당은 그런 이승만의 재선을 막기 위해 개헌에 반대하고 나섰고, 당시 무소속 국회의원이기도 했던 김지태는 민주당의 자금줄 역할을 하고 있었다. 나중에 대구 고등법원에서 조방낙면 사건은 무죄로 판결이 났다. 하지만 김지태에게 적산 조방을 불하하려던 계획은 취소되었고, 대신 이승만의 양아들로 자처하고 다니던 강일매에게 조방이 돌아갔다. 훗날 김지태는 조방을 노린 자들이 "김지태에게 조방이 넘어가면 야당의 정치자금 노릇을 하게 될 것이다."라고 이승만에게 간언하여 일어난 사건이라고 회고했다. (『아시아경제』, 2012.9.12., "[한국기업성장史 31] 정권에 찍히면 亡하고… 눈에 들면 興했던 해방 직후 재계.")

109) 나카오 미치코, 「1950년대 한국노동운동의 분기점-조선방직 쟁의 연구」, 『역사비평』, 151~152쪽.

110) 한배호, 『한국현대정치론1』, 오름, 2000, 469쪽.

111) 신인령, 『노동법과 노동운동』, 일월서각, 1987, 17쪽.

112) 제헌헌법 제17조 모든 국민은 근로의 권리와 의무를 가진다. 근로조건의 기준은 법률로써 정한다. 여자와 소년의 근로는 특별한 보호를 받는다. 제18조 근로자의 단결, 단체교섭과 단체행동의 자유는 법률의 범위 내에서 보장된다.
영리를 목적으로 하는 사기업에 있어서는 근로자는 법률의 정하는 바에 의하여 이익의 분배에 균점할 권리가 있다.

113) 김형배, 『노동법』, 박영사, 1981, 267쪽.

114) 한배호, 같은 책, 470~473쪽.

115) 구해근, 「한국과 대만의 경제발전에 대한 정치경제학적 접근」, 『한국사회의 재인식 Ⅰ』, 한울, 1986, 167쪽.

116) 유혜경, 「이승만정권시기의 노동운동과 노동법」, 『노동법학』 제27호, 2009, 146~147쪽.

117) 박호성, 『사회민주주의의 역사와 전망』, 책세상, 2005, 292쪽.

118) 『民國日報』, 1961.2.21., 석간.

119) 한국역사연구회 4월민중항쟁연구반, 『4·19와 남북관계』, 민연, 2001, 28쪽.

120) 정연선 외, 『한국정치특강』, 숭실대학교출판부, 2008, 214쪽.

121) 임영태, 『대한민국史』, 들녘, 2008, 280~281쪽.

122) 백영철 편, 『제2공화국과 한국민주주의』, 1996, 278쪽.

PART 4

친일에서 친미로

1
기업가정신 vs. 정경유착

이승만의 친일파 사랑은 아무리 봐도 남달랐다. 1954년 4월 7일 담화에서 "왜정시대에 무엇을 한 것을 가지고 친일이다 아니다 하는 것을 결정하는 것이 아니고" "고등관을 지냈고 일본을 위해 열정적으로 일한 사적이 있어도 지금 와서 그 일을 탕척받을 만한 일을 하면 애국자"라고 말했다. 그는 다가오는 5월 20일의 3대 민의원 선거에 친일 전력자들이 자유당 후보로 많이 나온다는 것을 잘 알고 있었다.[123)]

사리분별이 없어서 그랬다기보다는 앞서 살펴보았듯 친일파를 권력기반으로 한 집권과정의 불가피한 귀결이었고, 다른 한편으로는 친일파가 수치스런 과거를 분식하기 위해 권력자에게 맹종할 수밖에 없다는 사실을 잘 알았다고 판단할 수 있다. 실제로 이승만 정권 후반부는 아주 대놓고 친일파의 세상이 된다.[124)]

대한민국 초대 대통령 이승만은 이벤트성으로 어쩌다 격하게 반일을 부르짖었지만, 친일파를 청산하기는커녕 그들과 손을 잡음으로써 민족과 민중의 대변자가 되는 명실상부한 '건국의 아버지'가 되기를 포기하고 권력의 화신이 되는 길을 택했다.

이승만의 협력자에서 경쟁자로 변신한 한민당은 조선이 만일 자력으로 쟁취한 정상적인 해방을 맞았다면 태어날 수 없는 정당이었다. 남한이 미군정의 지배 아래 놓인 1945~48년의 결정적 전환기에, 남한의 지배세력과 북한에서 월남한 기득권층은 친일에서 친미로 기민하게 변신하고 반공반소와 남한 단독정부 수립이란 공통분모를 마련해 기득권과 특권을 연장하게 된다. 물론 전원은 아니겠지만 일제하에서 호의호식하고 동족의 이익과 상반된 길을 걸은 반민족도당이, 미국의 후견 아래 대한민국 정통야당으로 변모한 데서 한국정치의 근본적인 비극이 잉태된다.

친일파로 처단되거나 정치공간에서 소외되는 대신 한민당 일파는 분단 및 단정추진 세력을 규합하고 이승만을 앞세워 미군정으로부터 정권을 넘겨받는 데 성공한다. 하지만 이승만이 예기치 않게 한민당을 배척함으로써 거의 손에 넣은 권력을 잃고 권력을 되찾기 위해 이승만과 대결하게 되는데, 내용상 기득권 내부의 권력투쟁이 반독재투쟁·민주화운동이란 외피를 쓰게 된다. 반공과 반독재라는 거대 프레임을 만들어 자신들의 치부를 감추고, 이러한 결정적 국면전환을 통해 한국의 정통야당은 소위 민주세력의 만형 노릇을 하게 되었다.

이승만의 가장 유력한 정치 파트너는 미국이었다. 그는 젊은 시절부터 주로 외국에서 활동했기에 국내 기반이 약했다. 국제정치에 민감했던 이승만은 당시 한반도에 일고 있는 미·소 냉전 기류를 간파하고 반공친미 노선을 철저히 고수했다.[125]

전적이진 않았겠지만 이승만이 미국의 정치 파트너가 되는 데는 언어 능력을 포함한 그의 오랜 미국생활이 참작되었을 것이다. 미군은 남조선의 통치를 담당하면서 행정상의 필요 때문에 영어를 구사할 수 있는 인물을 구하는 일이 시급했다. 당시 그러한 능력을 갖춘 인물은 대체로 일제강점기에 국내 혹은 해외 유학 등으로 고등교육을 받은 자들이었는데, 대개가 지주 집안 출신에 친일파라는 공통점을 가지고 있었다. 친일파는 그들대로 지금까지 누렸던 기득권을 계속 유지하기를 바랐고, 어떻게든 친일파라는 멍에로부터 벗어나려고 면밀한 대책을 세우고 있었다. 이들의 결집체로 한민당이 등장한다. 앞서 살펴보았듯, 이들은 반민특위를 무력화하는 등 친일 문제를 사회적 의제에서 제외하고 묻어버리는 데 성공한다. 그리하여 친일파는 과거 친일행적을 다만 명목상의 것으로 불가피한 것이었다고 호도하면서, 친일을 하던 기교를 친미활동에 활용하고 반공의 선봉에 나서서 자신들의 입지를 굳혀나갔다.[126]

정치적이고 사회적인 영역에서 친일파의 영향력과 부는 보전되었지만, 이러한 양상이 재계에도 동일하게 관철되었다고 보기는 힘들다. 물론 적산불하 등을 통해 기본적으로 일제의 유산을 상속했지만 상속과정은 '친일'이라기보다는 친일파가 주축이 된 권력에 빌붙은 '정경유착'이라고 보아야 하기 때문이다.

특이한 점은 해방 전 국내 최대 기업집단을 형성한 경방그룹(김연수) 및 화신그룹(박흥식)은 상대적으로 뒷전으로 밀려난 반면, 일제 말 혹은 해방 후 새롭게 창업을 한 기업들이 두각을 나타냈다는 사실이다. 경방그룹이나 화신그룹이 해방 후에 상대적으로 발전하지 못한 것은 반일본적인 국민정서 때문으로 추정된다.[127]

해방 전 주요 자산가였던 지주는 대부분 부재지주로 상공업에 손을 대기를 꺼렸다. 현상유지에 매몰된 이러한 구세력을 대신하여 정경유착까지 포함한, 말하자면 한국판 '기업가정신'으로 무장한 신흥세력이 등장했다. 이들은 아무런 준비 없이 갑작스럽게 집권하여 현지 사정에 어두운 미군정청과 손을 잡고 부를 키워나갔다.

이들의 면면을 살펴보자. 해방 당시 삼성그룹을 창업한 이병철은 35세, 대구에서 양조장을 경영했다. 현대그룹의 정주영은 30세로 서울에서 정미소를, LG그룹의 구인회는 39세로 진주에서 옷감장사를 했다. 25세였던 SK의 최종현은 수원 선경직물기계의 주임이었다. 32세였던 쌍용그룹의 김성곤은 대구에서 조그만 비누공장을 운영했고, 25세였던 대한항공그룹의 조중훈은 선원(2등기관사), 24세였던 롯데의 신격호는 와세다대학을 다니고 있었다. 한화그룹의 김종희는 23세로 조선화약공판의 사무원이었다. 훗날 한국경제를 주름잡게 되는 재벌들은 해방 이전만 하더라도 대부분 이름 없는 영세 기업주였다.(지동욱, 2006)

혼란기는 '기업가정신'을 발휘할 수 있는 최적의 환경이다. 8·15 이후 해방정국에서 많은 이들이 좌와 우로 나뉘어 정치투쟁을 벌였지만 이 와중에서 돈을 번 사람들이 적지 않았다.

먼저, 일본과 무역이 금지되자 밀무역이 시작되었다. 일본에 주둔한 맥아더 총사령부는 일본이 외국과 교역하는 것을 금지했다. 그러나 당시 일본의 식량난은 심각한 수준이어서 부산과 남해안의 어선이 밀수업자와 짜고 일본에 쌀을 실어 날랐다. 돌아오는 배에는 물물교환을 통해 받은 귤, 시멘트, 비누원료인 가성소다, 화장품, 의약품 등이 실렸다. 이 물품들은 당시 한국에서 구할 수 없는 귀중품이었기에 이문이 다섯 배가 넘었다.

일본 밀무역에 이어 중국 본토와는 정크 무역이 성행했다. 정크 무역은 대련, 청도, 천진 등에 위치한 일본군과 일본회사의 창고에 쌓여 있던 재고품을 약탈하여 국내에 들여와 판 것으로 밀무역 가운데 조금 더 탈법으로 옮겨간 일에 속했다. 정크 무역은 재고가 바닥이 나고 중국 내전이 차츰 격화하면서 1년 반 만에 사라졌다.

정크 무역이 주춤해진 1947년 3월부터 6개월 동안 홍콩과 인접한 마카오를 중개항으로 하는 마카오 무역 바람이 불었다. 홍콩 정청(政廳)이 한국과 직접 무역을 통제했기 때문에 상사(商社)들이 마카오를 중개기지로 한 간접교역을 택한 것이었다. 마카오로부터 생고무, 양복 원단, 털실, 페니실린, 시계, 사카린 등을 수입하는 대신 텅스텐, 망간, 납, 펄프, 중고지프, 트럭 부품 등을 수출했다. 텅스텐과 망간은 적산기업이었던 고바야시광업[小林鑛業]의 재고였다.[128]

1947년 8월 홍콩 정청이 한국과 교역을 허가하자 홍콩 상선 아이비스 호는 거리를 이유로 인천항이 아닌 부산항에 입항했다. 해방 후 일본과 교역이 끊겨 침체에 빠졌던 부산항이 다시 활기를 되찾으면서 혼란스러운 그 시기에 무역이 각광받는 사업으로 부상했다. 해방 전부터 무역업에 진출한 박흥식의 화신무역이 당시 업계의 선두였다.

이때가 삼성그룹 창업사에 등장하는 유명한 일화의 시대적 배경이다. 대구의 양조장을 다른 사람에게 맡기고 1948년에 상경한 삼성그룹 창업자 이병철은 삼성물산공사(三星物産公司)를 설립하여 무역에 뛰어들었다. 당시 1년여 만에 구세력인 화신을 제치고 업계 1위에 오른 것이나, 그동안 일군 모든 것을 전쟁에서 잃어버렸으나 곧바로 재기에 성공하는 과정 등이 삼성의 건국신화에 포함된다. 한국의 재벌 형성과 관련하여, 이병철·정주영 등 도전정신으로 충만한 새 세대의 젊은 기업가들이 창의적이고 기업가답게 부를 쌓은 측면을 무시할 수는 없다. 그러나 이후 역사에서 입증되듯 그들의 장기는 의미 그대로의 기업가정신보다는 정경유착이었다.

2
일본이 남긴 적산과 미국에서 들어오는 원조

신생국가인 대한민국 정부의 수립을 전후하여 이른바 '기업가정신'으로 똘똘 뭉친 사업가들에게는 적산 말고도 또 하나의 핵심적인 이권이 있었다. 미국의 원조였다. 미국은 전후 일본이나 한국에 무상으로 구호물자를 제공했다. '점령지역 구호원조(GARIOA)'라 불린 이 구호물자는 식량, 의류, 의약품과 같은 소비재가 주를 이루었으나 중유, 석탄, 비료, 건축자재, 면화와 같은 원료가 일부 포함되어 있었다. 1945년부터 대한민국 정부가 수립되는 1948년까지 3년간 미국은 한국에 약 4억 달러어치의 구호물자를 제공했다.[129)]

이때 한국의 국가는 외국자본의 흐름에 편승함으로써, 자본을 프리즘처럼 굴절시켜 부상하는 산업에 자금을 대주고 거대기업을 창출하는 한편 사회적 지원을 보강하고 외부체제로부터 국가의 자율성을 변증법적인 방식으로 억지로 얻어내었다. 일방적으로 영향을 받는 종속의 지위에서 상대적 자율의 지위로 이동한 것이다.[130)]

한국 자본주의 초기 단계에서 이승만의 영향력을 간과할 수 없다.

독특한 성격의 대한민국 초대 대통령은 친미적이었지만 미국과 대립했고, 친일파를 중용하고 그들에 휩싸여 살았지만 한민당과 척을 졌다. 추정컨대 이승만의 내면에는 자신이 이씨 조선의 계승자란 생각이 있어서 스스로를 왕으로 받아들였을 수 있다. 그렇다면 그의 행태가 대충은 설명이 된다.

미국은 한국전쟁을 거치면서 본격화한 냉전 국면에서 한국에 대한 군사원조를 계속했고, 전후 한국의 경제 재건에 결정적인 역할을 수행했다. 내수와 무역 모두에서 미국은 한국경제를 지배했다. 미국의 지정학적 이해관계에 기반한 한국에 대한 '안보' 원조는 경제성장을 전적으로 뒷받침했고, 한국에서는 원조 의존적인 발전이 이루어졌다. 그러나 이승만 정부 하에서 미국의 원조는 연간 단위로 지급되었기 때문에 실제적인 산업 발전보다는 현실적으로 '경제생존'을 목표로 할 수밖에 없었다.

한국경제의 원조 관련 지표 비교(1953~60년) [131]

	원조 (백만 달러)	원조/GNP (%)	원조/무역 적자 (%)	원조/정부예산 (%)	원조/전체 투자 (%)
1953~60년 (연평균)	265	13.1	78.3	59.0	120.6

* 자료 : 한국은행 『경제통계연감』, 1969에 작성.

동아시아 지역의 지역통합이라는 미국의 전략에 순응하지 않은 이승만은 일본의 영향으로부터 독립된 별도의 지위를 확보하기 위해 수입대체산업화 전략을 선택했다. 이는 동아시아 지역 안보체제를 통합하기 위해 이승만 정부에게 일본과 수교하도록 압력을 가하던 미국의 원조당국과 날카로운 긴장상황을 유발했다. 결과적으로 이러한 수입대체산업화 시기는 국가·토착자본·외국자본 사이의 독특한 관계를 형성하는 데 기여했다. 한국의 국가는 외국의 원조자금을 민간부문에 배분하는 데 중요한 역할을 맡았으며, 수입대체산업화를 매개로 한국의 기업인들은 국제경쟁과 무관하게 국내에서 독점적 지위를 확고히 하고, 국가와 대기업 사이의 긴밀한 동맹관계를 형성하도록 만들었다.[132] 이 관계는 이후 박정희·전두환 등 독재정권 시기에 계속 유지된다.

8·15 직후 미국의 원조는 GARIOA원조를 중심으로 도입되었다. 약 4억 100만 달러가 도입된 GARIOA원조는 1946~48년 3년간 미국 대외원조 총액(90억 4,000만 달러)의 4.5%, 8·15 이후 1961년까지 남한에 도입된 원조 총액(31억 3,700만 달러)의 13.1%를 차지하는 규모였다. GARIOA원조는 40%가 식료품이었고 나머지도 대부분 농업용품, 피복류 등 소비재로서 경제재건보다는 긴급구호에 초점이 두어졌다. ECA원조는 이전 GARIOA의 구호성 원조와 달리 비료·석탄·전력개발 등 장기적 전망 하에서 경제건설을 목적으로 기획되었다.[133] ECA원조는 1948년 12월 10일 '대한민국과 미합중국 간의 원조협정'(ECA 협정)이 체결됨으로써 도입된 경제부흥 원조로, 전후 미국의 유럽부흥계획에 의한 마샬원조를 한국에 확대 적용한 성격이었다.

1950년대 한국의 대표적 산업인 이른바 삼백산업도 원조를 기반으로 발전했다. 미국의 대한 원조는 1957년에 정점을 찍었고, 이후 미국의 원조정책 변화에 따라 시설재 중 공장 건설자금이 DLF 차관으로 도입되었다. DLF(Development Loan Fund) 차관은 상호안전보장법(MSA)상의 개발기금으로, 공장 건설에 자금을 공급하기 위한 유상차관이었다. 최초의 차관사업은 1959년 1월 동양시멘트(주)의 시설확장을 위한 214만 달러 규모의 협정체결로 시작되었고, 이 사업 이후 차관사업이 본격적으

원조수입 총괄표 [135]

(단위 : 천 달러)

연도	GARIOA	ECA&SEC	PL-480	ICA	CRIK	UNKRA	합계
1945	4,934						4,934
1946	49,496						49,496
1947	175,371						175,371
1948	179,593						179,593
1949		116,590					116,590
1950		49,330			9,376		58,706
1951		31,972			74,448	122	106,542
1952		3,824			155,534	1,969	161,327
1953		232		5,571	158,787	29,580	194,170
1954				82,437	50,191	21,297	153,925
1955				205,815	8,711	22,181	236,707
1956			32,955	271,049	331	22,370	326,705
1957			45,522	323,267		14,103	382,892
1958			47,896	265,629		7,747	321,272
1959			11,436	208,297		2,471	222,204
1960			19,913	225,236		244	245,393
1961			44,926	156,628			201,554
총계	409,394	201,948	202,648	1,743,929	457,378	122,084	3,137,381

로 진행되었다.[134]

미국의 대한 원조 중 가장 논란이 된 것은 미공법 480호에 의한 잉여 농산물 원조다. 이른바 'PL480호 원조'는 미국 농산물의 해외시장 개척을 위해 입안되었으며, 대충자금 방식을 채택하여 수입국 통화로 농산물 구입을 가능케 한 게 특징이다. 미국 농업공황의 여파로 축적된 잉여농산물의 해소가 그 배경이었고, 한국 농업에도 직접적으로 피해를 끼쳤다.

PL480호 원조는 네 가지 종류가 있는데[136] 한국에서는 주로 제1관계획에 의해서 도입이 이루어졌고, 제3관이 해마다 약간씩 들어오고 제2관은 1957년과 1960년에 약간씩 들어왔으나 제4관은 전혀 없었다. 잉여농산물은 한국 정부에 제공되었으며, 한국 정부는 한국 통화로 농산물을 판매했고 판매대금은 한국은행 대충자금계좌에 적립했다. 그리고 대충자금계좌 적립금의 80~90%가 국방비로 사용되었다.

사실상 PL480호 원조는 미국 잉여농산물 재고 처리와 그 판매대금을 이용한 미국 군수물자의 판매를 주요 목적으로 한 것이었던 만큼 원조라고 볼 수 없었다.[137] 원조정책은 제2차 세계대전 후 미국이 유효수요시장을 만들어 과잉생산 문제를 풀고, 세계경제 질서를 재편하고, 영향력을 행사하는 주요 수단이었다.[138]

PL480호 원조에 의해 미국 잉여농산물이 한국에 도입된 결과, 국내 농산물 가격이 하락하게 된다. 이에 따라 농촌경제가 파탄에 빠졌고, 이농이 가속화했다. 이농으로 공장 노동자의 공급이 꾸준히 증가한데다 저곡가로 공업 노동자의 재생산비용이 낮아짐으로써 경제성장기에 저임금체계가 구조화했다.

이농과 농촌경제의 파탄까지 포함하여 1950년대 한국경제는 총체적으로 원조경제로 표현할 수 있다. 당시 한국경제를 움직인 메커니즘은 원조물자의 배분과 판매, 그리고 앞서 살펴보았듯, 그 판매대금인 대충자금을 근간으로 한 재정투자와 사기업 금융혜택이라고 할 수 있다. 그 과정에서 한국경제는 필연적으로 미국 예속, 기업과 관의 유착에 의한 관료자본주의, 천민자본주의의 모습을 띨 수밖에 없었다.

원조경제와 관련해서 당시 기업들에게 매우 중요한 사항은 원조물자가 판매되거나 할당될 때 시세보다 훨씬 싼 가격이 책정되었다는 것과 공정환율과 시중환율의 격차가 커서 원조물자를 제공받는 것 자체가 엄청난 혜택이었다는 점이다.

당시 한국 정부는 무상으로 제공된 미국의 잉여농산물을 국내의 제조업체에 팔아 재정자금(대충자금)으로 활용한 것 외에도 '원조불(弗)'을 경매를 통해 기업들에게 배정했다. 달러화의 정부 고시 환율과 시중 실제 환율의 지나친 격차 때문에 원조불의 배정은 기업들에게 대단히 매력적이었다. 따라서 자본가들은 사활을 걸고 원조물자와 원조불의 배정에 매달리지 않을 수 없었는데, 이는 필연적으로 관과 기업가의 유착을 가져와 특혜 시비가 상존했다.

이런 시스템 하에서 다수의 정상배, 특권 상인들이 양산되었고 그때부터 '기업행위=대정부 로비'라는 역설적인 등식이 기업문화로 자리 잡기 시작한다. 이러한 기업행위야말로 오늘날 재벌들의 초기 자본축적 메커니즘이었다.[140]

표에서 보듯 한국전쟁 후 1950년대 중반까지 공식 환율은 시장 환율의 절반에 못 미쳤다. 이러한 상황에서는 앞서 설명한 대로 공식 환율로 달러를 배정받는 것 자체로 100% 이윤을 남길 수 있었다. 힘들게 영업할 필요도 없고, 단지 달러를 배정받는 것만으로.

전체적으로 이 시기 한국경제는 미국에 종속적인 경제구조, 식민지적 경제구조, 농촌경제의 파탄과 농민층의 경제적 몰락 등으로 표현되는 것이 보통이며, 공업화의 특성에 초점을 둔 연구에서는 독점재벌에 의한 수입대체산업화로 규정되는 것이 일반적이다.[142]

1950년대 전후 복구 과정에서 이루어진 자본축적은 미국의 원조를 물적 기반으로, 민생안정과 산업부흥이라는 정책기초 하에 소비재의 수

환율의 과대평가로 인한 수입업자의 이득, 1953~1971 [141)]

(단위: 백만 달러)

연도	공식환율/ 시장환율	수입업자의 실질적 지불액	수입업자의 이득	실수입
1953	0.40	137.1	208.3	345.4
1954	0.45	108.8	134.5	243.3
1955	0.43	147.7	193.7	341.4
1956	0.56	218.0	168.1	386.1
1957	0.49	216.8	225.4	442.2
1958	0.54	202.5	175.7	378.2
1959	0.64	194.5	109.3	303.8
1960	0.74	254.3	89.2	343.5
1961	0.97	307.8	8.3	316.1
1962	0.88	369.3	52.5	421.8
1963	0.72	405.7	154.6	560.3
1964	0.90	362.7	41.7	404.4
1965	1.00	463.4	-0-	463.4
1966	0.94	670.2	46.2	716.4
1967	0.84	840.0	156.2	996.2
1968	0.79	1,131.4	331.5	1,462.9
1969	0.78	1,425.8	397.8	1,823.6
1970	0.77	1,525.0	459.0	1,984.0
1971	0.78	1,873.5	520.8	2,394.3
총계		10,854.5	3,472.8	14,327.3
기간총합계				
1953~60		1,479.7	1,304.2	2,783.0
1961~71		9,374.8	2,168.6	11,543.4
평균	0.72	571.3	182.7	754.1
1953~60	0.531	185.0	163.0	348.0
1961~71	0.852	852.3	197.1	1,049.4

원조를 매개로 하는 자본축적과정

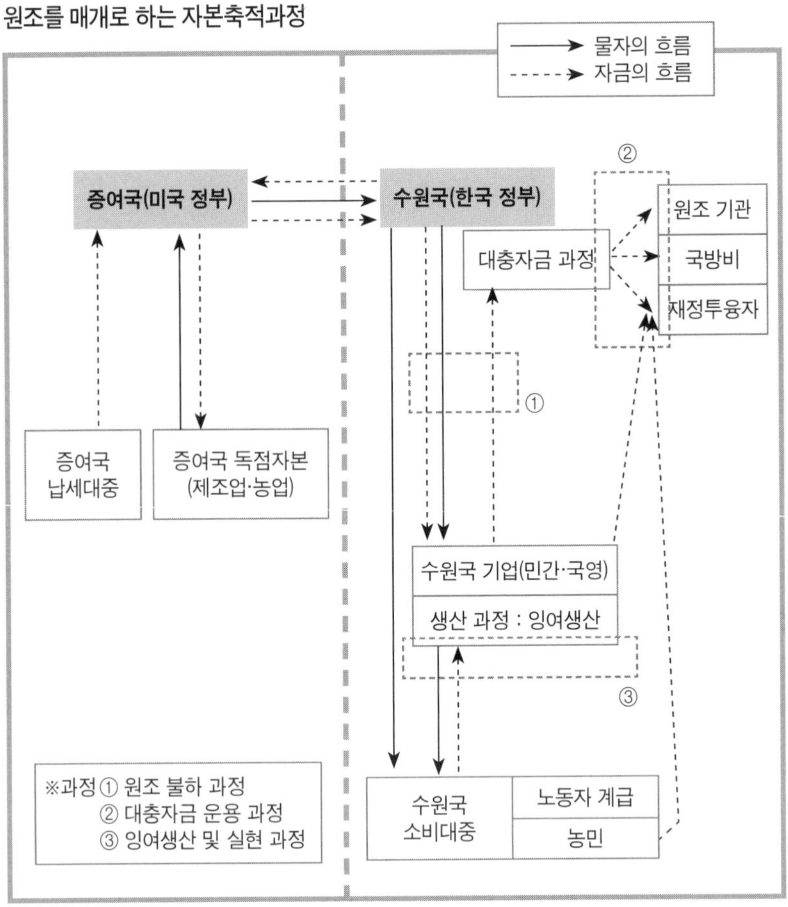

* 그림은 김양화, "미국의 대한원조와 한국의 경제구조", p237의 그림을 변형 첨가 작성한 것임. 노중기, "1950년 한국 사회에 미친 원조의 영향에 관한 고찰", p77에서 인용.

* 그림 출처 : 김동민, 「한국자본주의의 물적 토대 형성에 관한 연구 : 해방 후~1950년대를 중심으로」, 전남대학교대학원 석사학위 논문, 1991.

입대체산업화로 진행되었다고 평가된다. 이 시기에 비록 생활수준에서는 그다지 큰 개선이 없었지만 산업화는 일정한 성과를 기록하고, 이는 한국 경제가 수출지향적 경공업화를 추진할 수 있는 다음 단계로의 이전 내지

발전의 기초가 되었다.(김대환, 1988)[143)]

그러나 이러한 소비재생산의 국내 축적기반이 자금의 생산적 활용을 통해 부가가치를 창출하기보다 정경유착과 금융특혜에 바탕을 둔 원료독점과 판매독점에 기생하는 투기자본적 성격을 강하게 보였다는 분석도 있다.[144)]

3
'만가'(晩可) : 정경유착과 한국 재벌의 기원

해방 후 일시적으로 축적된 자본은 한국전쟁으로 거의 대부분이 파괴되어 남북의 경제는 빈사상태에 빠져들었다. 이런 상황에서 자본축적의 가장 중요한 물적 토대는 바로 미국이 제공하는 원조였다. 누차 강조했듯, 국가권력은 원조물자의 배정만이 아니라 수입에 필요한 외환 배정은 물론 대충자금의 지원 등을 좌지우지했다. 이로써 원조물자를 매개로 하는 정경유착이 본격적으로 시작되었다.[145]

정경유착의 상징적인 단어는 '만가'(晩可)였다. 이승만은 결재서류에 자기 이름의 끝 글자인 '만'을 따오고 여기에 '오케이'라는 뜻의 '가'를 붙여서 붓글씨로 '만가'라는 한문 사인을 해서 통과시키곤 했다. 원조물자와 자금의 '특혜'를 누구에게 주느냐를 결정하는 '만가'가 산업사회의 구조를 새롭게 편성한 것이다.[146]

1960년까지 이기붕은 29개의 공장 건설 계획에 관여했고, 자유당은 미국의 원조를 받는 공장 건설의 50% 이상에 개입했다.[147] 정치자금을 얼마나 냈느냐에 따라 원조 특혜가 배분되었던 실상의 방증인 셈이다.[148]

정경유착은 정치자금과 관련되었지만, 기업가들에게는 대외적인 명분이 제공되었다. 예컨대 삼성의 이병철이 내세운 사업보국(事業報國)은 정경유착에 근거한 독점적 성장에 적당한 휘장을 단 것인데, 정권이나 기업 모두 이 휘장이 필요했다.

휘장에 들어갈 글자는 수입대체 산업화였다. 한국은 일본과의 농·공 분업이라는 미국의 정책에 전략적으로 저항하면서 수입대체 산업화를 추구했다. 원조로 경상수지 적자를 메우고 원조를 활용하여 내부적으로 경제를 일으키겠다는 복안이었다. 그 결과 1953~61년 총수입액은 32억 달러인 반면 수출액은 2억3천만 달러에 지나지 않았다. 1950년대 후반 내내 수출은 수입의 5%선에 머물렀다.[149]

커밍스가 소개하는 일화다. 이승만은 이병철한테 제일제당이나 제일모직과 같은, 예전의 일본 기업들을 매우 유리한 구매가격으로 내어주었다. 기억력이 흐리지 않았던 삼성은 이런 호의를 기억해두었다가 선거철에 보답했다. 이병철은 훗날 이승만의 자유당에 6,400만환을 주었다는 혐의로 기소되었다. 주한 미군의 존재 역시 군대식의 수입대체화를 가능하게 한 요인이었다. 이승만 정권 시기 미 제8군의 젖줄을 차지하는 경쟁에서 역대의 승리자는 나중에 대한항공까지 거느리게 된 한진기업의 사장인 조중훈이었다. 1950년대 내내 그는 주한 미군과 운송계약을 맺었는데, 그 금액이 1960년에는 연간 228만 달러에 이르렀다. 그는 또한 미군으로부터 얻은 잉여의 버스로 서울과 인천 사이의 버스노선을 개설할 수 있었다.[150]

이승만 정권에서 정경유착의 하이라이트는 은행 민영화였다. 지금이야 금산분리 원칙에 따라 산업자본의 금융자본 지배가 부분적으로 제한되지만, 그 시기에 짧게 '금산융합'의 시대가 열려 재벌들에겐 전설의 황

금기로 전해지고 있다.

1950년 5월 제정된 '한국은행법'에 근거하여 설립된 한국은행은 식민지 시대 조선은행을 계승한 한국의 중앙은행으로, 다른 금융기관에 통제력을 행사할 수 없었던 조선은행과 달리 새 국가에선 법에 의거해 통제력을 갖게 되었다.

1954년 8월 은행법이 시행됨에 따라 금융기관은 정부의 직접 감독에서 벗어나 금융통화위원회의 통제 및 감독 하에 놓이게 되었다. 이어 금융기관을 민영화하여 자주적인 운영을 가능하게 하기 위해 정부의 관리하에 있는 은행귀속주의 불하가 시작되었다. 은행 귀속주에 대한 공개매도 처리는 1954년 11월부터 6차에 걸쳐 실시되었으나, 소수인의 은행 지배를 배제한다는 견지에서 1인당 입찰주수와 양도를 제한하는 등 공매조건이 까다로워 모두 유찰(流札)되었다. 그러다가 1957년의 제7회 공매 때에 입찰주수의 제한을 철폐하자 신흥자본가들이 뛰어들어 공매주 전량이 낙찰되었다.[151)]

1957년 8월의 은행 민영화는 은행을 중심으로 한 재벌구조를 형성케 하는 결과를 가져왔다. 기업과 정부의 유착을 보여주는 대표적인 사건은 4개 시중은행(조흥, 상업, 제일, 한일)의 정부 보유 주식을 불하 공매한 것으로, 그 과정은 정치적 영향력의 대결장이라고 해도 과언이 아니었다. 삼성그룹을 비롯한 당시 대표적 재벌들이 시중은행 불하공매에 참여하여 시중은행의 소유권을 취득하게 됨으로써 지금과는 다른 '금산융합'의 재벌이 탄생했다. 삼성은 흥업은행(한일은행) 지분의 83%, 조흥은행 지분의 55%를 취득함으로써 4개 시중은행의 거의 절반을 차지했고, 삼호그룹이 저축은행(제일은행), 대한제분이 상업은행, 개풍그룹이 서울은행을 소유하게 되어 산업자본이 금융자본을 지배하는 형상을 갖추게

되었다.[152]

당시 통용되는 기업가의 정의는 "공장을 건설하는 이권을 얻어서 은행 대부를 잘 받는 사람"이었다.[153] 두 가지 다 줄과 '백'이 필요한 일이었으니, 요즘 재벌들이 창업자에게 붙이는 기업가정신이네 뭐네 하는 다양한 수식어와 미화가 얼마나 허망한가. 한국에서 재벌에 대한 반감이 큰 데에는 다 이유가 있는 셈이다.

'기업가정신'이 투철한 자본가에게 기회를 준 대가로 자유당은 정치자금을 챙겼다. 자유당은 그걸로도 모자라 3·15 선거를 앞두고서는 산업금융채권 50억환을 기업체에 대부해주고 대신 기부금을 챙겨 선거자금으로 사용했다.[154]

이승만 정부 말기에 이병철은 국내 상업은행의 인수를 계기로 일본의 재벌이나 독일의 콘체른 형식의 기업집단을 조직하려고 시도했다. 지도적인 은행이 복합기업집단(conglomerate)의 중심에 위치하는 구조다. 소유한 은행의 풍부한 자금을 바탕으로 삼성은 재정적으로 곤란을 겪고 있는 사업체들을 본격적으로 인수했다. 천일증권(1957년 8월), 한국타이어(1958년 12월), 동일방적(1958년 12월), 호남비료(1958년 12월)가 새로이 인수한 기업들이었다. 하지만 5·16군사쿠데타로 은행 민영화가 취소되고 1961년 10월 군사정부가 상업은행들을 국유화함으로써 재벌의 시중은행 소유는 4년 미만으로 끝났다.[155]

그러나 삼성 등 재벌들은 은행을 반환하기 전의 짧은 기간을 이용해 문어발 작전으로 기업을 마구잡이로 인수했다. 특히 1950년대 후반 삼성그룹의 기업 인수는 어지러울 정도로 엄청나서, 국내 최대의 복합기업으로 변신했다.[156] 이후 드러난 재벌의 문어발 경영 기본 틀이 이승만 정권 말기에 잡힌 셈이다.

'만가'야말로 재벌형성의 씨앗이었다. 그 결과, 1960년대에 이르러 10대 재벌 가운데 단일 업종을 영위한 한국유리, 태창방직, 동립산업을 제외한 7대 재벌은 문어발 그룹으로 변신했다. 삼성그룹은 한일은행·삼성물산·제일제당·한국타이어·안국화재·근영물산·한국기계·풍국주정·조선양조·천일증권·동양방직·효성물산 등을, 삼호그룹은 제일은행·삼호무역·삼호방직·조선방직·대전방직·상양흥업·제일화재 등을, 개풍그룹은 서울은행·대한양회·호양산업·배아산업·개풍상사·대한탄광·삼화제철·동방화재·대한철강 등을, 대한그룹은 대한방직·대한전선·대동제당·원동흥업·대동증권 등을, 락희그룹은 반도상사·금성사·락희화학·락희유지 등을, 동양그룹은 동양시멘트·동양제과·동양제당·한국정당 등을, 극동그룹은 극동해운·극동통상·한국정유 등을 거느리게 되었다.[157]

논자에 따라 1950년대를 한국 자본주의가 상업자본에서 산업자본으로 전환한 시기이며 동시에 재벌을 탄생시킨 태동기로 파악한다. 기본자산은 대체로 적산이었고 동력은 대부분 무역에서 축적한 막대한 이익이었다. 여기에 미국의 원조가 더해지면 모든 조건이 다 갖춰진 셈이다. 미군정기와 한국전쟁을 거쳐 1950년대에 적산기업의 불하를 중요한 계기로 탄생한 재벌로는 한국생사 김지태, 전방 김용주, 한국화약 김종회, 동립산업 함창희, 동양방직 서정익, 동양맥주 박두병 등이다. 이들은 적산기업의 관리인에서 일약 재벌로 성장했다. 기업가정신 따위는 필요없고, 그저 동물적인 이권감각과 기민한 약탈정신을 갖추면 되었다.

한국 자본주의의 출발 시점에서 보는 것은 해적자본주의였다. 혁신이나 시장개척 같은 경제적 원리보다는 '만가' 등 경제 외적 요인에 얼마나 기민하고 효율적으로 편승하느냐에 따라 재벌의 탄생이 결정되었다.

재벌의 형성과 관련하여 짚고 넘어갈 대목은 현대건설과 같은 건설업계 기업들이 1950년대 중반에 재벌로 도약할 발판을 마련했다는 점이다. 전쟁이 끝난 후 복구 건설경기가 재벌로 가는 마지막 기회였다. 대표적으로 현대건설 정주영, 대동공업 이용범, 중앙산업 조성철, 흥아공작소 양춘선, 대림건설 이재준, 극동건설 김용산 등이 막차에 올라탔다.

한국전쟁기에 파괴된 한강인도교 복구공사는 현대건설이 재벌 반열에 이름을 올리는 계기가 되었다. 이때부터 대동공업, 조흥토건, 삼부토건, 극동건설, 대림건설, 현대건설 등이 1,000여개 건설업체 가운데 선두그룹을 형성하며 흔히 '건설 5인조'니 '6인조'니 하는 이름으로 세인의 입에 오르내렸다. '건설 5인조'의 다른 호칭은 '자유당 5인조'였는데, 정부 발주 공사를 이들이 거의 독점하다시피 했기 때문이다. 특정 건설업체가 정부가 발주한 공사를 수주하면 공사대금의 30%는 미리 공제되어 자유당의 정치자금으로 들어가고, 20%를 이익금으로 책정한 뒤 대금의 나머지 50%만 가지고 공사한다는 얘기가 회자될 정도로 사업의 성패 여부는 '정경 고리의 견고성'이었다.[158)]

삼성과 '자유당 5인조' 등 재벌은 부정한 재산축적 과정 때문에 제1공화국이 막을 내리면서 위기에 처한다. 먼저 1960년 4·19혁명으로 장면 정부가 들어서면서 재벌들은 부정축재자 처벌이란 국민적 여론에 직면했다. 5만여 명이 기소 대상으로 적시되자, 78명의 대기업 대표들은 그해에 최초의 대기업 조직인 '한국경제협의회'[159)]를 만들었다. 이들은 김연수를 초대 회장으로 삼아 기소자의 수를 줄여달라고 정치권에 요구했고, 온갖 로비를 동원하여 정치인들을 설득하고, 정치자금을 제공함으로써 위기를 넘기는 듯했다. 그러나 1961년 5월에 일어난 박정희의 쿠데타로 재벌들은 다시 위기를 맞이했다. 군사정권은 기세등등하게 사회단체를 해체시켰고, 한국경제협의회 역시 해체 대상에 포함되었다.[160)]

이번에는 살아남지 못할 수도 있다는 위기감이 재벌들 사이에서 퍼졌다. 그러나 남한 단독정부 수립 이후 친일파 처리가 흐지부지되었듯이 부정축재 처벌 또한 두 번에 걸쳐서 유야무야되고 만다. 특히 5·16쿠데타 주도세력은 이승만 정권이 친일파 처단을 회피하고 그들을 권력의 파트너로 삼은 전철을 그대로 밟았다.

4·19혁명과 5·16쿠데타 이후 국민적 공론화 과정에서 재벌들이 제1공화국 부정부패의 최대 수혜자로 부각되었고, 부정축재한 이들을 처벌하는 일이 제1공화국의 잔재를 척결하는 핵심 과제로 제시되었지만 쿠데타 세력은 적정한 선에서 역사적 과제를 무마하고 부정축재 세력으로부터 협력을 받아내는 길을 택했다. 5·16 후 등장한 과도정부는 부정축재 문제를 첫째 원활한 자본축적에 방해가 되지 않는 범위 내에서, 둘째 현행법 중 구체적으로는 조세범 처벌법만으로 처리하겠다는 입장을 정했다. 이러한 과도정부의 입장은 당시의 혁명적인 사회분위기에 떠밀려 부정축재자를 단죄하기는 하지만 어디까지나 당시 현행법의 테두리를 벗어난 명백한 불법에 대해서만 단죄하겠다는 비혁명적 방식의 해결노선을 드러낸 것이었다.[161)]

5·16 쿠데타로 권력을 장악한 박정희 군사정부는 애초에는 4·19혁명 직후 시작된 '부정축재자 처벌'을 완성지어, 국민적 지지를 얻고자 했다. 절대빈곤을 벗어나지 못하던 시절, 국민들이 법 위에 군림하던 자본가들의 탈세와 부정축재에 분노했기 때문이었다.

국가재건최고회의는 1961년 5월 28일 부정축재처리위원회를 구성하고, 정재호·이정림 등 대자본가 10여 명을 체포·구금했다. 삼성 회장 이병철은 마침 일본에 머물고 있어서 체포를 모면했고 대신 동업자인 부사장 조홍제가 체포되었다. 여러 증언에 의하면 이병철은 쿠데타 주도세력과 사전 협의를 마치고 "전재산을 국가에 헌납하겠다"고 발표한 뒤, 6월 26일 귀국했다. 서울에 도착한 이병철을 연행한 지프차는 다른 부정축재자들이 구금돼 있던 서대문형무소·마포형무소가 아니라 서울 명동의 한 호텔로 달려갔다. 이병철은 호텔에서 하룻밤을 보낸 뒤, 다음 날 박정희 국가재건최고회의 부의장을 만났다. 이 자리에서 이병철은 부정축재자 전원 석방을 요구한다. 경제개발을 위한 투자 협력이 그 대가였다. 이튿날 구금돼 있던 재벌 경제인 12명은 모두 석방되었다.

석방된 부정축재자 12명은 그해 8월 16일 군사정권과 연결 창구 노릇을 맡을 '한국경제인협회'를 꾸린다. 초대 회장은 이병철이었다. 부정축재혐의자 12명이 석방을 대가로 조직한 '한국경제인협회'는 전국경제인연합회의 전신이다. 국가재건최고회의는 10월 부정축재처리법을 개정한다. 추징금의 수위를 낮추고, 대규모 공장 건립을 위해 정부가 금융지원에 나서며, 공장이 설립된 뒤에는 정부에 헌납한 지분을 되사갈 수 있다는 내용이었다. 부정축재자들은 강력한 처벌 대신 정부의 집중적인 금융지원을 받으며 국가기간산업에 뛰어들 수 있는 독점적 기회를 제공받았다. 정치권력과 경제권력의 밀월관계가 형성된 결정적 순간이다.[162)]

부정축재자 처리위원회 이주일(李周一) 위원장이 발표한 석방 이유는 "부정축재 기업인들에게 산업재건에 이바지할 기회를 제공키로 했다"는 것이었다. 이로써 1960년 4·19혁명 이후 1년여 지루하게 끌어오던 부정축재자 처리 문제가 종결되었다.[163)] 친일과 마찬가지로 부정축재도 처단 대신 면죄부가 주어지게 된 것이다.

여기서 흥미롭게도 해방공간에서 친일 문제를 대한 방식과 똑같은 미국의 부정축재 대처 태도를 목격하게 된다. 미국은 과도정부 시기부터 부정축재 처리 문제를 지대한 관심을 갖고 지켜보다가 한국 정부에 부정축재자에 대한 과격한 처벌을 피하라는 압력을 가했다.

허정과 당시 민주당 대표 최고위원인 장면에게 보낸 공한에서 미국은 "부정축재자들에 대한 부정재산의 국고 환원, 조세사범들에 대한 벌과금 및 추징금의 강력한 징수, 그리고 원조자금에 의하여 도입된 원재료 독점기업에 대한 처단이 한국의 기업생산 위축을 초래하고 따라서 급격한 인플레이션을 재연시킬 우려가 있음"을 지적했다. 나아가 "한국의 4월 민주혁명은 계급혁명이 아니며 … 미국의 원조가 사실상 한국경제의 동맥 역할을 하고 있는 것이니 설사 부정축재자들이 이 정권에서 … 집권당에 아부하여 부를 축적했다 하여도 … 부정재산의 회수 등 쿠바의 카스트로 정권이 사유 개인재산을 몰수한 것과 같은 행위를 하여서는 안 된다."라고 경고했다. 미국이 4월 혁명이 진보적 방향으로 나아가는 것을 경계하고, 그 지표의 하나로 부정축재자 처리의 향배를 주시했음을 알 수 있다.

비록 부정이 있었다 하더라도 이미 형성되기 시작한 자본가 층이 한국에서 보호되고, 지속적으로 유지되기를 바랐으며, 한국이 자본주의 성장을 이어가는 데 이들이 필요하다는 게 당시 미국의 판단으로 풀이된다. 이러한 미국의 강경한 입장은 한국의 자본가들에게 영향을 미쳐 부정축재특별처리법 제정 시 이 법의 제정이 "공산화를 위한 길을 열어줄 것"이라고 운운하는 자본가들의 성명까지 나왔다. 당시 민중은 이러한 상황에

서 과거 친일파 처리 문제를 떠올리며 기시감을 느꼈을 법하다.[164]

1950년대 후반에 출현한, '재벌'이라 불리는 기업집단은 기업 고유의 활동보다는 정치권에 유착하여 이권을 확보하는 영합 기업 활동에 골몰했다. 정경유착을 통해 정부와 기업이 유대를 공고히 하면서 폭리, 탈세, 밀수 등 천민자본주의 경제문화가 자리 잡는 가운데 부정축재자 처벌이 무위로 돌아가며 한국 자본주의는 태생적 천민성을 원죄로 안고 가게 되었다.

4
재벌의 본격적 등장과 자본축적

해적자본주의의 상인자본적 성격

한국전쟁이 휴전에 들어간 1953년부터 1961년까지 UNKRA, ICA 등에서 들어온 원조자금 21억 달러는 주로 비료나 시멘트, 유리, 소모방, 면방적기, 염색 가공공장, 자전거 부품공장, 동력기계공장, 제지공장 등 공업부문의 건설에 우선 배정되었다. 생산재 대 소비재 배분비율은 대체로 30:70이었다. UNKRA 원조는 70% 이상이 시설재 도입에 활용되었다.

UNKRA 원조로 기사회생한 기업으로는 동양시멘트를 들 수 있다. 동양시멘트는 1937년 3월 일본 오노다[小野田]시멘트의 삼척공장으로 출발했다. 이 공장은 1953년 이후 UNKRA 원조자금 63만 1,500달러를 지원받아 2,300KW급 자가발전기를 비롯, 원료분쇄기용 가속기 1대, 분쇄기 등 근대적 시설을 완비하여 하루 230톤을 생산하는, 당시로선 첨단 공장으로 재탄생했다.

1950년대 중반 제분·제당·시멘트 등 삼분(三粉)산업의 기틀이 잡혔다. 삼분산업은 적산불하나 UNKRA를 중심으로 한 시설재 원조에 의해 형성되었고, 원료 또한 원조물자에 의존했다. 정부는 수입대체산업 중심의 공업화라는 명분하에 삼분산업을 주축으로 공업화에 박차를 가했다. 정부 지원 기업에 낮은 금리의 특혜융자와 특별환율이 적용되었음은 물론이다.

국내에서 제당업이 시작되기 전까지 설탕은 전량 외국에서 완제품으로 수입되었다. 설탕은 밀가루와 함께 국내 수요가 클 뿐만 아니라 생산과정이 비교적 단순하기 때문에 원료가 안정적으로 확보된다면 수입대체 산업화가 용이했다. 그러나 정부의 주먹구구 정책과 업계의 과잉투자가 결합하면서 1957년에는 국내 설탕 수요량이 연간 5만 톤에 불과한 데 비해 7개 설탕메이커[165]의 생산능력이 15만 톤에 이르러 심각한 공급과잉 상태에 처했다. 여기에다 그해 원당수입 관세율이 배로 인상되면서 제당업은 심각한 불황상태에 직면했다. 일부 업체는 심각한 타격을 받게 되었고, 급기야 제당업은 제일제당·대한제당·삼양사의 3사 체제로 전환되었다.

제분업은 미국의 잉여농산물 원조정책에 편승하며 성장했다. 살펴본 대로 미국은 PL480 원조 방침에 따라 미국 내의 잉여농산물을 다량으로 한국에 공급했는데, 이 가운데 상당 분량이 대용곡물인 소맥이었다. 당시 과자와 빵류, 국수 등은 전 국민의 대용식으로 크게 인기를 끌었다. 무상으로 제공된 소맥을 밀가루로 제조하는 제분업 또한 매우 유망한 산업이었다.

이 시기 재벌화의 가능성이 가장 높은 대표적 사업 분야는 군납이었다. 한국전쟁 이후 식품, 타이어, 피혁, 페인트, 비누, 운수 등이 군납을 바탕으로 성장했다. '자유당 5인조' 등이 맹활약한 건설업계도 군 발주공사 등을 통해 부를 축적했다. 전쟁으로 파괴된 건축물 및 기반시설 등 사회간접자본의 복구와 신규 건설 수요가 맞물려 건설업은 호황을 누릴 수밖에 없었다. 건설시장의 국내 최대 발주자는 정부와 주한미군으로, 과당경쟁과 부조리가 만연했다.[166]

그러나 미국의 원조물자가 들어오던 1950년대에 국내 산업 가운데 가장 비약적으로 성장한 것은 단연 삼백(三白)산업이었다. 원조를 통해 수입한 밀가루와 원면, 설탕 등을 가공한 완제품이 모두 흰색을 띠고 있어 가공작업에 해당하는 제분, 면방직, 제당공업 등을 삼백산업이라 불렀는데, 앞서 살펴본 삼분산업과 큰 교집합을 가졌다. 삼백산업은 원료의 90% 이상을 원조물품이나 수입품에 의존했고, 원료 구입과 금융·재정상의 혜택은 이들이 훗날 대기업으로 성장할 수 있는 발판이 되었다.[167]

1950년대 삼백산업의 경영에는 공통적인 두 가지 특징이 발견된다. 첫째, 누차 지적한 원료의 외국 원조 의존성이다. 특히 주목할 점은 원료의 도입과 관련하여 생산업자들이 참여하는 원료카르텔의 형성이다. 즉 한국제분공업협회, 대한제당협회, 대한방직협회를 결성하고, 각 협회가 제조업자를 대표하여 원료도입자금의 불하를 받은 다음 일정한 분배방식에 따라 산하 기업들에 분배했다. 원료카르텔의 의의는 진입장벽을 통한 새로운 참가자의 제한보다 원료자금의 안정적 획득에 있었다. 더불어 경쟁가격의 형성을 막는 데에도 주요 목적이 있을 수밖에 없었다.[168]

두 번째 특징은 기업자본의 잠식이었다. 잠식은, 생산설비의 감가상각기간을 부당하게 길게 잡음에 따라 인플레이션 과정에서 실질적인 감가상각이 부족해짐으로써 발생한다. 즉 감가상각을 축소함으로써 기업의 명목 이익이 늘어나고 그 이익이 과세 및 배당의 형태로 기업 외로 유출될 때, 거기에는 설비를 정상적으로 가동하고 실질적으로 유지하기 위해 내부에 유보되지 않으면 안 되는 부분이 포함된다. 그 결과는 설비의 노후화와 국제경쟁력의 상실이다.

이처럼 카르텔 형성을 통해 경쟁가격을 방지하고 고정자산 유지를 등한시했다는 점에서 삼백사업은 상인자본적 이해에 완전히 종속되었다고 할 수 있다.[169] 앞서 강만길이 말한 투기자본적 성격과 비슷한 맥락이다.

상인자본적 성격은 자본가의 태도에서만 나타난 것이 아니라 실제로 이 시기에 재벌이 형성되는 부의 기본 축이기도 했다. 상업 및 무역업 등 유통부문은 만성적 물자부족 상태에서 단기간에 투자자본 대비 몇 배 이상의 초과 이윤을 얻을 수 있었다.[170]

상인자본적 한계에도 불구하고 1950년대 원조경제와 인플레이션에 기초한 이승만 정권의 경제정책은 공업부문에서 삼분산업을 중심으로 자본축적을 가능케 했다. 반면 농업에서는 양상이 180도 달랐다. 당시의 높은 인플레이션은 실질금리의 하락과 귀속기업체의 상환부담금을 줄여줌으로써 산업자본에 높은 이득을 안겨주었다. 하지만 정부는 곡가상승이 물가상승을 선도한다는 구실로 농산물 가격을 통제함으로써 인플레이션의 부담을 농촌으로 전가했다. 여기에 미국의 잉여농산물 도입이 겹쳐 농업기반은 파괴되었다. 농촌에는 잠재적 실업자, 산업예비군이 포화상태로 존재하고 되었고, 이는 수출 위주 경공업 정책의 입안을 가능케 한 사회적 기반이 되었다.[171]

1950년대 연구에서는 상인자본적 성격뿐 아니라 그 시기 자본축적의 본질에 관한 논의가 많이 발견된다. 그중 파행성과 예속성을 강조한 연구가 다수다.

미국의 군사원조를 매개로 이루어진 자본축적의 예속성을 강조하는 주장(김대환, 1976)과 특정 산업부분의 비정상적인 비대화에 따른 산업구조의 파행성을 지적한 논의들이 여기에 해당한다. 이 논의들은 당시 경제의 특성을 잘 보여주지만, 반면에 한국 자본축적의 예속성 및 파행성을 강조함으로써 이러한 속성들이 1960년대 이후의 압축성장과 어떤 관련을 갖는가와 관련된 문제의식을 제대로 반영할 수 없었다.

동일한 논조를 유지하면서도 박현채는 이 시기를 원조를 매개로 한 예속적 자본의 활동이 강화하면서 민족자본은 붕괴되는 시기로 파악했다.(박현채, 1978) 그는 이 시기를 원조에 기댄 자본과 농촌형 유통체제에 기반한 토착자본의 대립이라는 구도로 파악했는데, 이는 이후 한국경제의 발전방향과 관련하여 중요한 시사점을 제공한다.

관점을 달리하여 자본축적의 내적 동력을 중심으로 이 시기의 성격을 규정하려는 논의로는 자본축적의 특징을 농업희생축적론으로 규정한 연구(이대근, 1987)가 눈에 띈다. 이대근은 미국원조의 의의를 지나치게 강조하는 기존의 논의는 한국사회의 내적인 발전 잠재력을 무시하고 있다는 점에서 정당하지 않으며, 그 대안으로 공업화가 농업부문의 희생과 정체에 기반했다고 보는 농업희생축적론을 제기했다. 자본축적에 있어서 한국사회의 내적 동력이 무엇인가에 착안한 논의였다는 점에서 적잖은 통찰을 보여준다. 이대근의 주장은 1950년대의 경제변화를 이후에 이어질 압축성장의 전사로 이해하려는 논의의 출발점이었다는 점에서 중요한 연구사적 의미를 가진다.

김대환(1998)은 1950년대를 개발시대와 단절이 아니라 그 전제조건을 이룬 연속적인 과정으로 파악했다. 장상환(1998) 역시 1950년대를 일본제국주의 지배하의 한국경제가 미국의존적인 경제구조로 전환하면서

1960년대 이후의 공업화를 준비하는 시기로 파악했다.[172]

재벌의 등장

1955년 자본금을 기준으로 한 당시 국내 최대기업은 1위 삼양사, 2위 대한석탄공사, 3위 한국산업은행, 4위 락희화학공업사, 5위 금성방직 순이었으며, 대체로 섬유업체가 강세였다. 이 무렵부터 일반 국민들 사이에 '재벌'이란 말이 회자되기 시작했다. 1950년대 후반에 이르면 삼성, 삼호, 개풍 등이 산하에 수많은 계열사를 거느리며 명실상부한 재벌로 부상한다. 이밖에 럭키, 대한산업, 동양, 현대, 쌍용, 코오롱, 한일합섬, 벽산, 태광, 전방, 한국생사, 방림방적 등이 1950년대를 거치면서 재벌로 비상하

1961년 10대 재벌 [174]

재벌 명	기업 수	주력사업	귀속자산(적산) 취득 여부	원조자금 할당
삼성	13	수입무역, 식품, 섬유, 은행	예	예
삼호	7	수입무역, 섬유, 은행	예	예
개풍	9	수입무역, 시멘트, 은행	아니오	예
대한	5	수입무역, 식품, 섬유	예	예
럭키	4	수입무역, 화학제품	아니오	예
동양	4	시멘트, 식품	예	예
극동	4	수입무역, 선박	예	예
한국유리	2	수입무역, 유리	아니오	예
동립	2	식품	예	예
태창	2	수입무역, 섬유	예	예

기 위한 준비 작업을 마친다.

삼성처럼 모기업을 중심으로 여타 사업부문의 다각화를 추진하여 금융콘체른을 형성한 기업집단으로는 당시 재계 상위권에 오른 삼호와 개풍그룹이 있다. 이 재벌들은 각각 무역업을 축으로 사업을 제조업으로 다각화함으로써 부를 축적한 후, 정부의 시중은행 민영화에 적극 참여하여 금융자본을 핵심으로 한 기업집단으로 전환했다.

이 무렵 형성된 재벌들은 초과이윤이 발생하는 부문에 집중적으로 또 무차별적으로 진출하여 한국 특유의 '백화점식 경영'의 가능성을 처음으로 확인했다. '백화점식 경영' 즉 문어발 경영을 위해서는 단기간에 유망기업을 다수 인수해야 했는데, 당시 상황에서는 정치권과 거래 없이 불가능한 일이었다. 따라서 경제적 이권과 정치자금을 맞교환하는 불법적인 거래에 능할수록 빨리 성장하였고, 그에 따라 기업 내부에 추악한 비밀이 쌓였고, 비밀이 외부로 새어나가는 걸 방지하기 위해서라도 폐쇄적인 가족경영에 매달리게 되었다. 이러한 구조 하에서는 폭리, 밀수, 탈세, 부동산 투기 등 한탕주의를 기업가정신으로 체화하고 문어발 경영을 경영전략의 특징으로 하는 재벌 말고는 정상적이고 건전한 기업이 자리 잡기가 매우 힘들었을 것으로 추측할 수 있다. 또한 재벌화가 동전의 앞면이라면 뒷면은 정치적인 독재체제의 지속일 것이다.[173]

1961년의 10대 재벌 목록을 보면, 재벌 형성의 비밀이 한눈에 들어온다. 일단 주력사업이 수입무역인 곳이 10곳 중 8곳이다. 앞서 언급한 상인자본적 성격이 극명하다. 귀속자산, 즉 적산을 취득한 곳은 10곳 중 7곳이다. 원조자금을 받은 곳은 10곳 전부이다. 계열사가 많은 상위권 3개 재벌의 주력사업에는 은행이 포함되었다. 이 모두는 정경유착 없이는 불가능했다.

또한 국가재건최고회의 부정처리위원회 조사단의 삼백산업과 재벌의 관계를 적시한 보고서를 보면 확인되듯, 당시 한국의 주요 재벌은 '틀림없이'라고 할 정도로 삼백산업을 토대로 성장했다.[175)]

재벌의 삼백산업 사업체 소유 현황[176)]

설립년도 독점재벌명	52년 이전	52년	53년	54년	55년	56년	57년	58년	59년	60년
삼성 (이병철)			제일 제당	제일 모직 동양 제당			제일 제당 제분 공장			극동 제분 임차
삼호 (정재호)	삼호방직 (1949)		대전 방직						조선 방직	
삼양 (김연수)	경성방직 (1919)	전주 방직			삼양사					
대한 (설경동)			대한 방직		조방 대구 공장 인수	대한 제당		대동 제당 인수		
태창 (백남일)	태창직물 (1933)					태창 방직			협동 섬유	
동아 (이한원)		대한 제분	한영 방직	한국 제당						
금성 (김성곤)	조선직 물임차 (1946)	금성 방직				태평 방직	아주방 합병			
화신 (박흥식)			흥한 방직							
- (김지태)	조선견직 (1950) 원주잠업 (1951)	대한 생사	한국 생사		동방 제사					
- (최태섭)					충남 제사					

* 자료: 국가재건 최고회의 부정처리위원회 조사단 보고서(1961.8).
각 개별기업사 참고. 이덕수(1989), p55에서 인용.

1950년대 중반 이후 한국에 재벌이 등장하는 양상은 해방 이후 한국전쟁을 거치는 아주 짧은 시기에 이른바 본원적 축적이 어느 정도 이루어졌음을 보여준다. 표에서 보듯 축적은 거의 순수하게 정치적 과정이었다. 대한민국 지배블록 중 정치권력집단이 친일파 문제로 정부 수립 이후 끊임없이 정통성 시비에 휘말렸듯이 지배블록의 경제권력집단 또한 비슷한 양상의 정통성 문제를 안고 있다는 뜻이다. 약탈, 해적, 정실, 정경유착 등 한국 자본주의의 수식어에는 긍정적인 단어가 발견되지 않는다. 본원적 자본축적기를 거치면서 한국경제는 미국의 상품시장, 동아시아 군사거점의 역할을 수행하며 세계자본주의 경제권에 깊숙이 편입된다.[177]

본원적 자본축적기의 주요 내용 [178]

자본축적 요소	자본축적의 주요 내용
화폐자본의 공급	대충자금에 의한 재정투융자, 인플레이션 정책
생산수단의 공급	귀속재산, 농지개혁, 원조
노동력의 공급	풍부한 저임금 노동력(월남, 일본 등 귀화인구)
노동통제 방식	절대적 잉여가치(장시간 노동 등)
가치실현 과정	해방 후 급증한 국내 수요
자본축적의 계기	귀속재산 불하, 영세기업 도산 합병, 신규사업 진출, 원조

재벌의 등장 등 한국경제의 성장에 비례하여 미국의 영향력이 커졌다. 미국의 후견 아래 건국된 친미반공국가의 바탕 위에 서 있는 한국 자본주의의 성장은 미국에게 나쁜 일이 아니었지만, 문제는 이승만과 자유당 정권이었다. 미국은 자유당 정권의 무리한 정치적 행보 때문에 한국의 정국이 불안정해지는 것을 원하지 않았다. 미국의 입장에서는 자본주의 경제체제를 바탕으로 한 친미반공국가가 남한에서 안정적으로 운영되어

야 했다.

이승만이 말을 듣지 않자 미국은 경제원조를 줄였고, 나아가 환율마저 변경하며 자유당 정부의 목을 조이기 시작했다. 이러한 원조 감소와 그에 따른 경제적 후퇴는 4월혁명 당시 대도시 시민들이 학생시위에 동조하는 중요한 원인이 되었다. 도시의 소시민과 빈민, 실업자에겐 자유당 정권의 억압적인 정치행태뿐 아니라 경기후퇴에 따른 고통과 불만이 누적되고 있었다. 또한 그들이 보기엔 "미국의 원조가 한국에 몇몇 백만장자를 만들고, 부정부패를 들끓게 만들고 있을 뿐"이었다.[179]

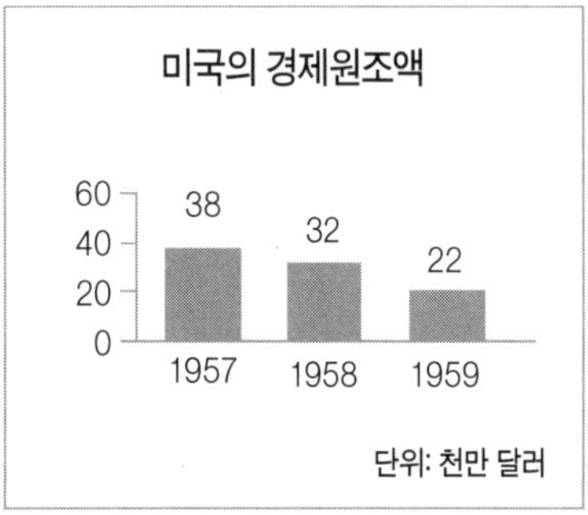

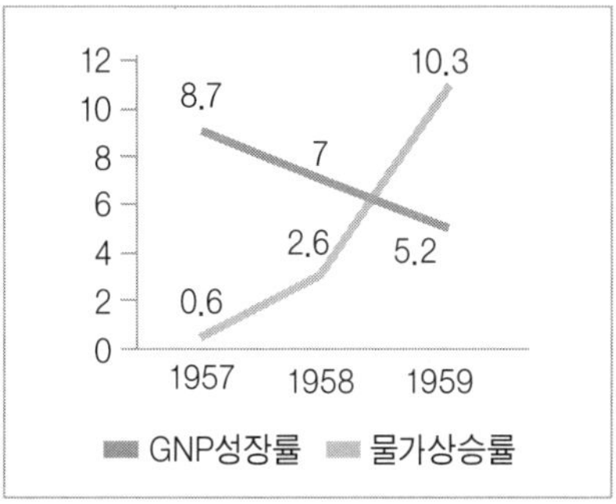

* 출처 : 59년 미국 상원회교위원회의 위촉을 받아 작성된 『콜론보고서』.

123) 서중석, 『이승만과 제1공화국-해방에서 4월혁명까지』, 역사비평사, 2007, 124쪽.
124) 서중석, 같은 책, 131쪽.
125) 안치용, 『바보야 문제는 권력집단이야』, 한얼미디어, 2012, 4~13쪽.
126) 이덕호, 『친미사대주의 교육의 전개과정』, 다움, 2001, 28~44쪽.
127) 이한구, 『한국 재벌형성사』, 1999, 72쪽.
128) 지동욱, 『대한민국재벌』, 삼각형비즈, 2006, 35~36쪽.
129) 지동욱, 같은 책, 34쪽.
130) 브루스 커밍스, 김동노 외 옮김, 『브루스 커밍스의 한국현대사』, 창비, 2003, 419쪽.
131) 손호철, 『현대 한국정치 이론, 역사, 현실, 1945~2011』, 이매진, 2011, 221쪽.
132) 김윤태, 『재벌과 권력』, 새로운사람들, 2000, 237~238쪽.
133) 강만길, 『한국 자본주의의 역사』, 역사비평사, 2000, 204~205쪽.
134) 이대근, 『한국전쟁과 1950년대의 자본축적』, 까치, 1987, 137~139쪽.
135) 한국은행, 『경제통계연보』, 1962. GARIOA(미국 점령 지역 구제 기금), ECA(경제협조처, 제2차 세계대전 이후의 미국의 대외원조기구), SEC(미국 증권거래위원회), PL-480(미국의 농업수출진흥 및 원조법), ICA(국제협조처), CRIK(유엔군 한국 민간구호처로 6·25동란 중 설치), UNKRA(유엔한국재건단).
136) 미국 잉여농산물 원조의 종류는 ① 제1관 : 수입국 통화로 판매하는 것, ② 제2관 : 식량 기근 등 긴급한 경우 무상현물 방식의 원조, ③ 제3관 : 미국 민간인에 의한 식량구호용 원조, ④ 제4관 : 달러 베이스에 의하여 장기 차관 방식으로 판매하는 것 등 4가지가 있었다.(이대근, 같은 책, 137쪽.)
137) 박현채, 『한국경제와 농업』, 까치, 1983, 94~95쪽.
138) 강만길, 『한국 자본주의의 역사』, 역사비평사, 2003, 22쪽.
139) 임영태, 『대한민국史』, 들녘, 2003, 195~196쪽.
140) 이한구, 『한국 재벌형성사』, 비봉출판사, 1999.
141) 정구현, 「한국기업의 성장전략과 경영구조」, 1987, 70쪽.

142) 김진업, 『한국 자본주의의 발전모델의 구조와 동학: '위기구조'와 경제체제이념 및 대안분석』, 성공회대학교 사회문화연구소, 2001, 4쪽, (재인용) 장상환(1998)은 한국전쟁 후 자본축적의 특징을 농지개혁과 신분제 해체, 귀속재산불하, 군사원조 성격의 소비재 원조, 특혜금융, 조세수탈 등 5가지로 요약했다. 김대환(1998)과 마찬가지로 그도 한국전쟁 후 산업구조의 특징을 소비재중심의 공업구조와 재벌체제, 고실업과 이용적 노사관계, 농업·농촌의 피폐 등을 들고 있다.

143) 김진업, 같은 글, 24쪽.

144) 강만길, 『한국 자본주의의 역사』, 역사비평사, 2000, 22쪽.

145) 김용조, 『위기 이후 한국경제의 이해』, 새미, 2006, 27~28쪽.

146) 박태순, 「민주·민족이념을 추구하다 쓰러진 '사상계'」, 『역사비평』, 제37호(1997년 여름), 305쪽.

147) 서재진, 『한국의 자본가계급』(나남, 1991), 71쪽.

148) 강준만, 『한국현대사산책 1950년대편 3권』, 인물과 사상사, 273쪽.

149) 이제민, 『한국의 산업화와 산업화정책』, 안병직 편, 『한국경제성장사: 예비적 고찰』, 서울대학교 출판부, 2001, 491~492쪽.

150) 브루스 커밍스, 김동노 외 옮김, 『브루스 커밍스의 한국현대사』, 창작과 비평사, 2001, 432~433쪽.

151) 장태영, 「우리나라 은행산업의 역사와 일반 은행의 발전과정」, 경상대 석사 논문, 2005, 36~37쪽.

152) 유인학, 『한국 재벌의 해부』, 풀빛, 1991, 55~56쪽.

153) 이해주, 『한국경제발전론: 한일비교경제사적 접근』, 부산대학교출판부, 1996, 122쪽.

154) 김경순, 「관료기구의 형성과 정치적 역할」, 한배호 편, 『한국현대정치론 Ⅰ: 제1공화국의 국가형성, 정치과정, 정책』, 나남, 1990, 242쪽.

155) 김인영, 「한국경제성장과 삼성의 자본축적」, 『한국정치학회보』, 제32집 제1호, 1998, 122~123쪽.

156) 이한구, 『한국재벌형성사』, 비봉출판사, 1999, 87쪽.

157) 공병호, 『한국기업 흥망사』, 명진출판, 1993, 34~35쪽.

158) 李鍾宰, 『財閥履歷書』, 『한국일보』, 1993, 112쪽.

159) '한국경제협의회'는 5·16 쿠데타 이후 해체되지만, 곧바로 박정희와 이건희의 담판에 의해 비슷한 이름의 '한국경제인협회'로 부활했다. 본문에 서술했듯 '한국경제인협회'의 초대 회장은 이병철이었고, 이후 전경련으로 승계되었다. 박근혜·최순실 게이트에서 드러난 전경련의 불법적 행위는 어쩌면 태생적으로 정초되어 있었다고 볼 수도 있겠다. 이밖에 한국에서 주요 민간경제단체로는 무역협회와 연원이 고종 때로 올라가는 상공회의소가 있다. 1952년 11월 주요 기업인들은 대한상공회의소와 대한무역협회를 재조직했으나 정부의 엄격한 통제를 받아야만 했다. 두 경제조직은 실질적으로 국가가 통제하는 조직이 되었다. 이에 비해 섬유, 제당, 시멘트 주요 산업부문의 업종별 경제단체들은 기업인들의 이익을 도모하는 데 비교적 독립적인 위치에 있었다. 김윤태, 『한국의 재벌과 발전국가』, 한울아카데미, 2012, 81쪽.

160) 김윤태, 『한국의 재벌과 발전국가』, 한울아카데미, 2012, 101쪽.

161) 공제욱, 「4·19 및 5·16 이후 부정축재자 처리과정에 대한 연구」, 論文集, Vol.32, 尙志大學校, 1999, 4~5쪽.

162) 『한겨레신문』, 2017.1.1., "박정희·이병철 56년전 독대… 박근혜·이재용 '대이은 밀월'."

163) 이한구, 『한국재벌사』, 대명출판사, 2004, 137쪽.

164) 공제욱, 「4·19 및 5·16 이후 부정축재자 처리과정에 대한 연구」, 論文集, Vol.32, 尙志大學校, 1999, 10쪽.

165) 7개의 제당기업 : 1953년 4월 삼성 제일제당, 1954년 동양제당, 한국제당, 1955년 삼양사, 1956년 금성제당, 해태제과, 대동제당 등이 설립됐다.

166) 이한구, 『한국재벌형성사』, 비봉, 1999, 64~67쪽.

167) 석혜원, 『MUST KNOW 대한민국 경제사』, 미래의 창, 2012, 36쪽.

168) 金成斗, 「韓國獨占財閥形成의 特異性」, (『思想界』, 1968년 9월호), 114~115쪽.

169) 陳₩陳德奎外, 谷浦孝雄「해방후 韓國商業資本의 형성과 발전」, 『1950年代의 認識』, 한길사, 1981, 313~314쪽.

170) 이한구, 같은 책, 106쪽.

171) 임영태, 『대한민국史』, 들녘, 2008, 196~198쪽.

172) 김진업, 「한국 자본주의의 발전모델의 구조와 동학: '위기구조'와 경제체제이념 및 대안분석」, 성공회대학교 사회문화연구소, 2001, 39쪽.

173) 이한구, 『한국재벌형성사』, 비봉, 1999, 70~71쪽

174) Seok Ki Kim, 「Business concentration and government policy : a study of the phenomenon of business groups in Korea, 1945~1985」, 1987: 57.

175) 이종훈, 『한국경제론』, 법문사, 1979, 313쪽.

176) 김동민, 「한국자본주의의 물적 토대 형성에 관한 연구 : 해방후~50년대를 중심으로」, 전남대학교대학원 석사학위 논문, 1991.

177) 김용조, 『위기 이후 한국경제의 이해』, 새미, 2006, 28쪽.

178) 김용조, 같은 책, 27쪽.

179) 임영태, 『대한민국史』, 들녘, 2008, 246쪽.

PART 5

외생축적

정경유착과
배제의 구조화, 고착화

1
재벌, 부정축재자에서 '개혁적인 민족기업가'로 변신하다

쿠데타 주모자 박정희, 부정축재집단의 수괴 이병철을 만나, 통하다

1960~61년 일어난 두 차례의 정치적 격변은 재벌 등 기업가들에게는 두 차례의 위기였다. 1960년 4월혁명 후 장면 민주당 정부는 국민들로부터 '부정축재자'라고 불린 재벌들을 조사하기 시작했다. 그러나 새로 출범한 장면 정부는 부정축재자들을 처벌할 법률적 근거가 될 '부정축재처리특별법'을 통과시키지도 못했다. 오히려 장면 정부는 대기업가들로 구성된 한국경제협의회에 정치자금 2억환의 기부를 요청했다. 자신들이 처벌해야 할 사업가들로부터 정치자금을 받았으니, 부정축재 처벌은 재벌들의 우려와 달리 유야무야하고 말았다.

5·16쿠데타로 군사혁명위원회가 권력을 잡자 재벌들의 위기감은 더 높아졌다. 이승만 정권에서 정치적 커넥션과 체계적인 지대 추구 활동을

통해 자본을 축적했던 방식 때문에 한국 재벌들은 국민들로부터 지탄의 대상이었다. 이러한 이유로 '혁명'을 일으킨 박정희 군사정권은 부정축재를 형사처벌하는 한편 부정축재자들의 자산을 몰수하겠다고 위협했다. 쿠데타 세력은 애초에 정치적 목적을 위해 자본가들을 통제하고 지배하려고 했다.[180)]

장면 정부와 차별화하기 위해서라도 반부패를 내세웠던 5·16쿠데타 세력은 국가재건최고회의를 통해 부정축재처리위원회를 구성하고, 전격적으로 주요 부정축재자 10여 명을 구속했다. 하지만 군사정부의 부패는 부정축재자 처리과정에서 시작되었다고 할 정도로 곧바로 자본가들의 로비에 말려들었다. 결국 군사정부는 자신들이 표방한 경제개발을 통한 정권의 정당성 확보가 자본가들의 경제개발 의지와 맞아 떨어져 타협하고 만다. 앞서 살펴보았듯, 부정축재자의 수괴라고 할 삼성그룹의 이병철과 박정희가 만난 자리에서 타협이 성사되었다.

1961년 10월 21일 부정축재자에 대한 처리방법을 대폭 완화한 '부정축재처리법 중 개정법률'과 '부정축재 환수절차법'이 각각 공포된다. 이 개정 처리법은 부정축재자로 규정된 사람일지라도 국가재건에 필요한 공장을 건설하면 그 주식으로 벌과금을 정부에 대신 납부할 수 있도록 한 조치였다.

부정축재자들이 '국가재건' 공장을 짓는 데에는 큰 어려움이 없었다. 정부가 보증을 서서 외자를 유치할 수 있었기 때문이다. 공장을 완공한 뒤에는 손쉽게 개인 소유로 전환시켰고, 건설에 실패했어도 또 다른 차관사업을 추진하면 그만이었다. 역설적이게도 부정축재자 처벌이 오히려 1960년대 재벌 중심의 경제개발 전략을 촉발한 셈이다.

재벌들은 1960년대 군사정부의 경제개발계획 아래 1950년대와는 다른 새로운 환경에 적응해야 했다. 1950년대가 자유방임형이었다면 1960년대는 국가의 선도 하에 경제활동이 이루어졌다. 귀속 은행주의 불하를 통해 민영화했던 은행도 다시 국가 소유가 되었다. 하지만 기본적으로 대자본가 중심의 경제개발계획을 추진했기 때문에 이미 1950년대에 일정한 지위를 선점한 자본가에게는 유리한 방향이었다. 대자본가 중심의 경제개발계획이 추진됨으로써 부정축재자 처리 과정에서 최대의 위기에 몰렸던 1950년대의 재벌들은 최종적인 승리를 쟁취한 셈이 되었다.[181)]

박정희와 이병철의 만남에서 정확히 무슨 얘기가 오갔는지는 이제 두 사람 모두 고인이 되어서 영영 알 수 없게 되었지만, 이 만남이 중요한 전환점이 된 것은 분명하다.

군사혁명위원회 포고령 6호로 한국경제협의회는 해체되고 이승만 정권에서 급성장한 대표적인 재벌 12명이 부정축재자라는 혐의로 체포된 가운데 일본에서 귀국한 이병철은 사실상 연금 상태에서 박정희를 만났다. 이병철은 박정희에게 경제발전 목표를 이루기 위해서는 재벌을 처벌하기보다는 협력하는 게 더 낫다고 설득했을 것으로 추측되고, 이후 진행 과정을 보면 설득은 성공했다. '민족자본주의'를 옹호하며 외국 기업과 경쟁하고 '개혁을 주도할 기업가'들을 만들어내겠다는 계획을 박정희가 추진한 데에 이병철이 어느 정도 영향을 미쳤는지는 모른다. 하지만 두 사람이 이후 협력했다는 사실은 분명히 확인된다. 1961년 7월 군사정부는 쿠데타 직후 체포했다가 풀어준 12명의 재벌을 중심으로 새로운 대기업단체인 '경제재건촉진회'(經濟再建促進會)를 설립하도록 지원했다.

박정희 정권에서 국가와 대기업 사이에 형성된 새로운 관계는 권위주의적 코포라티스트 국가의 설립에 대단히 중요한 역할을 했다. 동시에 수입대체산업화 시기에 소비재공업을 기반으로 발전했던 한국 자본주의 초기의 재벌들에겐 새로운 전환점이 되었다. 1961년 8월 경제재건촉진회는 한국경제인협회(韓國經濟人協會)로 이름을 바꾸고 이병철을 초대 회장으로 선출했다. 현재의 전경련으로 발전한 한국경제인협회에는 40여 개의 재벌이 포함됐으며, 상대적으로 중소기업들을 대변했던 대한상공회의소와 분리되었다.[182)]

일본 군국주의 시대, 비민주적 교육의 표본인 사범교육과 군사교육밖에 받지 못한 박정희라는 독재자에 의해 경제개발이 주도됨으로써 불행하게도 재벌 중심의 비민주적 정경유착 경제체제가 전개되기 시작한다.[183)]

친재벌정책
본격화

박정희 친재벌정책의 틀은 기본적으로 간단했다. 장하준 등이 설명하듯 국가 외부에 보호막을 치고 내부에선 먹잇감을 몰아주어 집중 육성하는 방식이다. 즉 특정한 산업을 촉진하는 정책을 펴면서 특정 부문에 대해 진입장벽을 만드는 것이다. 이에 따라 정부는 금융기관들을 통해 특정 산업의 기업들에게 자금을 지원하고 세금을 깎아주는 한편 특정한 유치(幼稚)산업을 보호하기 위한 무역장벽을 쳤다. 돈이 귀하고 공식금리와 실세금리 간의 차이가 큰 상황에서 대부는 보조금이나 마찬가지였다. 외국 기업을 겨냥해 관세 등의 장벽을 쳤다면 내부적으로는 특정 부문에서 지나친 경쟁과 과도한 투자를 막기 위해 '정책적으로 결정되지 않은' 다른 기업의 진입을 봉쇄했다. 경제개발이 본격화하면서 박정희 정부는 석유화학산업진흥계획(1969), 조선공업진흥계획·철강산업진흥법(1970)을 이용하여 석유화학, 전자, 조선, 철강 등 국가의 기간산업을 육성하는 데 공을 들였다.

이러한 일련의 흐름은 박정희 정권 하의 국가가 외국자본보다는 국내자본, 즉 재벌을 협치의 파트너로 받아들였음을 보여준다.

경제발전을 추진하되 국내시장을 보호하며 한국 기업을 키운 그의 입장을 민족주의적으로 이해하는 시각이 있다. 한국인들이 일본의 식민지배를 벗어난 지 얼마 지나지 않았기 때문에 외국자본의 투자를 제국주의적 투자로 연관지을 수 있는 국민정서를 감안했을 수도 있다. 그런 연유로 정부뿐 아니라 기업들까지 직접투자보다는 대부를 선호했다는 설명이 가능하다. 그러나 만주군 장교를 자원해 만주에서 일본군으로 복무했고 한때 좌익운동에도 몸담았던 박정희를 민족주의로 설명하는 건 난센스다. 권위주의적 코포라티스트 국가의 우두머리로서 국경 너머의 다국적 기업보다는 통제 가능성이 높은 국경 내의 재벌을 파트너로 삼는 데에 어떤 철학이 개입한 것 같지는 않다. 아마도 편의적인 발상이 아니었을까 싶다. 어쨌든 재벌은 박정희 정권에서도 이승만 정권과 동일하게 보호된 국내시장에서 평온하게 성장할 수 있었다. 결과적으로 재벌들은 한국경제의 거의 전 부문에서 시장을 독점 또는 과점하게 된다.

박정희 정권은 이승만 정권의 반공이데올로기를 계승했다. 박정희는 과거의 좌익운동 경력 때문에라도 미국과 남한의 지배블록 내 의심을 잠재우기 위해 강력하게 반공을 밀어붙일 수밖에 없었다. 남한 내 좌우 권력투쟁과 한국전쟁이란 전면전을 통해 형성된 이승만 시기의 반공이 어떠한 의혹도 용납하지 않는 즉자적 이데올로기였다면 박정희 시기에는 이를 조금 더 정교하게 발전시켜 대자적 이데올로기로 고양시킬 필요성을 느끼게 된다. 즉 반공이데올로기의 실질적 배제 대상이 북한을 중심으로 한 소련이나 중국 등 외부의 공산 적대세력이 아니라 남한 정권의 존립과 권위주의적 코포라티스트 국가의 발전에 잠재적 위협이 될 남한 내부의 반대세력으로 바뀌게 된 것이다.

이러한 관점은 지배블록을 함께 형성하는 재벌들에게는 매우 환영할 만한 것이었다. 동일한 관점을 적용하여 기업 내부의 노동운동세력을 빨갱이로 매도하고 억제할 수 있었기 때문이다. 노동운동에 대한 이 같은 배제의 시각에 국가도 동의했다. 박정희 집권 시기에 경제개발 또는 성장을 매개로 국가와 재벌 간의 공통적 이해관계가 확인되고 형성되어 확대되었다. 한국에서는 국가와 재벌의 '성장연합'이 노동자·농민의 '분배연합'을 압도하고 제압하는 데에 발전주의와 함께 특수하게 반공이데올로기가 중요한 역할을 수행했다.

물론 이후 여러 가지 다른 요인들이 중첩되긴 하지만 박정희의 선택이 현재 운위되는 헬조선의 시원을 만들었다고 할 수 있다. 이승만의 즉자적 반공이데올로기와 구별되는 대자적 반공이데올로기로서 '종북이데올로기'의 출발점이라고도 할 수 있다. 하지만 내부의 배제를 외부에 걸쳐 내는 비겁한 방식으로 구조화하고 작동원리를 교묘하게 숨겼다는 점에서 종북이데올로기는 반공이데올로기와 완전 별개이자 더 사악한 이념체계이다.

국가와 재벌은 성장연합을 이뤘지만, 국가의 주도권은 확고했다. 이때 이 주도권 혹은 국가개입의 성격에 대해 다양한 연구가 진행되었다.

경제를 포함하여 사회 전 분야에 걸쳐 개발독재로 통칭되는 광범

전국 도매물가 상승률

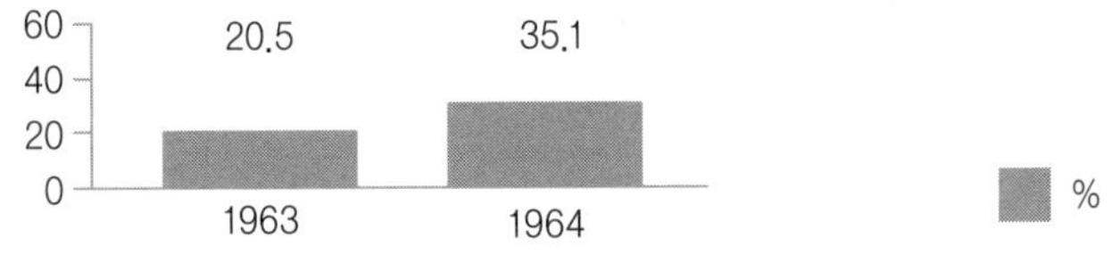

위하고도 강력한 국가의 개입이 명시적이고 구체적으로 시행되었으므로 1960년대 한국경제 고도성장의 원인을 시장에서만 찾는 건 무리다. 예를 들어 수출주도형 산업화 전략은 부족한 자원의 효율적 이용을 위해 국제 비교우위에 근거한 생산이 최선의 산업화 전략이며, 이를 위해서는 자율적 시장에서 형성된 균형가격에 의거한 자원배분체계를 최대한 허용해야만 한다. 이러한 전략에서는 시장의 자율성을 보장하는 것이 관건이며 이는 시장자유화, 무역개방, 국가개입의 최소화 등의 정책과 동일시된다. 따라서 1960년대의 고도성장을 단지 수출지향적 산업화 전략에 따른 것이라고 단정짓기는 힘들다.[184)]

어쨌든 군사정부의 등장과 함께 경제개발시대가 활짝 열렸다. 쿠데타 세력은 1958년 이후 미국의 경제원조 급감에 따라 경제성장률이 1957년 8.7%에서 60년 1.9%로 하락하는 등 경기침체에 시급히 대응해야 했다. 더구나 1960년대 초반 한국사회는 만성적 빈곤과 심각한 부의 편재, 만연한 부정부패, 다발화하는 사회적 욕구 분출 등으로 혼란 그 자체였기에 문제 대처가 결코 쉽지 않았다.

이처럼 난제가 산적한 가운데 권력을 장악한 군사정부는 쿠데타 성공 보름 만인 5월 31일 기본 경제정책을 발표했다. "경제적 후진성의 극복과 국민경제의 균형적 발전을 도모하기 위한 강력한 계획성이 가미된 경제체제를 확립"하기 위한 개혁적 조치를 다수 시행하겠다는 것으로 국가재건비상조치법, 농어촌고리채정리법, 부정축재처리법 등이 여기에 해당했다.

그러나 이후 전개상황에서 나타나듯 박정희의 쿠데타 세력은 경제성장 중심의 근대화 전략을 추진하는 한편 얽히고설킨 다른 사회적 현안들에 대해서는 폭력적이고 권위주의적인 억압방식으로 대응했다. 이승만이 오직 자신의 권력 획득 및 유지에 맞춰 국가를 운영하면서 친일이나 분단 등 다른 문제들을 도외시하는 태도를 취한 것과 크게 보아 다르지 않은 선택이었다.

이에 따라 주지하듯이 ①수출지향적 공업화, ②대기업 중심의 공업화, ③정부 주도 경제체제로 전환, ④자본조달에 있어서 내자 동원의 극대화와 함께 부족자본의 해외조달, ⑤선 성장, 후 분배의 경제근대화가 일사불란하게 추진되었다.[185]

2
경제개발의 재원을 찾다

베트남전쟁 : 청년의 피를 팔다

1963년 12월 17일 박정희는 대한민국 제5대 대통령으로 취임했다. 짧았던 2공화국과 군사정부 시기를 끝내고 박정희 철권통치가 막을 올린 이즈음 인도차이나 정세는 나날이 악화하는 중이었다.

1964년 8월 7일 미군은 북베트남에 폭격을 가해 베트남전쟁을 전면전으로 확대했다. 미국의 구축함이 북베트남 어뢰의 공격을 받았다는, 미군에 의해 조작된 이른바 '통킹만 사건'이 전쟁 확대의 명분이었다. 하지만 미국은 막대한 공군력과 약 55만 명에 이르는 지상군을 투입하고도 패전했다.

한국은 1964년 9월 의료진을 중심으로 한 비전투요원 파견을 시작으로 맹호부대·청룡부대·백마부대 등 30만 명이 넘는 전투병을 베트남에 파병했다. 미국 다음으로 많은 숫자였다.

박정희는 국가재건최고회의 의장이던 1961년 11월 미국을 방문하여 한국군의 베트남 파병을 먼저 제안했다. 당시 회담에서 박정희는 미국 대통령 케네디에게 "미국의 승인과 지원이 이뤄진다면 한국은 베트남에 한국군을 파병할 수 있으며 만약 정규군의 파병이 바람직하게 여겨지지 않을 경우에는 지원자들을 모집할 수도 있을 것"이라고 말했다(국가기록원, 박정희 정부 정상외교). 당시 미국은 베트남전에 깊숙이 개입하기 전이어서 박정희의 제안을 적극적으로 검토하지 않았는데, 케네디가 암살된 후 후임자인 존슨이 이 제안을 받아들였다.

베트남으로 간 군인과 기술자들이 송금한 돈은 한국경제 성장의 밑거름이 됐다. 베트남전 참전의 대가로 받은 여러 부문의 총수입은 10억 달러를 넘은 것으로 추산된다. 여기에다, 정확히 그 액수를 파악하기는 어렵지만, 미국이 지원한 저금리의 공공·상업차관까지 포괄적으로 감안하면 '베트남전쟁 수입'은 20억 달러가 넘는다는 분석도 있다.[186]

한국은 베트남전쟁으로 벌어들인 외화를 제2차 경제개발 5개년 계획에 필요한 재원으로 충당했다. 그 덕분에 한국은 연평균 12%라는 고성장을 이룰 수 있었고, 월남특수를 타고 한진을 비롯한 신흥재벌이 출현했다. 박정희는 5·16쿠데타를 일으키며 내걸었던 '자주경제건설'의 명분을 살리고, 집권기반도 다지기 위해 근대화정책을 강력하게 밀어붙였다.[187]

한국군의 베트남 파병에 대해서는 상반된 평가가 존재한다. 다양한 관점을 이 자리에서 다 거론할 생각은 없다. 다만 잊지 말아야 할 것은 한국의 지도자들이 자청해서 자국 청년들을 전지로 보내기로 결정했고, 타국 땅에서 약 5,000명의 한국군이 전사했다는 사실이다. '총수입'이 10억 달러든 20억 달러든, 그 돈이 한국 청년의 핏값이라는 점을 기억해야 한다. 여담으로, '땅콩회황'의 대한항공이 베트남전 참전 한국군의 희생 위에서 성장한 기업임이 기억되었다면 몇 년 전 한진가 자녀의 어처구니없는 갑질 행태가 원천적으로 가능하지 않았으리라는 점과, 한국군에 의해 희생된 베트남인의 숫자가 한국군 전사자의 10배를 넘으며 그중에는 적지 않은 민간인이 포함되었다는 점을 덧붙인다.

베트남전 참전에 대해서는 뒤쪽에서 조금 더 상세하게 다룬다.

한·일협정 :
역사를 팔다

한일 국교정상화를 위한 교섭은 이미 이승만 집권기에 시작되었다. 1951년에 첫 만남이 있었으나 별 성과를 거두지 못했다. 14년 뒤, 박정희 군사정권은 한일교섭에 적극적인 태도를 보였고, 1965년 6월 20일 기본조약과 4개 부속협정으로 된 한일협정에 조인했다.

여기에는 미국의 동북아 정책이 커다란 영향을 미쳤다. 미국은 한국전쟁 종전 후 동북아시아에서 소련과 공산주의에 대응하기 위한 지역통합 전략을 수립했다. 동북아를 정치·경제·군사·문화적으로 통합해간다는 내용이었다. 하지만 이승만 정권 시기에는 청구권과 어업문제 그리고 한일의 정치적 이해관계 등이 맞물려 진전이 없었다.[188] 친일파를 통치 기반으로 한 이승만 정부가 대내용으로 반공과 반일의 기치를 높이 내걸었다는 사실은 흥미롭다. '이승만 라인'이라는 형태의 해양주권을 내세우면서 한국 주변 해역에서 일본 어선을 사정없이 몰아내는 등 노골적인 반일 정책을 폄으로써 미국의 의중에도 불구하고 한일교섭은 답보를 거듭했다.

장면 정권에서는 대일접근정책으로 변화하여 일본과 국교교섭을 추진했지만 5·16쿠데타로 회담이 중단되었다. 군사정권이 들어서자 미국은 한일국교 정상화를 한국 정부에 더 강력하게 촉구했다. 태평양전쟁 패전 후 침체된 일본경제는 한국전쟁으로 특수호황을 맞았고, 이후 고성장을 기록했다. 일본경제가 호황국면을 이어가려면 과잉상품을 처리하고 과잉 자본을 투자하기 위한 해외시장이 절실하게 필요했다.

1950년대 한국경제는 미국의 경제원조에 의해 지탱되었지만 1958년부터 미국의 원조가 급격히 줄어들면서 어려움에 처했다. 박정희 군사정부는 제1차 5개년 경제개발계획(1962~66년)을 세웠지만, 문제는 재원이었다. 박정희는 일본과 국교정상화를 통해 투자재원을 확보하려는 방향을 모색하게 되었다. 이렇게 한국·일본·미국 3국의 이해가 한일 국교정상화를 통해서 일치하는 접점을 찾게 되었다.

비밀리에 한일교섭을 진행한 박정희는 정권 출범과 함께 곧바로 한일회담을 타결 지으려고 했으나 '김종필-오히라 메모'가 세상에 폭로되면서 국민적 저항에 직면했다. 야당과 학생들이 들고 일어났고, 1964년 6월 3일에는 학생들의 한일회담 반대투쟁이 절정에 달했다. 4·19혁명 이후 최대 시위를 맞은 박정희 정권은 계엄령을 선포하고 군대를 동원하여 시위를 막았다. 그러나 박정희는 이 같은 국민적 저항에도 불구하고 6·3사태 발생 1년쯤 뒤에 기어코 한일협정 체결을 강행했다. 월남 파병과 맞물린 미국의 강력한 지원이 정면돌파의 또 다른 배경으로 지목된다.[189]

대일청구권자금 3억 달러는 박정희 정권에게 단비였다. 한국 정부 재정의 중요한 항목은 앞서 살펴본 대충자금(對充資金)이었는데, 미국의 원조물자를 판매한 대금인 대충자금을 운용할 권한은 미국측 경제조정관에게 있었다.[190] 1954~60년 기간에 대충자금이 정부재정수입의 42.5%를 차지했다는 점[191]을 감안하면, 이 시기 경제개발정책 전반에 관한 한국 정부의 자율성은 매우 낮았던 셈이다. 반면 청구권자금은 계획의 수립부터 자금의 집행까지 거의 전 과정이 전적으로 한국 정부의 통제 하에 있었다.

이러한 청구권자금의 성격은 박정희 정권의 정책 결정에 일정한 자율성을 부여했다. 집권 초기부터 경제개발계획을 둘러싸고 미국과 의견 차이를 보였던 박정희 정권은 이러한 자율성에 힘입어 중화학공업 정책 추진에 있어서 운신의 폭을 넓힐 수 있었다. 박정희 정권이 미국의 반대에도 불구하고 포항제철 건설을 추진할 수 있었던 것은 이 '운신의 폭' 덕분이었다.[192]

한일국교 정상화로 대일청구권자금 3억 달러(무상) 외에 차관 성격의 자금 3억 달러가 더 들어왔다. 1965년 한일 국교정상화로 일본 자본의 한국 진출이 본격화한 것이다. 이는 새로운 기업성장의 촉매제 역할을 했으며, 동시에 한국경제의 일본 의존도가 급속히 심화하는 전환점이 되었다. 한일 국교정상화 이전부터 전개된 정부 주도의 차관 도입 정책은 기업들 사이에서 차관 도입 경쟁을 유발했다. 기업규모가 확대됨에 따라 고용이 증대되고, 선진기술이 도입되는 등 장점이 있었지만 외채 증가는 우려할 만한 것이었다.[193]

박정희 정권의 경제개발계획은 베트남전 특수와 한일청구권자금 도입 등에 힘입어 지표상으로 어느 정도 성공을 거둔다. 2차 경제개발계획 기간이 끝나는 1971년 1인당 국민소득은 252.1달러로 1966년 대비 두 배로 높아졌다. 계획기간 중 연간 평균 경제성장률은 당초 목표치인 7%를 훨씬 상회한 11.4%였다. 특별히 수출의 신장이 눈부셨다. 수출은 13억 5,200만 달러로 1966년도의 다섯 배에 달했으며 수출액 중 공산품 비중

1962~69년 한국의 차관 도입 추이 194) (단위: 100만 달러)

	공공차관		상업차관		합계	
	금액	%	금액	%	금액	%
1962	6.2	98.5	0.1	1.5	6.3	100.0
1963	24.2	56.2	18.8	43.8	43.0	100.0
1964	11.0	36.6	19.0	63.4	30.0	100.0
1965	11.2	22.5	27.8	56.0	39.0	100.0
1966	62.7	36.4	109.6	63.6	172.3	100.0
1967	79.7	30.7	137.7	63.4	217.4	100.0
1968	112.1	29.0	252.1	69.3	364.2	100.0
1969	148.0		360.8	71.0	508.2	100.0
연평균증가율	57.3				87.3	

은 86%였다. 정부의 각종 지원정책에 힘입어 수출은 연평균 35.2%나 증가했고, 수출시장도 98개국으로 확대되었다.

그러나 외형적 확대에 집착함으로써 원자재의 해외 의존도가 높아졌고 수출이 늘어날수록 수입이 증가하는 취약한 수출산업구조가 초래되었다. 그 때문에 이 기간 동안 무역수지 적자가 해마다 증가했고, 1971년에는 10억 달러를 넘어섰다.[195]

박정희 정부의 수출 드라이브는 기업에겐 '골드러시'나 다름없었다. 어느 정도 수출에 적극적이었느냐에 따라 재벌 순위가 변동했다. 오늘날 한국경제를 지배하는 대부분의 재벌이 이때 수출에 주력하여 기업집단을 형성했다. 외환위기 때 해체된 대우가 대표적이다.

짧은 기간에 압축 성장한 데 따른 대표적 역기능으로는 부실기업의 대량 발생을 들 수 있는데, 이것이 선두권 재벌들에겐 오히려 기회가 되었다. 정부는 부실기업을 인수한 기업에게 장기 저리의 융자와 함께 부실기업이 안고 있는 은행 빚을 주식으로 전환해주는 특혜를 제공했다. 부실기업의 정리 과정에 국내 유수의 기업들이 참여하여 새롭게 재벌의 대열에 속속 진입했다. 이승만 정권에서 주로 수입에서 본원적 축적을 이루었던 재벌들이 박정희 정권에서는 수출을 통해 급성장했다. 또한 대규모로 발생한 부실기업들을 특혜조건으로 인수하여 기업집단의 진용을 갖추게 된다.[196]

1·2차 경제개발계획이 진행된 1962~71년 사이의 경제적 변화는 매우 놀랄 만한 것이었다. 경제개발의 재원을 전적으로 외자 도입에 의존하는 바람에 외채가 한국경제의 주요한 문제로 부상했다. 무역에서 수출입의 격차가 확대되었고 성장과 더불어 물가상승이 지속되었다. 경제개발이 공업화를 중심으로 추진되다 보니 농업생산기반이 취약해져 새로운 사회문제로 대두되었다.

급속한 경제개발정책은 농업생산의 위축과 소비재산업의 비대화를 가져오는 등 불건전한 경제구조를 낳았으며, 농촌의 이농현상을 가속시켜 대도시 주변의 빈민거주 지역을 확대시켰다. 그로부터 여러 사회문제들이 발생하기 시작했다.

노동계급 증가에 따른 노동문제가 본격화할 징후가 분명했지만 권위주의 국가의 폭력적 억압에 눌려 아직 수면 위로 떠오르지는 않았다. 더불어 급속한 산업화로 인한 문화충격, 전통 생활양식과 문화의 파괴, 자본주의적 상업문화와 퇴폐문화의 범람, 청소년 문제와 범죄의 증가 등 여러 가지 사회문제들이 새롭게 추가되기 시작했다. 앞서 지적한 대로 경제개발을 위해 도입된 차관의 일방적 배분과 금융 특혜, 세제 혜택 등으로 일부 대기업과 재벌은 급속하게 성장할 수 있었지만, 중소기업에게는 혜택이 돌아가지 않아 한국경제 내부에 구조적 불균형이 심화하며 서서히 뿌리를 내리게 되었다.[197]

3
독재·자본 연합의 탄생

재벌의 '네크로필리아'적 자본축적

정경유착은 이승만 정권에서도 만연했지만, 박정희 정권에 들어서면서 더 고도화하고 체계화하면서 지배의 구조로 깊숙이 뿌리내리게 된다. 이한구는 이 시기 재벌경제의 정착과 확대를 다음과 같이 정리했다.

먼저 구 정권에서 축재한 기업가들을 주축으로 경제개발사업이 전개되었고, 그 과정에서 재벌의 양적 확대가 이루어졌다. 1960년대에 4·19혁명과 5·16쿠데타로 정권이 두 번 바뀌었으나, 해방 이후 부를 축적한 대부분의 재벌들은 그대로 살아남았다. 나아가 이들은 새로운 권위주의 군사정권 아래에서 정부 주도로 추진된 경제개발의 실행 주체로 활약하면서 부실기업 인수, 차관사업 전개, 수출촉진 정책에 적극 참여함으로써 양적 팽창을 도모했다. 이에 따라 독과점이 심화하고 시장의 진입장벽이 점차 높아지고 두꺼워졌다. 재벌들은 자신들이 진출한 산업에서 독점 내지는 과점적 지위를 누리면서 때로는 기업 간 담합까지 동원하여 초과 이윤을 획득했다.

재벌들은 이 시기에 철저히 외부자금에 의존하여 몸집을 키웠다. 재벌 성장의 주요 원천은 은행차입과 외자도입이었다. 차관자금은 주로 재벌에 집중되어 재벌의 자본축적에 크게 기여했다. 그 과정에서 우리나라 경제의 대외종속이 한층 심해졌을 뿐 아니라 차관도입에서 소위 리베이트 자금의 수수가 일어나 재벌과 정부의 비윤리성과 부패 문제가 도마에 올랐다.

수출이 우리 경제의 한 축으로 자리 잡았다. 이 또한 우리 경제의 대외의존도를 높이는 계기가 되었으며 지금 겪고 있는 내수부족 문제의 시원이기도 하다. 동시에 앞서 살펴보았듯 대우처럼 수출을 통한 재벌화의 새로운 길이 열렸다. 1960년대 후반 급속한 수입대체 공업화 과정에서 정부는 원리금 상환용 외화의 획득을 늘리기 위한 방편으로 수출을 장려했다. 적산불하, 원조물자 특혜배당에 이어 수출은 재벌이 될 수 있는 마지막 기회였다. 물론 정경유착이 모든 경로에 공통적이었기에 한국의 재벌은 기본적으로 부패자본의 속성을 지니게 된다.

적산불하, 원조물자 특혜배당에 이어 수출이란 경로 외에 경제개발 연대에 재벌화를 가능케 한 예외적인 통로가 등장했는데, 바로 월남전 특수였다. 월남전 특수로 한진상사는 별안간 재계 서열 상위로 급부상했다. 한진그룹 외에도 현대, 삼성 등 다수의 재벌들이 월남전 특수에 편승하여 부를 축적했다. 1만 6,000여 명의 한국군 장병들이 숨지거나 다치고, 무고한 양민을 포함하여 수만 명의 베트남인을 한국인의 손으로 숨지게 한 '피의 특수'는 급성장의 발판이 되었을 뿐만 아니라 베트남의 경험을 발판으로 다른 나라에 진출할 기회를 갖게 되었다는 측면에서 베트남전은 한국 재벌에게 여러모로 유익했다. 한국전쟁에 이어 베트남전쟁까지 한국재벌에겐 '네크로필리아'(necrophilia)적 속성이 어른거렸다.

재벌들의 부당이득 획득은 다방면에 걸쳐 이루어졌는데, 이들은 인플레이션 시기에 부동산 투기를 통해 막대한 이익을 챙겼다. 급속한 도시화의 진전과 국토개발 사업의 본격화 그리고 연평균 20%를 상회하는 만성적인 인플레이션은 부동산 투기의 좋은 조건이었다. 당시 기업가들은 기업활동에서 발생한 이윤을 부동산 투기에 쏟아 부었다. 이러한 경향이 일반화하면서 부동산 투기 붐이 일고 재벌들은 점차 대지주로 전환했다. 일제강점기까지 이어진 농촌을 중심으로 한 옛 대지주가 농지개혁과 전쟁을 통해 소멸한 반면 신흥자본가들은 도시화와 국토개발에 편승하여 새롭게 대지주가 되었다. 투기자금이 정경유착에 근거한 부패자본이었다는 점에서 이들의 부동산 투기와 이를 통한 불로소득의 축적은 이중으로 사악한 행태였다.

이러한 배경에서 1960년대에는 재벌의 수가 급격히 증가했고, 규모도 확대되었다. 재벌 성장의 축이 1950년대의 제당·제분·섬유 등에서 1960년대에는 자동차·전자·화학·제철·비료·정유·시멘트 등 중화학공업으로 이전되는 양상이 나타났다.

긍정적 측면이라면 재벌들이 정경유착에 근거한 종래의 지대 추구 외에 기업 본연의 활동에도 눈을 돌리는 모습이 발견되었다는 점이다. 즉 원조물자의 특혜적 수혜, 수입할당제, 투기, 가격조작, 탈세, 누적적 인플레이션 이용 등 종래 재벌들의 보편적인 이윤추구 방식, 말하자면 상인자본적 특성에다 1960년대부터는 점차 생산 확대라는 산업자본적 특성을 겸비하게 된다. 수출에서는 상품 자체에 대해서 기존 방식이 통하지 않는데다 어느 정도 본원적 축적인 끝난 상황에서 재벌 스스로도 변화의 필요성을 절감했기 때문으로 풀이된다.

이러한 변화는 크게 두 가지 요인에서 비롯했다고 이한구는 지적한다. 첫째, 재벌들이 차관사업, 국토개발사업 등 정부사업에 적극 참여하면서 정부의 지도, 감독 등 규제를 받게 되어 생산활동에 더욱 관심을 기울일 수밖에 없었다는 점이다. 둘째, 불법으로 권력을 장악한 박정희로서는 조속히 정부에 대한 국민적 지지를 확보해야만 했는데, 그 수단은 경제성장 말고는 없었다.

마지막으로 빼놓을 수 없는 핵심적인 것은, 비록 고도화하고 체계화했지만 박정희 정권 시기에도 이승만 정권기와 동일하게 재벌 성장의 기본 동인이 정경유착이었다는 점이다. 정치자금을 매개로 재벌은 천문학적 부를 축적하며 급성장했고 정치권은 박정희 장기독재의 기틀을 쌓았다.[198)]

신악이 구악을 빰치다

5·16쿠데타 세력은 부패자본을 후견하고 뒤쪽에서 정치자금을 받는 '점잖은' 방식이 자리 잡기 전에 직접 부패사건의 당사자가 되는 무리수를 감행했다. 집권 여당인 민주공화당을 창당하는 데 필요한 정치자금을 확보하기 위해 증권파동, 워커힐사건, 새나라자동차사건, 회전당구대(파친코) 사건 등 이른바 4대 의혹사건을 일으킨 것이다.

증권파동은 지금으로선 상상조차 할 수 없는, 국가기관에 의한 경제범죄였다. 증권파동이 일어나기 직전인 1961년까지만 하더라도 우리나라 증권시장은 매우 미약한 수준이었다. 하지만 1962년에 들어서자 상황이 갑자기 바뀌어 증시 거래액이 1조환에 육박하는 폭발적인 증가세를 보였다. 1962년의 거래액 약 1조환은 1961년 40억환의 246배에 해당한다. 거래방식이 주로 청산거래(오늘날의 신용거래)였기에 투기적인 성격이 매우 강했다. 나중에 밝혀진 바로는 국가재건최고회의 의장 박정희가 1962년 8월 15일을 기해 군정을 민정으로 이양하겠다는 성명을 발표하자 증권업자 윤응상이 중앙정보부 강 아무개를 만나 "군정을 민정으로 이양하는 데에는 100억환 정도의 자금이 필요할 것"이라며 "7억환 정도의 자금을 빌려주면 100억환을 만들어주겠다"고 제의하며 증권파동이 시작되었다. 당시 중정 부장은 김종필이었다.

이렇게 해서 1962년 1월 9일 중정의 후견 아래 재무부장관의 인가를 얻어 자본금 5억환의 통일증권회사가 설립되었다. 윤응상은 간 크게도 증권회사 설립 목적을 "자본시장의 육성을 통해 선진국과 같이 증권시장에서 산업자본을 조달하고, 혁명주체세력을 중심으로 군정에서 민정으로 이양하여 정국안정에 기여하고자 한다"라고 노골적으로 밝혔다. 증권시장을 통해 정치자금을 조달하겠다는 의도를 공공연하게 천명한 셈이었다.[199)]

윤응상은 통일 외에도 일흥·동명 증권사를 설립했고, 결국 이 3개 증권회사가 증권거래소를 장악하고 주가조작을 통해 증시를 폭등하게 만들었다. 요약하면 국가기관이 작전세력과 모의하여 증권회사를 세우고 주가를 조작하여 증시를 폭등세로 만들어 부당한 이익을 취한 사건이었다. 지금으로 치면 정권이 붕괴하고 김종필을 비롯한 주요 책임자가 평생 감옥에 가야 할 만한 엄중한 사안이다.

국가기관이 직접 개입해 경제질서를 교란하고 불특정 다수의 국민에게 피해를 끼치며 검은 돈을 벌어들였다는 점에서 증권파동은 매우 충격적인 사건이지만, 워커힐사건 또한 후안무치한 부패행각에 혀를 내두르게 한다.

중앙정부부가 외화 획득을 빙자하여 정부자금으로 주한미군의 종합위락시설을 짓겠다며 1961년에 착공하여 1963년에 완공한 워커힐(서울 성동구 광장동) 부지의 원래 주인은 이북 출신인 설경동(대한전선 창업주)이었다. 김종필은 설경동을 부정축재자로 몰아 헐값에 땅을 매입한 다음 국토교통부가 공사를 주관하도록 했다. 그러다 자금이 부족해지자 면세로 각종 물자를 수입하고 교통부와 군부대를 동원하여 인력과 자재를 충당했다. 공사와 아무런 관련이 없는 정부 보조금도 투입되었다. 막대한 횡령이 저질러졌음은 불문가지다.

1961년에 김종필은 눈코 뜰 새 없이 바빴을 것이다. 그해 12월에 새나라자동차공업주식회사가[200] 설립되는데, 표면상 설립자는 재일동포 박노정이었지만 나중에 밝혀진 바에 따르면 실질적인 주인은 김종필이었다. 일본 자동차 부품을 조립하여 소형자동차를 생산한다는 명목 아래 실제로는 폐자동차나 다름없는 닛산자동차(블루버드)를 거의 완성차로 수입하여 폭리를 취한 사건이다.[201]

4대 의혹사건 중 비교적 규모가 작은 파친코사건에만 김종필이 빠져 있다. 파친고 기계는 장면 정권 때 이미 500대를 국내에 들여왔는데, 여론이 나빠서 실제 파친코 사업이 허용되지는 않고 있었다. 그러나 국가재건최고회의는 유기장법을 통과시켜 파친코 사업을 양성화하고 2,500대의 파친코 기계를 수입했다. 김종필은 빠졌지만 군사정권이 개입했음은 물론이다.[202]

요약하면 증권파동은 중앙정보부가 개입한 주가조작사건으로, 선의의 일반 투자자들이 많은 손해를 보았고 그중 자살하는 사람까지 있어 크나큰 사회문제가 되었다. 워커힐사건은 미군의 휴양지를 만들어 외화를 벌겠다는 목적으로 워커힐호텔 등 위락시설을 건설하면서, 공사자금 일부를 횡령해 공화당 창당 자금으로 유용한 사건이다. 새나라자동차사건은 국내 자동차산업을 육성한다는 대외적 명분 아래 일본 자동차를 수입하여 막대한 차익을 남기고 파는 수법으로 창당 자금을 마련한 사건이다. 파친코사건은 수입이 금지된 도박기구인 파친코의 수입을 허가하고 영업허가를 내주는 대가로 비자금을 조성한 사건이다.

이 사건들은 집권 초기에 각종 부정부패의 '척결'을 강조한 쿠데타 세력의 도덕성에 지울 수 없는 오점을 남겼다. 세간에는 "신악이 구악을 뺨친다." "늦게 배운 도둑이 날 새는 줄 모른다"는 비아냥이 떠돌았다. 그러나 책임자 처벌은 없었고, 김종필이 문책성 외유를 떠나고, 1963년 3월에 15명이 구속되는 선에서 4대 의혹사건은 마무리되고 말았다.[203]

4
국민을 팔아서 경제를 일으키고, 그 국부를 재벌에 넘기다

베트남전쟁

다시 한 번 확인하면 월남 파병은 박정희가 '원대한 계획'에 입각해서 미국 쪽에 먼저 제의한 것이었고, 그가 이니셔티브를 쥐고 성사시킨 것이었다.

후대의 분석에 따르면 첫째, 월남이 공산국가가 되면 한국의 안보에 커다란 영향을 미칠 것으로 우려했기 때문이라는 주장이 있다. 한 나라가 공산화하면 이른바 도미노 현상에 따라 주변의 나라도 급속히 공산화한다는 논리가 베트남전쟁 참전의 논리로 제시되곤 했다. 그러나 현실 역사에서 검증되었듯이 베트남전쟁 종전 후 사회주의를 표방하는 통일국가가 수립되었지만, 한국에 실제로 영향을 미치지는 않았다. 따라서 도미노 이론이니 자유세계 수호니 하는 명분은 대외용이었고 박정희의 내심에는 다른 생각이 들어 있었을 것으로 추측된다.

월남 파병의 두 번째 이유로는 박정희가 주한미군의 철수를 우려했기 때문이라는 설명이 있다. 베트남전쟁이 격화하면서 미국 정부가 만에 하나 한국 주둔 미군을 베트남으로 옮길 것을 우려하여 선제적으로 한국군을 베트남에 보내 주한 미군을 한국에 그대로 붙들어두려고 했다는 게 박정희의 복안이었다는 해석이다.[204] 그러나 박정희가 미국에 월남 파병을 처음 제안한 게 1961년 11월 미국을 방문하여 미 대통령 케네디를 만난 자리였던 걸 감안하면 그러한 심모원려가 있었는지는 의문이다.

국가재건최고회의 의장 자격으로 방미한 박정희는 미국에게 그저 쿠데타를 일으켜 권력을 장악 중인 변방 친미 국가의 일개 장군이었을 뿐이었고, 아직 권력 기반이 공고하지 않을 때였기에 어쩌면 단지 미국의 환심을 사기 위해, 말하자면 충성심을 보이기 위해 파병을 제안했을 수도 있다. 박정희의 방미 시기는 '통킹만 사건'을 구실로 미국이 1964년 8월 7일 북베트남에 폭격을 가해 전면전으로 전쟁을 확대하기 전으로, 베트남전쟁이 내전 수준에 머물러 있을 때였음을 생각하면 더욱 그렇다.

과거 고려나 조선에서 중국에 국왕 책봉의 고명(誥命)을 주청하듯, 민주정부를 쿠데타로 무너뜨리고 막 권력을 장악한 젊은 군인이 당시 '자유세계'의 황제나 다름없었던 케네디에게 깊은 인상을 심어주기 위해 일종의 진상품으로 파병 얘기를 꺼냈으리라고 보는 게 더 납득할 만한 설명이다. 그러다 시간이 지나면서 실제로 파병이 성사될 수 있게 되자 베트남에 대한 군사지원을 통해 얻게 될 '베트남 특수'라는 경제효과와 파병의 대가로 원조를 획득하려는 목적을 추가적으로 상정했을 것이다.

당시 한국은 외화 부족과 엄청난 물가고로 경제위기를 겪고 있었고, 식량난까지 겹쳐 국민들의 삶은 피폐했다. 여기에다 미국이 무상원조를 차관으로 바꾸고 '바이(Buy) 아메리칸'과 긴축재정 정책을 취함으로써 성장을 모색하는 한국경제에 심각한 어려움이 나타났다. '베트남 특수'는 이러한 국면에서 돌파구가 될 수 있었다. 앞서 거론한 주한미군의 유동성을 제거하는 것 또한 전 국민이 친미반공 이념을 내면화한 당시 상황에서 출범한 지 얼마 안 되는 군사정부의 안정성을 높일 수 있었다.

여러 가지 위기에 직면해 있던 제3공화국 정부는 이러한 대내적 정치·경제 상황을 타개하기 위해 적극적으로 파병을 검토했다. 즉 한국의 베트남전 파병은 미국의 압력에 따른 불가피한 선택이라기보다 당시의 대내외적 위기상황을 탈피하기 위해 박정희 정부가 적극적으로 선택한 정책 결정으로, 정치적 동기가 강하게 작용했다고 봐야 한다.[205]

미국의 베트남전쟁 개입은 분명히 명분이 없었고, 따라서 그런 전쟁에 한국군을 파병하는 것 또한 명분이 서지 않는 일이었다. 이 때문에 야당과 학생, 국민들이 반대했지만 박정희 정권은 외형상 미국의 요청을 받아들여 전투부대를 보냈고, 결국 한국군은 해방을 위해 싸우는 베트남 민중의 적이 되었다. 한국은 남베트남과는 아무런 군사동맹을 체결하지 않았으며, SEATO[206]에도 가맹하지 않았고, 한미상호방위조약에도 월남이 포함되지 않았다. 한국이 월남에 파병해야 할 조약상의 의무는 아무것도 없었다. 단지 '반공'이라는 대의명분뿐.[207]

대의명분과 달리 실제로는 제국주의 전쟁에 무모하게 가담함으로써 용병국가로 전락했지만, 기대한 '월남전 특수'는 확실히 있었다. 연간 5만 5,000명 규모의 전투요원과 노무자·기술자 등 민간인 1만 6,000명이 파견되었고, 이에 따라 군납, 파월장병 송금, 파월기술자 송금 등으로 1966~70년까지 총액 6억 2,502만 달러의 수익을 올렸다. 앞서 보았듯 한국은 이 수익을 포함하여 베트남전쟁에서 총액 약 10억 달러 이상의 외화를 획득하여 제2차 경제개발 5개년 계획에 필요한 재원을 충당했다.[208]

'베트남 특수'에 의한 무역외 수지 흑자는 국제수지 개선에 크게 기여했다. 그러나 1969년을 정점으로 다음해부터는 국제정세의 변화에 따른 경기 후퇴와 매년 증가하는 차관의 원리금 상환 부담이 겹쳐 수지개선 효과의 지속기간은 짧았다.209)

베트남에서 얻은 한국의 수입 (단위: 백만 달러)

연도 / 종류	1966	1967	1968
상품 수출	13.8	7.3	5.6
군수품 판매	9.9	14.5	30.8
건설 및 용역 계약	12.3	43.5	58.4
민간 송금	9.7	40.6	38.4
국가의 송금	13.2	30.0	34.4
기타	0	8.8	4.6
합계	58.9	144.7	172.2
한국의 총수입 (상품 및 용역 수출+사적 이전 수입)	558.0	744.8	993.0
베트남 수입 / 총수입	10.6%	19.4%	17.3%

그럼에도 '베트남 특수'는 박정희 정부가 수출 드라이브를 밀고나가는 데 적잖게 기여했다. 주지하듯 군사정부는 경제성장으로 정통성을 확보하려 했고, 그 핵심은 수출증대였다.

1963년에 겨우 8,680만 달러(통관 베이스)에 불과했던 수출이 1968년에는 4억 5,500만 달러로 큰 폭으로 늘었다. 5년 사이에 약 다섯 배로 늘어난 괄목할 만한 성과를 거둔 것이다. 이와 같은 수출의 증대는 한국 정부가 공업화와 더불어 수출을 경제정책의 양대 지주로 간주하고 주력한 결과였고, 수출소득세액 공제제도와 수출용 원자재의 수입관세 면제, 보세가공의 촉진, 수출지원금융 우대조치 등 정부의 지원이 집중되었기에 가능한 것이었다.

수출은 계속 호조를 유지했지만 동시에 수출의 증가폭을 상회할 만큼 수입액이 불어남으로써 무역의 역조현상이 빚어졌다. '베트남 특수'는 여기에서 생긴 격차를 메우는 데 중요한 역할을 했다.

이처럼 한국의 월남 파병은 경제적 동기를 중심으로 파악하면 쉽게 이해된다. 베트남전쟁 참전을 지렛대로 한국은 당시 대외원조를 축소하던 미국에게서 군사원조의 삭감 정지, 1억 5,000만 달러의 장기차관 공여 약속을 받아냈다. 베트남전 참전의 과외 수입인 셈이다.

1968년에 베트남 휴전이 한국경제에 미치는 영향을 정리한 한국은행 자료가 일부 신문에 보도되었는데, 한국은행은 휴전 성사 시 한국경제가 상당한 충격을 받을 것으로 예상했다.[210]

영화『국제시장』에서 언뜻언뜻 보이듯 월남 파병에서는 수많은 신화가 만들어졌다. 신화의 주인공 가운데 가장 유명한 이는 앞서 설명한 대로 한진그룹일 것이다. 한진그룹은 월남 특수 5년 동안 1억 3,000만 달러를 벌어 전형적 '월남 재벌'이 되었다. 게다가 한진은 이 공로를 인정받아 박정희의 배려로 1969년 3월 국영기업이던 대한항공을 인수해 대재벌로 도약하기 시작했다. 베트남전쟁이 없었으면 한진그룹이 없었을 터이고, 그랬다면 약 50년 뒤에 그 피붙이에 의한 '땅콩회항'도 없었을 것이란 부질없는 상상을 잠깐 해본다.

월남 파병은 한일협정과 더불어 1960년대 후반 고도성장을 이끈 쌍두마차였다. GNP성장률은 1966년 12.6%, 1967년 7.8%, 1968년 12.6%, 1969년 15%를 기록했다. 1960년대 후반(1965~69년)의 연평균 경제성장률은 11.8%로, 1960년대 전반기(1960~64년) 성장률 5.5%의 두 배가 넘는 것이었다. 외환 보유액도 1964년 1억 2,900만 달러에서 1970년 5억 8,400만 달러로 급증했다.[211] 결국 청년의 피로 경제개발의 종자돈을 마련한 셈이다.

그러한 선택이 불가피했는지에 대해서는 논란이 있을 수밖에 없다. 아마도 박정희의 선택을 옹호하는 사람도 적잖을 것이다. 그럼에도 약 5,000명의 사망자와 1만 명의 부상자를 남긴 전장에서 벌어들인 외화라면, 특정 재벌이나 특정 세력의 배를 불리는 데 쓰이지 않고 국민 전체의 이익에 활용됐어야 한다는 최소한의 윤리적 기준은 정언명법으로 존재한다는 점을 분명히 하고자 한다. 베트남전 참전에 대한 역사적 평가는 이러한 관점에서 진행되어야 하며, 여기에 이견은 없을 터이다.

베트남전쟁 참전 후 한국은 한동안 제3세계 비동맹세력으로부터 외교적으로 고립되었으며, 미국의 '용병'이라는 국제사회의 비난을 감수할 수밖에 없었다. 게다가 미국으로부터도 정당한 대가를 받지 못했다. 당시 파월 한국군의 하루 수당(목숨 값)은 미군의 3분의 1 수준에 불과했다.

명분 없는 전쟁에 참전한 젊은 군인들의 목숨을 담보로 떼돈을 번 기업가들 그리고 정치적·경제적으로 온갖 혜택을 누린 사람들이 있었기에 파병은 강행되었고, 그 대가와 후유증은 온전히 국민의 몫으로 두고두고 전해졌다.

광부·간호사의 서독 파견

군사정권은 1962년 통화개혁 실패 이후 수출주도의 산업화로 전략을 선회했다. 이병철이 이끄는 한국경제인협회도 농업주도 정책에 강력히 반대하면서 공업화와 수출주도로 가게끔 영향력을 행사했다.[212] 1963년

1월 8일 이병철이 이끄는 한국경제인협회는 박정희를 자신들의 회의에 초대했다. 한국경제인협회는 이 자리에서 "기존 수출액을 10배로 늘릴 수 있는 수출산업 개발이 얼마든지 가능하다"면서 수출제일주의 정책을 건의했다. 박정희는 이 건의에 크게 고무되어 수출산업 발전을 위한 총력지원 정책을 채택할 것을 약속했다.

곧 1963년은 '수출의 해'로 지정되었다. 당시 수출산업 육성에 있어서 한국이 비교우위를 자랑할 수 있는 건 싼 노동력뿐이었다. 기업들은 군사정부에게 싼 임금을 그대로 묶어두도록 요청했고, 군사정권은 이에 적극 응했다.

값싼 노동력이 있다고 곧바로 수출산업이 육성되는 건 아니었다. 노동력이 붙어서 일할 설비가 있어야 했고, 그러려면 설비를 만들거나 사올 돈이 필요했다. 미국은 무상원조를 받는 나라엔 차관을 줄 수 없다고 버텼고, 일본은 아직 국교수립이 안 된 상태였다.[213]

이 난관이 베트남전 참전과 한일협정을 통해 부분적으로 해소되기 전에 군사정권은 경제사절단을 서독에 파견해 차관 제공을 요청했다. 당시의 일화. 사절단에는 국비 장학생 1호이자 서독 유학생 1호로 1956년 겨울에 독일 유학을 떠났던 백영훈이 포함되었다. 1961년 사절단의 일원으로 독일을 찾은 백영훈은 은사인 에를랑게 대학의 프리츠 포크트 교수를 찾아갔다. 은사와 함께 교수 생활을 했던 에르하르트 경제장관과 면담을 주선해달라고 부탁하기 위해서였다. 1주일 동안 매일 찾아가 애원한 덕분에 장관 대신 차관과의 면담이 이루어졌고, 1억 5,000만 마르크(약 3,500만 달러)를 빌려주겠다는 답변을 받아냈다. 독일로부터 상업차관 제공이 결정되었는데[214] 곧바로 지급보증 문제가 생겼다. 이 문제는 서독에 인력을 수출하고 그들의 3년치 급여를 서독은행인 코메르츠방크에 매

달 강제 예치하는 담보 방식으로 해결하기로 했다.[215]

사실 간호 인력의 독일행은, 1961년 12월 독일과 차관 협상에 성공한 한국대표단이 상업차관에 필요한 지급보증 문제를 간호사와 광부를 파견하고 그 급여를 담보화함으로써 해결하기 이전부터 존재했다. 한국 간호 인력은 1959년에 처음 독일 땅을 밟았고, 1976년 서독 정부의 공식적인 한국인 노동력 수입금지 조치에 이르기까지 약 1만 2,000명의 젊은 여성이 독일로 향했다.

한국 광부의 독일 파견은 한국 정부의 임시고용계획에 관한 한국노동청과 독일탄광협회 간의 협정(1963년 12월 16일)에 의해 시작되었다. 독일은 자국의 광부 인력 부족을 해소하는 동시에 미국이 독일에게 요청한 한국 재건 지원 약속의 이행이라는 두 가지 목적을 달성하고자 했고, 한국은 실업난과 외화 획득을 위해 해외 인력 수출을 원했기에 양국의 이해가 일치되었다. 이에 앞서 상업차관이 추진되면서 지급보증 문제도 한국인 인력수출을 통해 해결될 수 있었다.

주독 대한민국 대사관의 자료에 의하면 양국 간의 협정에 따라 1963년부터 1980년까지 광부로 독일에 파견된 인원은 약 8,000명이었다. 1963년 파독광부 500명 모집에 4만 6,000여 명이 지원할 정도로 당시 한국의 실업난은 심각한 상태였다. 3년 계약의 파독 광부들에게는 매월 600마르크(160달러)의 높은 수입이 보장되었기에 많은 한국인들이 독일행을 희망했다. 영화 『국제시장』에서 베트남전 참전과 광부·간호사들의 독일행이 함께 나온 데는 그럴 만한 이유가 있었다. 그러나 많은 사람들이 광산 노동의 경험이 없던 초심자였기에 크고 작은 부상과 후유증에 시달리기도 했다.[216]

광부는 1963년 12월 27일 247명이 처음 파견된 이래 1980년까지 모두 7,936명이 파견되었고, 간호사는 1959년부터 독일의 수도회나 목사 등이 수도원과 부속병원에 필요한 간호인력을 모집하여 1965년까지 1,000여 명이 진출했는데, 한국의 해외개발공사와 독일병원협회의 계약에 의한 대규모 간호사 파견은 1966년에 시작되었다. 이후 1976년까지 모두 1만 명이 넘는 간호사가 이 경로로 파견되어 앞서 진출한 간호사를 더하면 약 1만 2,000명이 간호사로서 독일 땅을 밟았다. 이밖에도 1971년 5월부터 1972년 2월까지 세 차례에 걸쳐 조선기술자 300여 명이 파견되었다. 이들은 3년 노동계약에 따라 함부르크의 호발트조선소 등에서 일했다.

2만여 명으로 추산되는 이 파독 근로자들은 낯선 환경에서 힘들게 일하며 번 돈을 가족에게 송금함으로써 당시 어려웠던 우리나라 경제를 발전시키는 데 크게 기여했다.[217]

1968년 1인당 국민소득은 169달러, 국민총생산(GNP)은 52억 달러였다. 이 가운데 독일의 광부와 간호사들이 연간 국내로 송금한 돈이 약 5,000만 달러였으니, 이 돈의 가치를 능히 짐작할 수 있다.[218]

파독 광부·간호사의 송금이 국내 경제를 살리는 데 기여했음은 물론, 그들의 임금은 상업차관의 지급보증 담보로 활용되었다. 이 '담보'에 관해서는 다양한 의견이 존재하며, 이와 관련한 '애국적인' 박정희의 일화도 전해진다.

군인으로, 광부·간호사로 박정희가 외국에 내보낸 젊은 국민들은 대한민국 경제개발의 중요한 시점에 크나큰 기여를 했다. 즉 한강의 기적이 박정희나 재벌이 만든 성과물이 아니라는 뜻이다. 국민적 기여와 희생이 바탕이 되었음은 아무리 강조해도 지나치지 않다. 한편, 중요하지 않은 측면이지만 광부·간호사의 파독이 영화『국제시장』에서 보듯 꼭 애잔한 장면만은 아닐 수 있다는 분석이 있다.

당시 파독 광부의 한 달 임금은 국내 임금의 7~8배였다. 고임금에다 서독과 같은 선진국에 가볼 수 있다는 매력이 작용하여 많은 사람들이 몰려들었다. 정부는 모집 대상자를 2년 이상의 광부 경력을 가진 사람으로 제한했지만, 이상한 일이 벌어졌다. 진짜 광부들은 필요 서류를 작성·구비하는 게 쉽지 않아 애를 먹은 반면 그런 일에 능한 대졸자들이 가짜 서류를 만들어와 대거 끼어든 것이다.[219] 서독 루르 지방으로 파견된 광부들은 거의 대학 졸업자였다.[220]

나중에 알려진 바에 따르면 탄광갱도에 들어가 보지도 못한 가짜 광부들이 서독 탄광에서 성공적으로 적응한 반면, 정작 진짜 광부들은 서독 탄광 작업에 필요한 기계의 조작 등 현대식 생산방식을 습득하는 데 어려움을 겪었고, 상당수는 신경성 장애를 일으키기도 했다. 대학 출신의 가짜 광부들은 광산 현장에만 적응한 것이 아니라 계약을 끝낸 다음에도 독일 각지에 흩어져 상점 경영이나 기술자 등으로 성공했고, 그중 많은 사람들이 미국과 캐나다에 진출했다는 후문이다.[221]

전체 광부 중 대졸자가 얼마나 많은 숫자였는지는 알 수 없지만, 추측건대 당시 대졸자는 지금과 달리 상당한 고학력자였고, 또 타국이란 특성상 아마도 언어장벽이 존재했기 때문에 독일 광부로서도 고학력자가 유리했다고 볼 수 있을 것이다.

5
전두환·노태우 정권 : 외생 축적의 정점

1979년 10월 박정희 암살 이후 등장한 전두환 군사 정권에서 정경유착은 더욱 심화했다. '하나회' 회원으로 박정희의 총애를 받으며 정치군인으로 출세가도를 달리던 전두환과 노태우는 갑작스런 박정희의 죽음으로 예상하지 못한 상태에서 권좌에 올랐지만, 정치군인으로서 충분히 '통치'의 훈련을 마친 상태였다. 정경유착과 철권통치를 바탕으로 독재체제를 유지했다는 점에서 5공화국을 세운 전두환은 분명 박정희의 계승자였다. 자본과의 관계에 있어서도 박정희에 결코 뒤지지 않는 수완가이기도 했다.

나중에 수뢰, 부정축재 혐의로 기소된 전두환의 공소장에 나타난 정경유착 행태를 보고 놀라지 않는 국민이 없었다.

> 01 1982년 12월경 청와대에서 … 현대그룹 회장 정주영으로부터 정부 또는 정부투자기관 등이 발주하는 각종 국책사업의 사업자 선정, 금융, 세제운용 등 기업경영과 관련된 직무를 수행함에 있어 현대그룹에 대해 선처해달라는 취지로 제공하

는 10억원을 교부받고.

02 1983년 12월경 청와대에서 삼성그룹 회장 이병철로부터 금융, 세제운용 등 기업경영과 관련된 직무를 수행함에 있어 삼성그룹에 대해 선처해달라는 취지로 제공하는 10억원을 교부받고.

03 1984년 12월경 청와대 인근 안가에서 동아그룹 회장 최원석으로부터 정부 또는 정부투자기관 등이 발주하는 각종 국책사업의 사업자 선정, 금융, 세제운용과 관련된 직무를 수행함에 있어 동아그룹에 대해 선회하여달라는 취지로 제공하는 50억원을 받고.

04 1980년 11월경 청와대 부근 안가에서 한진그룹 회장 조중훈으로부터 그 무렵 김포공항에서 발생한 대한항공 소속 KE015여객기 추락사고에 대한 해명과 함께 위 사고로 인하여 항공운송사무를 수행함에 있어서 한진그룹에 어떠한 불이익이 없도록 선처해달라는 취지로 제공하는 10억원을 교부받고.

05 1984년 6월경 청와대 인근 안가에서 한일그룹 회장 김중원으로부터 한일그룹의 상속재산 분배 문제로 형제간에 분쟁이 있었던 점에 대한 해명과 함께 그로 인하여 금융, 세제운용 등 기업경영과 관련된 직무를 수행함에 있어 한일그룹에 어떠한 불이익이 없도록 선처하여달라는 취지로 제공하는 50억원을 교부받고.

06 1985년 9월경 청와대 대통령 접견실에서 금호그룹 회장 박성용으로부터 항공운수사업에 대한 면허, 금융, 세제운용 등 기업경영과 관련된 직무를 수행함에 있어 금호그룹에 대해 선처하여달라는 취지로 제공하는 20억원을 교부받고.

07 1986년 12월경 청와대에서 미원그룹 회장 임창욱으로부터 미원그룹에 대한 국세청의 세무조사를 조기에 종결하고 세금을 적게 부과하도록 국세청장에게 영향력을 행사하여달라는 청탁과 함께 … 70억원을 교부받고.

08 1984년 6월경 청와대 대통령 집무실에서 쌍용그룹 회장 김석원으로부터 쌍용그룹에서 추진 중인 강원도 평창군 도하면 수암리 소재 용평골프장 건설에 대

해 내인가를 해달라는 부탁을 받고, 같은 해 10월경 위 골프장 건설에 대한 내인가를 해준 다음, 같은 해 11월 초순경 청와대 인근 안가에서 … 10억원을 교부받고,…[222]

박정희 정권 이래 30대 재벌은 물론, 웬만큼 이름이 알려진 대기업과 공기업 등이 예외 없이 정치권에 검은 돈을 제공했다. 이들이 제공한 정치자금은 경제적 이권을 얻기 위한 로비자금일 뿐만 아니라 동시에 기업생존을 위한 보험료였으며 국민에게 돌아가지 않는 준조세였다.

군사정권 시절 국내에서 기업활동은 철저하게 정치논리에 의해 유지되었다. 정부가 기업의 생사여탈권을 쥐고 있었기 때문이었다. 정부와 재벌 간의 관계가 이처럼 정부 우위 일변도의 관계로 고착된 데에는 재벌들이 그동안 정부에 의해 육성되었기에 재벌들의 약점을 너무나 잘 파악했기 때문이었다는 설명이 있다. 역으로 재벌들 또한 해방 이후 수십 년의 세월 동안 급속하게 성장하고 또 살아남으면서 권력 및 정치권의 생리를 잘 파악하는 한편 거래하는 법을 잘 숙지하고 있었다.[223] 권력과 자본의 공생관계는 전두환·노태우 정권 시기에 오면 무르익을 대로 무르익게 된다.

5공과 6공 시절의 정경유착과 천문학적 규모의 비자금이 적나라하게 드러난 것은 1995년 10월 노태우 비자금사건이 터지면서였다. 이전에도 수많은 의혹이 제기되었지만, 군사정권이 존재하는 동안에는 소문만 무성했을 뿐 전모는 베일에 싸여 있었다. 하지만 국회의원 박계동의 폭로로 시작되어 전모가 드러나게 된 노태우 비자금사건은 경악 그 자체였다. 1995년 12월 5일 발표한 검찰의 수사에 따르면 노태우는 재임기간 중 기업체 대표들로부터 약 3,400억원 내지 3,500억원을 받고, 1987년 대통령선거를 위해 조성한 자금 중 사용하고 남은 돈과 취임 시까지 받은 성금 등 1,100억원을 합하여 모두 4,500억원 내지 4,600억원을 조성했다. 검찰은 수사를 통해 이 가운데 신한은행 등 9개 금융기관에 개설되어 있는 37개 계좌의 입금액과 양도성예금증서의 매입금액 등 합계 4,189억원가량을 확인했다. 노태우가 밝힌 사용내역은 1988년 4월 13대 국회의원 선거와 1992년 4월 14대 국회의원 선거에 각각 700억원씩 모두 1400억원, 부동산 위장매입에 382억 9,400만원, 민정당·민자당 지원금 790억원, 비자금 잔액 1,940억원 등으로. 총 4,513억 2,700만원이었다.[224]

이 사건으로 노태우는 구속되어 재판을 받았고, '포괄적 뇌물죄'가 인정되어 유죄를 선고받았다. 1997년 4월 17일 대법원의 최종 판결과 함께 2,628억원의 추징금을 선고받았다.

노태우 비자금사건은 단순히 6공화국 대통령 개인의 부패사건이 아니었다. 정치권력과 재벌이 합작해 정치와 경제를 밀실에서 주무른 정경유착의 실례로, 적나라하게 공중에 모습을 드러낸 6공화국 정치제제의 기본구조였다. 뇌물공화국이자 재벌공화국의 면모를 드러내며 정경유착이란 한국 사회의 부패구조를 공식적으로 확인시켜주었다. 유죄로 판결난 재판 결과를 보면 재벌 회장들이 노태우에게 갖다 바친 돈은 모두 이권과 관계되었다. 그렇게 막대한 뇌물을 갖다 바치고 획득한 이권의 규모는 어마어마했을 것이다. 그러나 기이하게도 재벌 회장들은 모두 불구속 기소되었고, 그나마도 모두 집행유예를 선고받았다.[226]

노태우 비자금사건은 한국 사회 정경유착의 정점을 상징하는 것으로, 독재자와 재벌들의 엇갈린 운명은 이제 정경유착이 새로운 단계로 도약하고 있음을 시사했다.

노태우 뇌물 공여자 명단 225)

(단위: 억원)

순번	뇌물공여업체	공여자명	공여 총액	순번	뇌물공여업체	공여자명	공여 총액
1	삼성그룹	이건희	250	19	동부그룹	김준기	40
2	현대그룹	정주영	250	20	기아그룹	김선홍	40
3	대우그룹	김우중	240	21	대농그룹	박용학	40
4	동아그룹	최원석	230	22	고합그룹	장치혁	30
5	LG그룹	구자경	210	23	동국제강	장상태	30
6	한진그룹	조중훈	170	24	삼부토건	조남욱	30
7	한보그룹	정태수	150	25	SK그룹	최종현	30
8	롯데그룹	신격호	110	26	코오롱그룹	이동찬	20
9	한양주택	배종열	100	27	두산그룹	박용곤	20
10	진로그룹	장진호	100	28	미원그룹	임창욱	20
11	한일합섬	김중원	100	29	삼미그룹	김현철	20
12	쌍용그룹	김석원	80	30	해태그룹	박건배	10
13	청우종건	조기현	80	31	태평양그룹	서성환	10
14	유원건설	최효석	80	32	동양그룹	현재현	10
15	효성그룹	조석래	75	33	대한유화	이정호	10
16	대림건설	이준용	70	34	풍산	류찬우	5
	대호건설	이 건	70	35	석유개발공사	유각종	58.96
17	금호그룹	박성용	70				
18	극동건설	김용산	50	합계			2,838.96

그동안 국가는 재벌을 육성하는 산업정책 속에서 재벌에게 일방적으로 특혜만 제공한 것이 아니라 일정한 규율을 요구했다.(장하준·박홍재, 2000) 정치자금을 갈취하기는 했지만 가급적 생산적인 투자로 자금의 사용을 강요하고, 외환 부족을 타개하기 위한 수출촉진정책에 부응토록 하는 등 양육자이자 지도자로 행세했다. 중화학공업화 과정에서 보듯이 특

정산업 투자를 요청하는 일이 적지 않았으며 과잉투자를 조정하기도 했다. 이처럼 국가는 전근대적 및 근대적 독점 이윤이라는 당근과 더불어 나름대로 채찍을 구사함으로써 압축적으로 재벌체제를 만들어내었다.

그러나 재벌의 덩치가 커지면서 국가의 규율이 조금씩 작동하지 않게 되었다. 나아가 국가와 재벌의 관계가 역전되어 재벌이 국가의 정책수단인 것이 아니라 국가가 재벌의 정책수단으로 전락하기 시작했다. 따라서 국가는 종래와 같은 강권적 산업정책을 실시할 수 없게 되었고, 고작 재벌들에게 과잉투자 조정을 권고할 수 있을 뿐이었다.227)

박정희 정권의 중화학공업 정책은 대자본가 계급을 육성함으로써 결과적으로 자본에 대한 국가의 자율성을 취약하게 만들었다. 다시 말해 중화학공업 정책으로 인해 대자본가들이 국가경제에서 차지하는 비중이 더욱 확대되어 국가에 대한 자본가들의 협상능력이 높아지게 되었고, 그 귀결로 국가의 행동의 자유 즉 자본에 대한 국가의 통제력은 물론 자율성마저 제한되었다.

따라서 중화학공업화를 추진하면서 대자본에 대한 구조적 자율성을 상실한 국가는 점차 자본에 효과적으로 대응할 수 없게 된다.228) 또한 1980년대 들어 시작된 경제자유화와 정치민주화로 인해 국가와 기업 사이에 갈등이 생겨났으며, 대기업의 경제적 힘이 증가함에 따라 국가의 자율성은 심각하게 훼손된다.229)

노태우 비자금사건에서 뇌물을 받은 사람만 처벌받고 뇌물을 준 사람들은 처벌받지 않은 풍경은 과거와 같은 국가 및 권력 우위의 정경유착이 끝났으며 세계적 흐름에 조응한, 전혀 새로운 유형의 정경유착 시대의 개막을 알렸다. 마침내 자본이 국가를 지배하는 세상이 시작된 것이다.

188) 김성환, 김정원, 허버트P, 빅스 外, 『1960年代』, 거름, 1984, 301쪽.

189) 임영태, 『대한민국史』, 들녘, 2008, 315~321쪽.

190) 박태균, 『원형과 변용: 한국경제개발계획의 기원』, 서울대학교 출판부, 2007, 41쪽.

191) 김정주, 「1950~1960년대 한국의 자본축적과 국가기구의 전면화 과정」, 『1950~1960년대 한국형 발전모델의 원형과 그 변용과정: 내부동원형 성장모델의 후퇴와 외부의존형 성장모델의 형성』, 한울아카데미, 2005, 164쪽.

192) 정대훈, 「대일청구권자금의 도입과 포항제철의 건설」, 한양대학교 대학원 석사학위 논문, 2011, 27쪽.

193) 임영태, 같은 책, 132쪽.

194) 자료: 경제기획원 『'81 주요경제지표』.

195) 이한구, 같은 책, 349쪽.

196) 이한구, 같은 책, 338~341쪽.

197) 임영태, 같은 책, 349~354쪽.

198) 이한구, 『한국재벌형성사』, 비봉, 1999, 191~195쪽.

199) 장동학, 『한국경제 100년 과연 어떤일이?』, 무한, 2002, 94~95쪽.

200) 새나라자동차는 1965년 신진자동차에 인수되었다. 1973년 석유파동 이후 신진자동차공업이 부도를 내자 산업은행이 보유지분을 인수하고 회사 명칭을 새한자동차로 바꾸었다.
1978년 대우그룹이 산업은행 보유지분을 인수해 경영에 참여한 뒤 1983년 대우자동차로 상호를 바꾸었다. 2001년 미국 GM에 인수되어 2003년부터 GM대우로 판매되다가 2011년엔 아예 '대우'가 빠진 GM으로 판매되고 있다.
새나라자동차는 우리나라 최초의 자동차는 아니다.
미군 자동차 부품을 천막에서 조립해 만든 '시발' 자동차가 1955년부터 1962년 사이에 판매되었다. 거의 완성차로 수입된 새나라자동차에 비해 부품 국산화율이 훨씬 높았다.

201) 이동형, 『영원한 라이벌 김대중 vs. 김영삼』, 왕의서재, 2011, 447~448쪽.

202) 이수광, 『대한민국 12비사』, 일상과이상, 2011, 76쪽.

203) 조희연, 『박정희와 개발독재시대』, 역사비평사, 2007, 55쪽.

204) 김용직, 『사료로 본 한국의 정치와 외교 1945~1979』, 성신여자대학교출판부, 2005, 371~372쪽.

205) 역사비평 편집위원회, 『논쟁으로 본 한국사회 100년』, 역사비평사, 2000, 287쪽.

206) 1954년에 마닐라에서 조인된 동남아시아 집단 방위 조약에 따라 결성된 동남아시아 태평양 지역의 집단적 반공 군사 동맹. 가맹국은 미국·영국·프랑스·오스트레일리아·뉴질랜드 및 타이·필리핀·파키스탄의 여덟 나라.
본부는 방콕이었으며, 1977년에 해체되었다.

207) 김성환 외, 『1960년대』, 거름, 1984, 291쪽.

208) 임영태, 『대한민국史』, 들녘, 2008, 322~324쪽.

209) 최장집, 『한국자본주의와 국가』, 한울, 1990, 49쪽.

210) 김성환 외, 『1960년대』, 거름, 1984, 289~297쪽.

211) 강준만, 『한국현대사산책 1960년대편 3권』, 인물과사상사, 2004, 270쪽.

212) 서재진, 『한국의 자본가 계급』, 나남, 1991, 81~82쪽.

213) 강준만, 『한국현대사산책 1960년대편 2권』, 인물과사상사, 2004, 254~255쪽.

214) 석혜원, 『대한민국경제사』, 미래의창, 2012, 60쪽.

215) 『중앙일보』 특별취재팀, 『실록 박정희』, 중앙M&B, 1998, 136쪽.

216) 박재영, 「파독 간호사·광부의 독일정착과 삼각이민 연구」, 『다문화콘텐츠연구』, 제15집, 중앙대학교 문화콘텐츠기술연구원, 2013, 342~345쪽.

217) 이영석, 「파독 근로자의 국가 발전에 대한 기여 담론과 국가적 예우」, 『독일어문학』, 제 64권, 한국독일어문학회, 2014, 220~221쪽.

218) 석혜원, 같은 책, 61쪽.

219) 강준만, 『한국현대사산책 1960년대편 2권』, 인물과사상사, 2004, 255쪽, (재인용) 이기홍, 『경제근대화의 숨은 이야기: 국가 장기 경제개발 입안자의 회고록』, 보이스사, 1999, 319~320쪽.

220) 강준만, 같은 책, 255쪽, (재인용) 김흥기 편, 『영욕의 한국경제: 비사(秘史) 경제기획원 33년』, 『매일경제신문사』, 1999, 73쪽.

221) 강준만, 같은 책, 255쪽, (재인용) 이기홍, 위의 책, 319~320쪽.

222) 『매일경제신문』, 1996.1.13., '전두환 수뢰, 부정축재사건 공소장'.

223) 이한구, 『한국재벌사』, 대명, 2004, 626쪽.

224) 임영태, 『대한민국史』, 들녘, 2008, 683~684쪽.

225) 『조선일보』, 1995.12.6., '뇌물공여 그룹(기업) 대표 및 사법처리'.

226) 임형태, 같은 책, 685~687쪽.

227) 유철규, 『한국자본주의 발전모델의 역사와 위기』, 함께읽는책, 2003, 66~67쪽.

228) 박영철, 「한국경제발전에 있어서의 개발전략의 역할과 산업구조의 전환」, 경제학 연구 제32호, 1984, 222쪽.

229) 오문준, 「민주화 이후 한국의 정치부패에 관한 연구」, 고려대학교 석사학위논문, 2007, 41쪽.

PART 6

자본과 민족

1
민족 자본주의

유럽연합(EU)의 태동과 관련하여, 경제발전의 단계에서 민족국가라는 틀의 한계를 극복하기 위해서 유럽통합을 추진했다는 설명은 정치경제학 일부에서 제시하는 대표적인 이론이다. 여기서 이 이론은 자본주의 발전 과정에서 민족국가 단위의 규모로는 발전의 한계에 도달했기에 자본확장의 원칙에 따라 유럽 차원으로 경제의 틀을 확장한다는 단순한 자본주의 발전론과 구별하기 위해 민족자본주의 발전론으로 명시된다. 민족자본주의 발전론에서 중요한 사실은 민족국가가 유럽이라는 보다 넓은 경제단위를 창출하고 도구화한다는 정치경제적 분석이다.[230] 경제결정론과 유럽도구화론이 결합한 이 이론은 '민족을 위한 유럽'이란 슬로건에서 단적으로 그 특성을 파악할 수 있다. 이를 단순화하면, 자본이 국경을 넘어간다기보다는 국경이 자본을 넘겼다고 볼 수 있다.

한국의 민족주의나 민족국가는 유럽과는 확연히 다르고, 상응하는 자본주의 발전 전략 혹은 양상 또한 달라질 수밖에 없다. 해방 직후 정치의 갈등 축 또는 대립 축은 일본 제국주의 세력 대 민족독립운동 세력으로 요약된다. 식민통치의 필연적 산물로서, 이 축의 형성 과정에서 강력하고도 저항적인 민족주의 이념을 중심으로 한 운동이 전개되었다. 일제강점기에 한국인은 처음으로 민족이라는 근대적인 집단적 자아를 발견하게 되었다. 한국에서 민족주의는 기본적으로 반일·반제국주의·반식민 투쟁을 내용으로 하며, 일본이나 독일처럼 제국주의 팽창의 이념적 지주 역할을 했던 공격적 민족주의가 아닌 저항적 민족주의 성격을 갖는다.

서구의 선진 자본주의 국가들은 국내에서 민족자본주의가 완성된 후 값싼 원료와 노동의 공급지를 찾아 제3세계 국가들을 무력으로 굴복시켜 식민지로 만들었다. 이처럼 정치적, 경제적으로 다른 민족에 의해 강제 통치를 받게 된 피식민지 국가들은 국내적으로는 자치권을, 대외적으로는 동등한 세계사회의 일원으로서 자국의 이익을 대변할 수 있는 대표권을 요구하게 되었다.[231] 물론 식민제국주의 국가에 맞서 싸우는 전면적 민족해방운동의 흐름 또한 강력했고, 이 흐름은 식민통치로 인해 역설적으로 민족의식을 형성하던 피식민지 민중으로부터 지지를 받았다.

따라서 일제의 식민 통치기구가 붕괴된 해방 공간 초기에 민족주의 운동에 참여했던 독립운동 지도자들이 정치 전면으로 부상한 것은 당연했다. 그러나 민족주의라는 통칭 안에는 사회주의 내지는 공산주의를 중심으로 한 혁명적 민족독립운동 세력과 문화교육운동을 중심으로 한 보수적 운동세력이 섞여 있었기에 식민세력이 물러난 뒤에 통일된 지도노선이 수립되기는 쉽지 않았다. 곧 밀어닥친 냉전으로 말미암아 앞서 살펴본 대로 반공이냐 친공이냐 하는 새로운 대립축이 급속히 형성되었다.[232]

남한에서는 분명 형식상 민족국가가 출범했는데도 친일 문제로 인해 민족을 전면화할 수 없는 난제가 등장한다. 이승만은 내부적으로는 친일파를 중용하고 반민특위를 무력화하는 등 비(非)민족 또는 반(反)민족적

행보를 집권 기간 내내 지속하지만, 일본에 강경한 태도를 취하고 미국에 대해서도 상대적으로 독립적인 위상을 확보하려고 애쓰는 등 대외적으로는 민족노선을 고수했다. 사실 남한에서는 반공이 민족 이념을 대체하는데, 그럼에도 민족은 통치 등 여러 이유로 결코 포기할 수 없는 깃발이었다. 붕어 대신 단팥을 넣은 붕어 모양 밀가루빵이 붕어빵이라는 명칭을 고수하듯 비민족 또는 반민족적으로 출발한 남한의 친미반공국가도 민족이라는 이념을 놓지 못했다.

군사쿠데타로 집권한 박정희도 '반부패(反腐敗)' 운동과 함께 민족자본주의를 국정의 축으로 수용했다. 박정희 군사정부는 '민족자본주의'라는 이상에 의해 영감을 얻었을 뿐 아니라 정치적 안정과 정당성을 유지하기 위해 경제성장을 추진해야 한다는 사회적 압력을 받았다.[233] 1960년대 이래 한국의 군사정권은 세계시장에서 일본의 기업집단이나 서양의 거대기업들과 경쟁할 수 있는 '민족자본가' 대표를 대규모로 창조해내려고 노력했다.[234] 실제로 한국의 토착 자본가들은 초국적 기업보다는 국가와 긴밀하게 연결되었다. 국가는 국내자본가들이 독점권을 가지고 있던 유치산업을 보호하기 위해 외국인의 직접투자를 의도적으로 제한했다. 정부는 동시에 외국인의 주식 소유 비율을 50% 이하로 엄격히 막았다. 국가와 국내자본은 지구적 이윤 논리에 종속되지 않기 위해 저항하면서 초국적 기업의 자본과 기술을 필요로 하는 일부 분야에서 제한적으로 투자를 받아들였다.

특히 1960년대에 박정희 군사정부는 외국자본이 국내자본과 경쟁하는 양상과 방법에 주목하고 우려하여, 대부분의 역동적인 첨단기술 부문에서 외국자본을 제외시켰다. 이러한 '민족자본주의' 견해는 새로운 산업 분야의 국내기업을 육성하기 위해서는 정부의 지원이 필수불가결하다고 주장하는 '유치산업(幼稚産業) 보호논리'로 이어졌다.[235]

이러한 견해는 한국뿐 아니라 식민지배를 받은 제3세계에서 두루 통용되었다. 정치적 독립을 이룩한 신생국가 앞에는 구 식민주의에 의해 파괴된 민족경제를 부흥시켜야 할 과제가 당위적으로 제시되었다. 그러나 모습을 달리한 신식민주의는 신생국들의 민족경제 부흥 과업에 적잖은 장애물로 기능한다. 이러한 난관을 극복하고 경제건설에 관한 민족주체 차원의 인식에 기초하여 자립적 민족경제를 성취하기 위해 민족적 노력을 경주한 것은 제3세계의 보편적 현상이었다.[236]

한국에서는 제3세계 일반과 다른 몇 가지 특징을 보이며 '통칭하여' 민족자본주의가 발전했다. 한국전쟁을 통해 '그라운드 제로'가 형성되며 신분제적 기존질서가 붕괴되었지만 구체제의 이데올로기까지 완벽하게 청소되었다고 보기는 힘들다. 자본주의 도입에 의한 상품 및 화폐 관계의 일반화가 진행되어서 유통과정의 등가교환에 의한 '형식적 평등'이라는 시장이데올로기가 급격하게 우위를 점해가는 상황에서도 한국사회의 구조를 각인하는 유교이데올로기의 영향력이 온존했기 때문이다.

그러나 무엇보다 남한 단독정부 수립, 친일파의 지배계급 지위 유지 책략, 한국전쟁 등 여러 계기로 인해 반공이데올로기가 계급적 이해를 뛰어넘어 때로 권력에게 정통성을 부여하는 뼈대 이념으로 자리매김했다는 사실이 중요하다. 반공이데올로기는 피지배계급으로 하여금 자본주의를 옹호하게 만들었으며, 북한을 절대악으로 상정하는 비계급적 성격의 강력하고 정체불명인 이데올로기를 공유하게 만들었기 때문이다. 반공이데올로기의 강화에는 남한 지배계급의 이해관계 외에도 미국의 한반도 정책이 영향을 미쳤음은 이미 여러 차례 살펴보았다.

냉전의 최전선인 한국에서 자본가계급은 물적 주도권을 내적으로 분명하게 확립하지 못했고 체제의 경직성에 근거한 북한의 대남정책은 미국으로 하여금 한국에서 민주주의 정치체제를 옹호하기보다는 반공의 보루로서 군사전략적 기능을 최우선하도록 했다. 결론적으로, 지배계급의 정치·경제·이데올로기적 허약성, 해방공간에서 피지배계급의 정치적 실패, 피지배계급의 혁명적 잠재력을 중화하는 유교와 반공이데올로기, 미국의 한반도정책 등으로 인해 국가는 사회 제 계급 및 집단을 통제할 공간을 확보했다. 또한 한국 국가에는 일반적이지 않은 경로일지라도 근대적 민족공동체를 형성하고 신용·기술·자본 등을 보유하여, 물적인 차원에서 우위를 점하는 국제자본을 통제함으로써 국제자본에 의한 주변부화를 극복할 가능성이 존재했다.[237]

박정희는 수출 드라이브와 결합한 민족자본주의에서 그 가능성을 키워나갔고, 정치적으로도 장기집권 욕망을 한국적 민주주의라는 민족프레임 안에서 조화하는 데 얼핏 성공하는 듯 보였다.

2
민족경제론 vs. 재건론·자립경제론

그러나 민족자본주의라는 용어는 대체로 수사의 영역에 존재하며 편의적으로 사용되는 게 사실이다. 학문적으로는 민족자본주의와 발음상으로 비슷하게 들리는 박현채의 민족경제론이 많은 조명을 받으며 더 많은 설득력을 보였다. 민족경제론은 한마디로 자주·민주·민족적인 국민경제를 지향한다.

박현채는 한국경제의 지역적 편재와 불균형 발전이 '조기 독점화한 일본제국주의의 식민지종속국'으로 성장한 한국경제의 '이식형적 특수성'에 기인하는 것으로 파악했다.[238]

박현채는 산업구조의 파행성을 처음부터 지역·계층 간 불균형과 결부시켰을 뿐만 아니라 국민경제의 구조적 모순을 총체적으로 분석하는 이론적 단서로 삼았다는 점에서 어느 정도 독자성을 나타내었다. 그는 산업구조의 파행성을 때로는 국민경제의 모순이라는 개념과 동일시했으며 때로는 그 부분 개념으로 사용하기도 했다. 게다가 그는 산업구조의 파행성을 자본주의 발전이라는 역사적 맥락에서 파악함으로써 한국 자본주의 발전에 관한 연구의 단서로 삼았다. 산업구조의 파행성은 한국 자본주의가 식민지 지배 및 전후의 신식민주의 하에서 왜곡된 발전을 한 집중적 표현이며, 지역·계층 간 불균형이 거기에서 연유한다는 것이 그의 생각이다. 이러한 생각은 한국 자본주의의 특수성이라는 개념으로 이어지며, 여기서 한국 자본주의를 분석하는 종속적 자본주의라는 이론적 틀이 마련된다.

초기에 민족경제는 국민경제 또는 자립화한(자립적 재생산구조를 갖춘) 국민경제와 종종 동일시되었으며, 그런 의미에서 흔히 한국경제가 지향해야 할 모습으로 간주되었다. 그러나 민족경제론의 관점이 확충되고 정리되면서 등장한 경제구조의 이중성 속에서 외국자본에 기생하는 매판적 부문과 토착시장에 기초를 둔 민족적 부문의 구분이 중요해지게 되었고, 후자는 민족경제 부문이라고 불리게 된다.

박현채의 사회구성체 인식은, 현 한국 자본주의는 종속성으로 포괄되는 여러 가지 특수성을 가지고 있으면서도 기본적으로 독점자본주의 단계에 이르렀다는 데서 출발한다. 그리고 국가가 자본축적에 적극적으로 개입하고 있다는 점에서 국가독점자본주의라고 규정했다. 한국에서 국가독점자본주의가 성립하는 시기는 한국에 외국자본이 광범위하게 진출하고 그것과 관련하여 정부가 자본축적을 주도해나가는 경제개발의 정착기 즉 1960~72년이라고 보았다.[239] 박현채는 다음과 같이 한국 자본주의의 성립 과정을 정리했다.

"한국 자본주의의 역사적 전개는 일제 식민지 통치하의 유제를 청산하지 못한 채 그것을 새로운 양태로 재생산하는 과정으로 되었으며 매판적이고 전근대적인 관료자본주의적 성격을 심화하면서 국가자본과 국가독점자본주의적인 성장정책을 매개로 독점자본의 강화로 일관되어 왔다."[240]

유신정권 하에서는 가장 중립적이어야 할 정부의 경제운용 기조가 가장 강한 편향성을 지녔다. 오직 성장일변도였다. 국민경제의 유기적 분업 관련 성장과 기술혁신, 산업의 효율성 제고 그리고 성장 성과의 공정한 분배를 통한 국민후생 증대는 부차적이었다. 이러한 박정희 군사정권의 '자립경제론'에 '민족경제론'이 대치한다. 박현채는 "경제자립이란 국민경제의 자립 즉, 경제적 민족주의 실현의 기초"이며 또한 "경제자립은 국민경제의 재생산조건의 자기 민족에 의한 장악"이라고 말했다.[241)]

결국 박현채의 '민족경제론'은 해방 후 독립정부 수립에도 불구하고 청산하지 못한 식민지 유제와 군사독재 정권하의 자립경제론을 극복하려는 데서부터 출발한다. 이승만 정권 때 마땅히 청산하여야 할 친일 유제를 방치한 채 부르짖은 '재건론'과 박정희의 '자립경제론'은 박현채가 지향하고 연구한, 민족 스스로의 생활상을 기초로 민족의 자주·자립을 추구하는 경제운용과는 거리가 먼 것이었다.

박현채가 정의한 대로 민족경제는 자본주의 경제가 자본축적 과정을 범세계적으로 확장하는 과정에서 후진국의 열악한 경제력을 종속 내지 예속시키는 상황을 인식하는 반작용으로 정의되는 개념이다. 나아가 자본주의 선진국이 세계적으로 자본을 축적하는 과정에서 후진국의 정치·사회·문화까지 동질화함으로써 민족적인 것을 소멸시키는 역사적 횡포를 극복하고자 하는 의도가 담겨 있다. 따라서 민족경제의 개념은 단순히 인간의 물적 욕구 충족을 위한 행동양식과 대상 수준을 벗어난다. 민족경제는 정치경제학적 관점의 한 범주에 속한다.

이런 관점에서 민족경제론이 표방하는 첫 번째 개념은 한 나라 경제가 자본주의화하는 과정에서 대외경제와 균등한 거래를 통해 한 나라 경제의 자립, 다시 말해 대외균형의 달성과 자주적 발전 즉 자본·기술의 자립을 보장할 수 있는가의 문제를 연구함으로써 불균등 거래를 단절하고

자 하는 것이다. 나아가 대내적으로는 한 국가의 구성원 가운데 계층적으로 절대 다수를 점하는 직접 생산자인 민중의 삶을 위해 얼마만큼의 자원을 분배할 것인가에 관한 국민경제의 기본 과제를 해결하고자 하는 깊은 뜻이 담겨 있다.[242]

그런 관점에서 보자면 직접적 생산자의 삶의 조건을 위협하는 양극화 현상이야말로 우리 사회의 가장 심각한 문제일 뿐만 아니라 한국경제의 미래와 발전전망을 제약하는 최대의 문제이다. 21세기 한국경제에 대한 민족경제론적 대안은 경제양극화 해결을 과제로 해야 한다.

민족경제론의 논의를 빌어 서로 다른 경제순환 영역을 국민경제 내 공간구조에 집어넣으면 로컬 영역과 글로벌 영역으로 구분할 수 있다. 이때 국민경제의 양극화 경향은 과거 민족경제론의 어법에 따르면 민족적 생활양식의 균열이며 로컬 영역에서 생산성-수익성 위기는 '민족경제 영역'의 위기 혹은 '토착경제 영역의 위기'가 된다. 그리고 이 균열은 산업부문 간, 지역 간 그리고 계급·계층 간 이해관계 대립을 심화하고 이들 간의 이해관계 조정을 위한 정치적, 경제적, 사회적 비용을 증가시키며 국민국가, 시민사회의 위기를 초래할 상황을 부단히 만들어낼 것이다.

박정희 모델로 상징되는 한국경제의 기존 발전 모델은 세계화 경향 속에서 위기를 맞았고 이후 서서히 해체되었다. '외채위기론'을 강조하고 '경제잉여의 대외유출'을 경계한 민족경제론, 한국경제의 구조적 모순과 그에 따른 기층민중의 '생존권 위기'를 제기하던 정치경제학적 분석이 사라진 후 역설적으로 한국경제는 진짜로 '외세 문제'와 '민중생존권 위기'를 맞았다. 이후 한국사회는 한편으로는 외국자본과 특정 재벌의 영향력이 그 어느 때보다 커지고 다른 한편으로 고용불안과 사회의 양극화 역시 전례 없이 심각한 상황을 맞고 있다.[243]

3
주변부자본주의 vs. 국가독점자본주의

1970년대 말에 도입된 다양한 제3세계론에 기초하여 정립된 주변부자본주의론은 세계체제론의 시각에서 세계자본주의가 중심부의 제국주의와 주변부의 후진국으로 나뉜다고 파악했다. 이 이론의 핵심적인 특징은, 자본주의의 고전적 발전과정을 밟은 서구사회와 달리 후진국의 근대화 과정이 제국주의 국가의 수탈에 의해 왜곡되게 이루어진다고 보는 것이다.

주변부 사회에서 구식민지의 상태는 외형상으로는 변화했으나 본질적으로는 종속 또는 신식민지적 상태로 지속되고 있다. 물론 주변부에서도 자본주의의 운동법칙이 관철된다는 점을 부정할 수는 없으나 그것은 내적 불균형과 파행성을 지니면서 관철되는 것이기 때문에 자본주의 발전에 있어서 주변부적인 특질이 강조되어야 한다. 이 주변부적 특질이란 중심부 자본주의에서와 달리 경제적 토대와 상부구조 간의 괴리가 나타난다는 점, 국가-자본 관계의 특수성이 발현한다는 점, 제국주의와 식민지 민중 사이의 외적인 민족모순이 내적인 계급모순에 중첩되어 나타남으로써 계급구성상의 복합성이 드러난다는 점 등이다.

이 논의의 계급구성과 관련하여, 주변부 일반과 비교할 때 한국 사회에서 자본주의 계급분화가 명백하게 진전되었고, 결과적으로 절대적이고 상대적인 비중 면에서 노동자계급이 급증했기에 내적인 계급모순이 기본모순으로 진전되었음을 인정한다. 그러나 그 진전 정도가 서구의 국가독점자본주의 사회의 분화 정도에는 현저히 못 미치기 때문에 한국 사회에는 쁘띠부르주아지의 절대 규모가 팽창한다거나 비생산적 인구로서 도소매, 음식, 숙박업 등 3차산업에 종사하는 자영업자층이 비대화한다거나 하는 현상이 여전히 나타난다는 사실을 중요하게 다룬다.

자본-임노동 관계에 실질적으로 포섭되지 못하는 광범위한 여러 층을 한국 사회의 성격 규명에서 간과할 수 없는 이유는, 민중을 변혁주체라고 볼 때 그 계급적 구성에서 추상적으로 노동자계급의 헤게모니만을 강조할 것이 아니라 여타 계급과 계층의 동맹 문제를 심도 있게 고려해야 하기 때문이다. 농민에 대해서도 마찬가지다. 한국 사회가 지배적인 자본주의 생산양식 외에 비자본주의적 생산양식을 일정하게 잔존시키면서 자본 제 부문에서 부담해야 할 노동력의 재생산 비용을 바로 비자본 제 부문에 전가시켰다는 측면에서, 주변부자본주의론은 저임금-저곡가 정책, 대기업의 하청관계, 도시빈민의 경제활동 등의 문제를 실증연구를 통해 밝히려고 노력했다.

한국 사회가 주변부자본주의 사회로 정착되는 시기는 한국 자본주의가 세계 자본주의에 포섭된 시점을 중심으로 1950년대 또는 1950년대를 이행기로 한 1960~70년대로 보기도 하고, 일제하의 식민지반봉건사회가 농지개혁과 한국전쟁을 거치면서 주변부자본주의 사회로 이행되었다고 파악하기도 한다. 전(前) 자본주의 생산양식의 잔존이 오랫동안 지속된 라틴아메리카를 모델로 발전한 주변부자본주의론은 급진적 인텔리, 룸펜, 농민을 주축으로 하는 변혁운동을 지지한다. 그 전략은 민족적이고 민중민주주의적인 운동으로 탈자본주의를 건설하는 것이다.

반면 국가독점자본주의론은 후진국에서 나타나는 자본주의 발전의 특수성을 자본주의의 보편적 발전과정 속에서 이해하려는 논의로서 후진 자본주의의 특수성을 상황과 조건의 차이에 불과한 것으로 본다. 자본주의의 전개 유형으로는 선발 자본주의, 후발 자본주의, 식민지 종속형 등이 있는데 식민지 종속형에서는 자유경쟁 자본주의 단계를 거치지 않고 독점자본주의가 성립하며, 이때 국가의 규제적 속성이 다른 유형보다 더 강하게 나타난다. 한국 자본주의가 바로 이 유형에 해당하는 국가독점자본주의라는 설명이다.

그 과정을 살펴보면, 우선 일제하 토지조사 사업 이후 자본주의 사회로 되었다가 해방 직후 관료자본주의 성격이 정착되어 1950년대를 통해 금융자본이 형성되었고, 1963년 이후 국가독점자본주의 성장정책을 추진하여 외국자본의 광범위한 진출을 기반으로 1975년경까지 민간부문에서 독점이 완성되었다는 설명이다. 독점화 수준이나 독점자본의 구조적 결합상태 등을 감안하여 국가부문의 비대화, 축적과정의 국가개입, 독점자본 재생산을 위한 국가의 정치적·이데올로기적 기능의 강화 등을 함께 고려할 때 한국 사회가 국가독점자본주의 단계에 도달했다고 보았다.

주변부자본주의론을 극복하고 등장한 국가독점자본주의론은 1960~70년대에 노자대립을 기본으로 사실상 자본주의 사회로 이행한 한국 사회에서 변혁운동을 담당해야 할 주체를 명백히 밝히려는 의도를 갖고 있었다. 그 결과 한국 사회 기본모순의 성격상 운동의 주체는 노동자계급일 수밖에 없다는 결론에 도달하여 한국 사회 인식의 수준을 높이는 데 기여했다.

또한 서구 선진 자본주의 국가가 자본주의의 전반적 위기 속에서 자본주의 재생산의 위기를 해결하기 위해 정치적으로는 사회보장제도를 확대하여 물질적 보상을 제공하고 경제적으로는 자본의 행정에 국가가 개입하는 과정에서 국가독점자본주의가 출현했으며, 시민사회가 확고히 정립된 고도의 축적단계에서 국가와 자본이 결합한 반면, 후진국에서는 사정이 달랐다는 점이 지적된다. 즉 한국 사회에서는 시민사회가 확립되지 못한 상태에서 저차원의 자본축적 위기가 출현하자 자본과 국가의 결합이 이루어졌고, 민중의 불만을 완화하기 위한 보상책들을 확보할 경제적 토대가 취약했기 때문에 이러한 국가와 자본의 결합에서 강압적인 국가의 물리력이 두드러지게 나타나는 등 서구 국가독점자본주의와 상이한 특징을 보이게 된다.

국가독점자본주의론을 내재적으로 비판하여 수정한 결과 신식민지 국가독점자본주의론이 등장한다. 이 논의는 신식민지에서는 종속에 기초하여 독점자본이 형성·유지된다는 독점강화/종속심화론을 주장한다. 신식민지 국가독점자본주의론은 종속이 유지·심화하는 가운데서도 국내자본의 축적이 고도화한 1960~70년대 자본주의 발전 과정에 관한 현실적 인식에 기초하여 제기되었다. 국내 독점자본이 자본축적을 주도한다고 보는 점에서 국내자본의 독자성을 인정한다. 그러나 동시에 국내자본의 독점 강화 과정을 곧 종속의 심화과정으로 파악한다. 따라서 종속성이 한국 자본주의의 내재적 특성으로 관철된다는 점을 주장한다.

그러나 이러한 논의는 그 이론 근거에 문제가 있으며, 기술종속이 지속되고 있으나 금융종속이 거의 해소됨에 따라 전체적으로 한국 자본주의의 종속성이 약화하는 1980년대 이후의 자본축적 과정을 설명하지 못하는 한계에 부딪치고 있다.

같은 맥락에서 신식민지 국가독점자본주의론은 한국 사회가 본래적인 '독점자본주의=제국주의'로 전개될 전망이 없다고 보고 반(反)제국주의·반(反)독점을 변혁의 주요과제로 제기하는데, 반(反)제국주의는 오늘날과 같이 한국 독점자본과 선진 제국주의 자본 간의 국제경쟁이 격화하는 상황에서는 오히려 국내의 독점자본을 옹호하는 우를 범할 수도 있다. 그러므로 현 단계 한국사회 변혁의 주된 과제는 반독점이라는 점을 명확히 설정할 필요가 있다.

최근에는 독점자본주의가 1980년대에 성립했다는 견해가 대두되었다. 한국의 대자본이 생산과정에서 독점적 축적양식을 확립하고 유통과정에서 중소자본에 대한 하청적 지배관계를 형성하며, 금융부문의 지배를 본격화하는 등 대내적으로 독점적 지위를 확립하고, 대외적으로도 상품수출과 자본수출을 체계적으로 증대해 가는 것이 1980년대이므로, 이 시기에 비로소 한국 사회가 독점자본주의 단계로 발전했다는 설명이다.[244)]

신식민지 파시즘론은 신식민지 국가독점자본주의론 논의의 확장 과정에서 등장했다. 신식민지 파시즘론에 따르면 한국 사회는 단순히 외세의 지배도구와 대리통치 체제로 해명될 수 없는 국민국가라는 독자적 실체를 갖고 있으며, 한국의 국가권력은 국내 예속 독점자본과 마찬가지로 제국주의에 대한 종속성과 함께 상대적 자율성을 갖고 있다. 따라서 구식민지가 아니고 신식민지인 한국에서 외세의 지배는 직접적인 것이 아니라 종속적이기는 하지만 독자적으로 존재하는 국가권력, 즉 한국의 국가권력을 매개로 해서만 실현될 수 있다고 보았다. 요약하면, 한국의 신식민지 파시즘은 '한국의 신식민지 국가독점자본의 재생산을 보장해주는, 즉 대외적으로 외세의 지배를 보장해주고 대내적으로 예속 독점자본의 축적 기반을 확보해주는 국가 형태'라는 것이다.[245]

주변부자본주의니 신식민지국가독점자본주의니 하면서 한때 첨예했던 사회구성체 논쟁은 이제 시들하다. 그도 그럴 것이 "권력이 시장으로 넘어갔다"라며 탄식한 노무현의 말마따나 국가와 자본 혹은 국가와 시장의 관계에서 자본과 시장의 비대화와 압도적인 우위가 너무 명백하기 때문이다. 더구나 광범위하고 깊숙한 세계화 경향 속에서 자본과 경제를 민족 혹은 국민국가와 결부시키는 것이 어쩐지 구태의연해 보인다.

그러나 앞서 진지하게 진행된 논의들이 완전히 빛을 잃은 건 아니다. 2015년 7월 삼성물산과 제일모직 합병이 성사될 때 삼성은 '외국자본에 맞선 애국심'으로 여론전을 펼쳤고, 과거 이병철이 박정희를 만났듯 이재용은 박근혜를 만났다. 이재용과 박근혜는 몇 년 뒤 모두 구속되었다.

독점자본을 국민 전체의 이익에 정렬하며 통제하는 일은 이제 대한민국이란 국민국가의 핵심 과업이다. 대한민국이 국민국가라면 말이다. 세계화시대, 우리 기업들이 해외로 대거 진출하여 과거 우리 땅에서 외국기업들이 했던 것과 비슷한 행태를 반복하고 있는 상황에서 과거의 사회구성체 논쟁을 떠올리게 된다. 과거의 논의까지 참고하여 완전히 새롭고 창의적인 해법이 필요한 시점이다.

자본과 민족 또는 자본과 노동과 관련한 논의에서 과거 심각하게 대비하지 못한 건 비정규직 노동자와 이주노동자 문제다. 특히 모든 자본주의 국가의 공통 고민이 된 이주노동자 문제는 전혀 새로운 관점을 요구하며 새로운 가치를 도모할 사유를 필요로 한다.

'초국적의 뉴라이트 정치'는 이주 노동자를 포함한 새로운 유형의 빈민들의 삶을 민족국가 체제에서 보다 더 비참하게 만든다. 같은 민족 내의 하층민과 다른 민족으로 구성된 이주노동자 등 계급의 해방은 과거의 논의에서 그 수단을 찾아낼 수 없다. 세계자본주의든 민족자본주의든 이들에게는 동일한 고통이다. 자본의 세계화와 민족적 자본화를 동시에 극복할 새로운 생활양식, 삶의 형태를 발명하고 창안하는 것에서만 해방의 가능성이 발생한다. 상상력이 이끄는 정치가 이들에게는 필요하다. 민족국가의 경계를 깨면서 나타난 지구무대, 그러나 자본이 지배하고 있는 지구무대를 전 세계 빈민들의 탈(脫)경계적이고 공화(共和)적인 공간으로 재구축하는 상상이 실현 가능할까? 자본의 세계주의적 보편성에 대항할 수 있는 것은 민족적 특수성이 아니라 특이한 삶들의 인류인주의(人類人主義)적 공통성이란 주장을 눈여겨볼 시점이다.[246]

230) 조홍식, 『유럽 통합과 민족의 미래』, 푸른길, 2006, 62쪽.

231) 한국철학사상연구회, 『지식의 바다에서 헤엄치기』, 동연출판사, 2006, 56쪽.

232) 최장집, 『민주화이후의 민주주의』, 후마니타스, 2002, 50~53쪽.

233) 김윤태, 『재벌과 권력』, 새로운사람들, 2000, 71쪽.

234) 김윤태, 같은 책, 105쪽.

235) 김윤태, 같은 책, 241쪽.

236) 박성옥, 『신민족주의론』, 살림터, 1997, 196~199쪽.

237) 황병덕, 「기획2 : 한국자본주의의 현단계 한국 자본주의의 축적위기와 권위주의적 정권」, 『역사비평』, 12호, 역사비평사, 1990, 113~114쪽.

238) 박현채, 「(한국 중소기업의) 지역적 편재와 불균형 발전의 요인 분석」, 한국경제문제연구회, 『한국경제연구』 제2권 제1호 증보판, 1967, 34쪽.

239) 정윤형, 「민족경제론의 역사적 전개」, 정윤형·전철환·김금수 외, 『민족경제론과 한국경제』, 창작과비평사, 1995, 20~26쪽.

240) 박현채, 「한국자본주의 전개의 제단계와 그 구조적 특징」, 『한국경제구조론』, 1986, 51쪽.

241) 박현채, 『민중과 경제』, 정우사, 1978, 59쪽.

242) 전철환, 「민족경제론의 구조와 의의」, 정윤형·전철환·김금수 외, 『민족경제론과 한국경제』, 창작과비평사, 1995, 33~39쪽.

243) 정건화, 「[쟁점과 대안] 2000년대 한국경제의 쟁점 : 외국자본 지배론에 대한 비판적 검토」, 『동향과전망』, 한국사회과학연구회, 2006, 105~106쪽.

244) 권희완 외 공저, 『현대 사회학의 이해』, 이화여자대학교 출판부, 1993, 339~343쪽.

245) 김석준, 『미군정 시대의 국가와 행정』, 이화여자대학교 출판부, 1996, 49쪽.

246) 조정환, 『미네르바의 촛불』, 갈무리, 2009, 350쪽.

PART 7

중화학공업 육성으로 재벌은 비대화하고 안정되었다

1
산업의 구조조정

박정희 정부는 중화학공업 육성에 앞서 교육과 훈련제도를 대폭 개선했다. 중화학공업에 필요한 엔지니어와 기술을 갖춘 고급 노동력을 키워내기 위한 조치였다. 기술훈련센터, 기술공업고등학교, 전문대학 등이 신설되고 한국과학기술원을 설립하여 외국에서 활동하고 있는 한국의 학자들을 유치하는 노력을 전개했다.

정부의 집중적인 육성정책의 결과로 중화학공업이 국민총생산(GNP)에서 차지하는 비중이 1970년 11.9%에서 1980년 26.3%로 크게 증가했다. 이 정책은 수입대체 효과를 유발했으며 궁극적으로 중화학제품의 수출 비중을 크게 끌어올렸다. 선박과 철강제품의 수출이 점차 가발과 합판 등 경공업 수출을 대신했고, 1980년대에 이르러서는 전자제품과 수송기계의 수출이 전통적인 수출품목인 섬유의 수출비중을 능가했다. 중화학공업의 육성에 따라 수출지원이 축소되었음에도 불구하고 수출은 1972년 14억 달러에서 1979년에는 10배 이상으로 성장한 150억 달러에 이르렀다.

1980년대 들어서면서 정부는 물가안정에 정책의 우선순위를 두었다. 통화증가율을 낮추고 정부의 재정지출을 더 긴축적으로 운영했다. 동시에 1970년대에 집중적으로 추진했던 중화학공업 육성정책의 기조를 완화했다. 즉 정부가 직접 나서서 금융재원을 배분하는 소위 정부 개입을 줄여나가기 시작했다. 특히 저금리의 특혜대출을 대폭 축소했다. 또한 이 시기에 정부는 국내 금융산업의 발전을 위해 대부분의 정부 소유 시중은행의 민영화에 돌입했다. 정부는 금융 부문의 정책 변화 외에도 실물 분야의 활성화를 위한 규제완화와 시장개방의 확대를 추진했다.[247]

산업별 비중 변화 추이 [248]

구분	1962	1975	1991
농림·어업	36.6	24.5	8.1
광·공업	16.3	27.6	27.9
사회간접자본 및 기타 서비스업	47.1	47.9	64
경공업	71.4	54.7	35.1
중화학공업	28.6	45.3	64.9

박정희의 '부국강병' : 중공업 육성

앞서 살펴보았듯 국가주도 자본축적기의 민간자본은 4·19와 5·16군사쿠데타와 같은 정치적 대격변을 겪으면서 오히려 집적과 집중을 강화했다. 이승만·박정희 정권을 경과하며 한국경제는 국가주도 자본축적 형태에 의한 정경유착 구조를 고착화했으며, 재벌 중심의 경제체계를 정착시켰다. 이 시기 자본축적의 주역은 국가였다. 자본주의 발전단계가 낮은 수준에서는 국가의 역할이 상대적으로 커진다. 종속적 자본주의 발전의 길을 걸었던 대부분의 저개발국가들이 경험한 일이었다. 국가의 산업정책을 통해 대자본은 다양한 사업부문에 진출할 수 있었으며, 제한된 경쟁 속에서 해당 사업부문에서 독점력을 가질 수 있었다. 이 과정에서 재벌과 정치권력 사이의 유착은 확대·재생산되었고, 국가의 금융 장악으로 연결된 국가·은행·재벌의 융합구조 속에서 재벌의 자본축적이 가속되었다. 특히 1970년대 후반 중화학공업에 대대적으로 진출한 결과 재벌들은 경공업과 중화학공업을 동시에 포괄하는 실물 부문의 전 영역에 걸쳐 지배적인 지위를 확보했다.[249]

창원에는 종합기계공단이, 거제도에는 조선소가, 구미에는 전자단지가, 포항에는 종합제철소가, 여천에는 비철금속단지가 들어섰다. 미국과 일본에서 중고설비를 대량으로 들여왔다. 이 설비들은 미국과 일본에서는 쓸모없는 것들이었다. 기술집약적인 고이윤·고부가가치산업을 시작하면서 미국과 일본은 이미 노동집약적인 중공업의 많은 부분을 정리하고 있었다.

일본은 토지이용 공해 등의 문제를 야기하여 자국 내에서 한계에 다다른 철강·알루미늄·석유화학·조선·전자공업·플라스틱 등의 공업이 한국으로 옮겨지기를 희망했다. 따라서 설비 이전은 단순히 설비를 들여온다는 것 이상의 의미를 가지고 있었다. 한국은 늘 미국과 일본이 포기한 설비와 기술을 사용해야 했다. 새롭고 미래중심적인 기술과 설비에는 접근할 수 없는, 풀기 힘든 사슬에 묶이기 시작했음을 의미하는 것이었다.

비판이 봉쇄된 채, 중화학공업이 나라의 모든 돈을 다 먹어치우다시

피 했다. 1973년부터 1980년까지 산업은행 총 대출액의 80%를 중화학공업이 차지했다. 중화학공업이 국가산업의 중심이 되어버렸다.

빠른 성장과 성공은 그만큼의 부작용을 동반한다. 중복·과잉투자가 문제였다. 차관 원리금 상환액이 1978년에 23억 9,000만 달러였는데, 1980년에는 42억 3,000만 달러로 불어났다. 기업의 빚은 늘어가기만 했다. 1979년에 자기자본비율이 21%였던 것이 1980년에는 17%로 줄었다. 반대로 부채비율은 377%에서 488%로 늘었다. 성장이 갑자기 느려지다가 1980년에는 드디어 마이너스 성장을 기록하게 되었다.[250)]

중복·과잉투자의 재원은 오일달러였다. 석유수출국기구(OPEC)로 말미암아 유가가 네 배로 급등한 후 세계시장에는 어마어마한 양의 오일달러가 떠돌아다니고,[251)] 그 여파로 오일달러를 받아들인 국제적인 은행들이 국가와 기업들에게 차관을 얻어가라고 사정하는 상황에 처했다. 한국의 국가는 이 돈의 흐름을 국내에 중개하고, 이를 박정희의 대대적인 중공업 추진정책에 따라 엄청난 투자금액이 소요되는 '6대 산업' 쪽으로 유도했다. 이에 따라 1976~79년에 한국의 해외차관 규모는 멕시코와 브라질에 이어 세계 3위를 차지했다. 1967~78년 사이에 한국의 외채는 15배로 늘어나 저개발국가 전체 외채율의 두 배를 기록하기에 이른다.

하지만 이러한 아수라장이 재벌들에겐 도약의 기회였다.

이 시기에 대규모 차관을 얻으려면 회사 자체가 커야 됐다. 즉 재벌이라야 했다. 또한 계속해서 차관을 받기 위해서도 회사가 "거대해야 했다."[252)] 특혜를 받은 재벌은 "공적인 목적을 지닌 사적 기구"가 되었고[253)] 공적인 목적은 재벌들을 특정한 몇몇 정예산업들로 몰아감으로써 박정희의 꿈인 '부국강병'을 실현하는 것이었다.[254)]

중화학공업 육성은 박정희의 오랜 꿈이었다. 중화학공업은 자본의 회임기간이 상대적으로 길 뿐만 아니라 자본규모 또한 거대한 장치산업이기 때문에 자본동원이 첫째 문제였다. 정부는 1972년 12월 30일에 '기업공개촉진법'[255]을 공포하여 기업들의 공개를 요구했다. 기업공개는 기업활동에 필요한 자본을 자본시장을 통해 직접 조달하는 것인데, 이는 기업의 재무구조 건실화와 소유의 집중 배제, 소유와 경영의 분리, 주식분산 확대 등을 통해 궁극적으로는 대중자본주의로의 지향을 목표로 했다. 이후 우리나라 기업들은 공개를 통해 비록 외형상이지만 재무구조의 건실화를 꾀했고, 동시에 규모의 거대화를 추진했다.

1973년 12월 정부는 '우리 경제의 장기전망(1972~1981)'을 통해 중화학공업 건설에 관한 구체적인 청사진을 제시했다. 그 내용은 철강, 화학, 비철금속, 기계, 조선, 전자공업 등 앞서 언급한 '6대 산업'을 전략산업으로 육성한다는 것이었다.[256]

1974년에는 '국민투자기금법'을 마련하여 1974~81년 동안 기금 가운데 68%를 중화학공업 부문에 지원했고, 14개 주요 산업에 대해 처음 3년 동안 100%, 다음 2년 동안 50%의 내국세 감면 혜택을 주었다. 중화학공업 제품을 수출하여 생긴 소득에는 소득세와 법인세를 50% 감면해준는 파격적인 조치를 취했다. 기업에 이러한 여러 가지 특혜를 주려다 보니 세금을 올릴 수밖에 없었고, 국민의 조세 부담률은 1973년 12.6%에서 81년 18.2%로 높아졌다.

이러한 상황에서 1970년대 중반부터 전체 제조업 분야에서 중화학공업이 우위를 차지하기 시작한 것은 당연했다. 제조업이 창출한 부가가치 가운데 중화학공업이 큰 몫을 맡았다. 수출상품 비중에서 경공업에 대한 중화학공업 비율은 1970년 12.8%에서 1979년 38.4%로 늘어났다. 중화학공업의 발전에 따라 제조업 노동생산성이 1960~79년 사이 7.6배 늘

중화학공업 비중의 증가 257)

(단위 : %)

경제지표 / 연도	생산액 기준		부가가치 기준	
	경공업	중공업	경공업	중공업
1962	73.2	26.8	71.4	28.6
1967	66.8	33.2	65.3	34.7
1972	62.9	37.1	63.6	36.4
1977	49.6	50.4	51.5	48.5

어났으며 이에 따라 국민총생산(GNP) 규모도 커졌다.

1970년대 한국경제는 산업구조를 고도화하고 생산력을 발전시켜 자본주의 체제를 튼튼히 했지만, 집중 투자된 중화학공업은 각 산업 부문에 생산재를 공급해주고 연관산업의 발전을 촉진하는 본래의 역할을 다하지는 못했다.

한국의 중화학공업은 국내 다른 산업과 분업적 연관 없이 수출 위주의 노동집약적 조립가공산업(조선·전자·자동차)이나 공해산업(알루미늄·석유화학·플라스틱)을 중심으로 개발이 추진되었다. 3차경제개발기간 동안 중화학공업 비중이 크게 늘었지만 공작기계·금속 등 기초산업 부문의 생산은 오히려 줄어들어 기계류·운송기기 수입이 1970년 5억 2,000만 달러에서 1979년 29억 달러로 급증했다. 1970~78년 경공업의 수입의존도가 19.6%에서 16.5%로 낮아진 반면 중화학공업은 24.3%에서 31.5%로 높아졌다. 수출형 중화학공업은 역설적으로 '수출을 위한 수입 확대의 주역'이었다.

중화학공업화의 또 다른 그늘은 한국경제의 대일의존도가 심해졌다는 것이었다. 일본은 그동안 동아시아에서 누렸던 미국의 지위를 차츰 대신해나갔다. 1962~79년 사이 일본은 한국에서 미국이 직접 투자한 것의 두 배, 기술 도입의 세 배를 차지하게 된다. 중화학공업이 발전하면 할수록 한국경제는 일본에 더욱 종속되었다.

박정희 정권이 중화학공업화를 선언한 1970년대 초만 해도 석유파동에서 비롯된 불황으로 기업들은 참여에 소극적이었다. 이에 박정희 정권은 사적 자본을 축적 주체로 하는 대신 국유기업을 점차 민영화하고 여러 정책을 통해 이전보다 포괄적으로 축적 과정에 개입했다. 그리고 4차 경제개발계획에서 중화학공업 투자를 확대하자 기업들도 앞을 다투어 뛰어들었다.

1960년대 경공업 수출 위주의 공업화 과정을 통해 성장한 재벌기업들은 1970년대에는 중화학공업으로 자본을 축적하여 재벌군을 형성했다. 중화학공업을 수출산업으로 육성하여 국제적 규모로 건설했기 때문에 이 또한 재벌 중심으로 이루어졌다. 이에 따라 종속적 자본축적 방식을 철저히 따랐던 현대·삼성·럭키·대우 4대 재벌은 빠르게 자본을 축적하게 된다. 더욱이 재벌들은 재벌 안의 회사들이 서로 자본을 빌려주는 상호출자 방식으로 모든 업종에 '문어발식' 확장을 계속했다.

1975년 정부가 일본을 본뜬 종합무역상사제도를 만들자 재벌들은 이를 이용하여 무역을 독점했다. 1977년 30대 재벌이 수출에서 차지하는 비중은 38.5%에 이르렀다. 종합상사로 지정받으면 수출금융 혜택이 주어졌고, 시중금리(15~19%)의 반에도 미치지 못하는 7~9%로 돈을 빌릴 수 있었다.

1974년의 '5·29 특별조치'도 재벌들의 덩치가 커지는 계기가 되었다. 이 조치는 기업 공개를 통해 소유와 경영을 분리하여 국내자본을 조달한다는 것과 사채시장을 양성화하여 투자신탁·신용협동조합 등 제2금융권을 만든다는 내용이었다. 재벌들은 기업공개를 이용하여 부실기업을 인수하고 적극적으로 기업을 합병하면서 경제지배력을 높여갔다.

수입자유화율은 1974년 49.5%에서 81년에는 74.7%로 높아졌으나, 중화학공업의 독과점 품목에 대해서는 1981년에도 37.5%에 그쳤다. 무역장벽을 유지한 것이다. 또 정부는 중화학공업 대기업을 군수산업으로 지정해 그 생산물을 군수품으로 사들이는 방식으로도 지원했다.[258]

정부의 중화학공업화 정책에 편승하여 중화학공업 투자에 참여한 기업들은 정부의 재정·금융 지원정책에 힘입어 과거 경공업 시대보다 훨씬 빠른 속도로 성장했다.

중화학공업화에 참여한 기업(1978)

업종		참여기업명
중전기	전기*	현대, 대우, 효성, 조선공사
	비전기*	현대, 대우, 삼성
수송기기	자동차	현대, 대우, 기아
	자동차 엔진*	현대, 대우, 쌍용
	기관차	대우, 조선공사
	조선	현대, 대우, 삼성, 조선공사
전자		LG, 삼성, 대한
화학		삼성, LG, SK, 한화

주: * 는 각 산업 내의 참여자가 한 상품 혹은 상품그룹에 독점적 지위를 보장받음.

오늘날의 대표적인 재벌인 삼성, 현대, 대우, LG, 쌍용 등은 중전기, 수송기기, 전자 그리고 화학 등 중화학공업 부문의 투자자로 선정됨에 따라 새로운 중화학공업 부문에 큰 어려움 없이 진출할 수 있는 기회를 얻었을 뿐만 아니라 정부의 각종 지원에 힘입어 외형의 급속한 증대를 이루었다. 정부에 의해 해외의 경쟁압력으로부터 보호를 받았고, 국내에서는 일반 대출금리보다 금리 면에서 크게 유리한 정책금융을 제공받았다. 상

한국 10대 기업 변천 추이 260)

1960	1972	1979	1987
삼성	삼성	현대	현대
삼호	LG	LG	삼성
개풍	한진	삼성	LG
대한전선	신진	대우	대우
LG	쌍용	효성	SK
동양시멘트	현대	국제	쌍용
극동해운	대한전선	한진	한화
한국유리	한화	쌍용	한진
동립산업	극동해운	한화	효성
태창방직	대농	SK	롯데

대적으로 낮은 금리는 기업들로 하여금 자금조달의 원천을 점점 더 차입에 의존하게끔 이끄는 요인으로 작용했다. 그 결과, 외자도입을 통한 자금조달 규모가 증가했다.

기업들이 자금조달액 중 상당부분을 외자로 조달한 이유는 정부 정책에 부응하여 막대한 규모의 중화학공업 투자를 진행하기 위해서였다. 국내의 자본만으로는 부족했기 때문이다. 또한 국내 금리가 약 15%인데 비해 상업차관 금리는 10%로 상대적으로 매우 낮았다는 현실적인 이유도 작용했다. 이 시기에 정부의 중화학공업화 정책에 편승한 기업들은 다음 시기에 한국의 주요한 재벌로 성장했고, 이들의 지위는 그 과정에서 서서히 안정되었다.

1960~70년대에는 경제의 양적인 팽창 속에서 재벌들의 부침이 심했음을 알 수 있다.('한국 10대 기업 변천 추이' 참조) 1960년 이후 20년 동안 재벌의 형태를 유지한 것은 삼성과 LG뿐이다. 하지만 1979년의 10대 재벌

은 국제를 제외한 모든 재벌이 1987년에도 10대 재벌에 포함되어 있다. 1970~80년대에 성장한 재벌들은 중화학공업 부문에 참여하고 부실기업을 인수하는 등 재벌체제를 더욱 공고화·안정화했으며, 이들의 위상은 1990년대에도 계속 유지되었다.[259]

2
경제력 집중 레이스에서 살아남기

국민경제 내 30대 재벌의 비중 추이 261) (단위: %)

	출하액	부가가치	자산	고용
1978	34.2			
1980	36			
1982	40.7	33.2	37.2	18.6
1984	40.3	33.5	40.3	18.1
1986	37.7	32.4	39.1	17.2
1988	35.7	30.4	37.3	16.9
1990	35	30	32.2	16

중화학공업화 정책을 통해 국민경제 내에서 재벌이 차지하는 비중은 급격히 증가했다. '국민경제 내 30대 재벌의 비중 추이' 표에서 알 수 있듯 광업 및 제조업의 전체 출하액, 부가가치, 자산 그리고 고용에서 30대 재벌이 차지하는 비중은 1970년대에 계속 증가하여 1980년대 초반에는 그 비중이 정점에 달했으며, 1980년대 중반 이후에도 매우 높은 수준을 유지하고 있다.

외환위기 당시 한국 5대 재벌의 주요 재무비율 262)

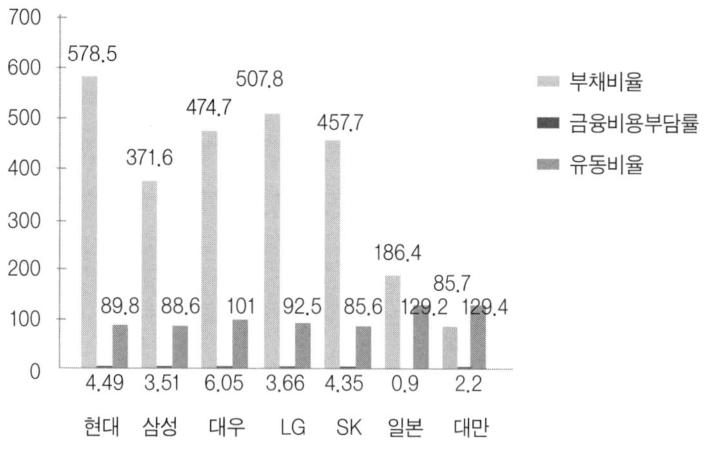

당연하겠지만 이들은 중화학공업 제품 시장에서도 높은 시장지배력을 행사했다.

1987년에 30대 재벌은 매출액 기준으로 화학물·석유 및 조립금속·기계장비 제품 시장에서 50%에 가까운 압도적 비중을 차지했다. 또 비금속광물 및 제1차 금속제품 시장에서도 각각 29% 및 40%의 시장을 점유했다. 이 제품들이 바로 그동안 정부가 온갖 수단을 동원하여 중점적으로 육성한 중화학공업 부문의 제품임은 두말할 나위가 없다.

그러나 살펴보았듯, 정부가 추진한 중화학공업화 정책과 이에 편승한 재벌들의 외부 차입에 의존한 투자로 인해 재벌기업 내부에는 부채의존·외형확장 지향성 경영형태가 뿌리내리게 되었다. 나아가 부채의존적 경영형태에 기인하는 취약한 재무구조는 1990년대 말까지 지속되었다. 이러한 재벌기업의 과잉투자·과당경쟁 그리고 그 결과인 취약한 재무구조는 1997년 말 경제위기를 초래한 주요 원인 중 하나였다.

또한 1970년대의 중화학공업화 전략에 대한 근본적인 반성 없이 이루어진 1980년대 초의 중화학공업 투자조정은 1980년대 중반 이후 또 다른 산업부문에서 기업부실을 낳았고, 연쇄적으로 은행의 부실을 가중시켰다.

박정희 정부는 협소한 시장에서 재벌들이 중화학공업에 경쟁적으로 참여하여 기업의 부실화가 가속화하자, 집권 말기인 1979년 5월 중화학부문 투자조정 작업을 단행했다. 발전설비에서는 현대와 현대양행을 하나로 묶고 삼성과 대우를 하나로 묶어 업체를 이원화하고, 대우중공업의 건설용 중장비 시설 확충을 보류시켰다. 또한 현대양행의 신규 공장 증설을 억제하며 삼성중공업의 확장사업도 보류시키기로 했다. 그러나 이러한 구조조정 작업은 기업 간 이해가 첨예하게 대립되어 제대로 이행되지 못한 상태에서 5공화국에 인계되었다.[263]

1980년에 중화학공업의 과잉·중복 투자 조정에 나선 국보위는 발전설비·자동차·중전기기·디젤엔진·전자교환기 등을 중심으로 중복된 업체를 정부 직권으로 통합·조정했다. 정부는 이런 강제조정을 통해 일부 기업의 중화학 참여를 배제시키거나 통·폐합하고, 부동산 투기나 기업합병을 억제함으로써 부채를 줄이고 생산력을 회복시키려고 했다. 그렇지만 원래의 목적은 이루지 못한 채 몇몇 기업의 대형화와 독과점만 가속하는 결과를 낳았다.[264] 살아남은 자는 번성했다.

3
금융 등의 자유화

1980년대 재계의 두드러진 현상 중 하나는 재벌들의 금융업 진출 러시였다. 1980년대 중반 이후 국제수지 흑자시대를 맞아 급속하게 추진된 금융산업의 자유화, 대형화, 국제화 작업은 국내 금융산업의 활성화 및 기업들의 규모 확대와 해외 진출의 기폭제로 작용했다.

1986년 9월 제8차 우루과이라운드 협상에서 서비스 교역 문제를 다자간 협상대상에 포함시킴으로써, 이 무렵 세계 10대 교역국으로 부상한 우리나라의 금융시장 개방은 예고되었다. 더구나 1986년 이래 우리나라의 국제수지는 만성적인 적자에서 흑자로 전환했고, 이후 흑자 규모가 점차 확대됨으로써 미국을 비롯한 선진국 자본들의 국내 금융시장 개방 압력에 굴복해야만 했다.[265] 이에 따라 국내자본에도 금융업의 문호가 개방되었다.

재벌들의 이른바 다각화가 특히 두드러진 사업부문이 금융업이었다. 1980년대 자본자유화 정책에 부응하여 재벌들의 시중은행 지분 비중이 확대되었다. 또한 이 시기 재벌들은 보험, 증권, 리스, 단자 등 제2금융권에 경쟁적으로 진출했다. 그 결과 상위 30대 재벌은 모두 산하에 한두 개 이상의 금융업 계열사를 거느리게 되었다.[266)]

금융자유화 결과 재벌은 지방은행, 제2금융권, 증권회사, 보험회사를 장악하게 되었다. 또 금융자유화 즉 금융기관의 재벌화는 국가–자본 간의 관계에서 자본의 자율성이 신장되는 매우 중요한 전환점이 되었다. 원래 금융자유화의 주요 목적은 경쟁을 촉진함으로써 금융자본의 배분에 있어서 대자본에 제한을 가하려는 것이었다. 그러나 실제로는 재벌들은 제약을 받지 않았고 금융의 탈규제화가 오히려 이들에게 새로운 기회를 열어주었다. 은행과 금융 부문의 국제화는 재벌들에게 대안적인 자금의 원천을 제공했다.

결과적으로 재벌의 정부 의존은 크게 약화했다. 이미 자본가계급의 경제적인 독점이 어느 정도 이루어진 후에 전개된 경제자유화는 공정한 경쟁의 틀을 형성하기보다는 오히려 경제력 집중의 강화를 초래했다.

또한 제5공화국 기간에 급격히 진행된 수입자유화 역시 대기업에 유리한 결과를 낳았다. 수입자유화는 반대급부로 교섭 상대국들에게 더 많은 수출을 할 기회가 만들어진다는 것을 의미한다. 따라서 이미 세계시장에서 선진국들과 경쟁하며 수출산업에 종사하고 있던 대기업들에게는 호기라고 할 수 있었다.

수입자유화가 이루어지자 대기업들은 수출시장의 안정적 확보와 확대를 이루거나 또는 반대로 수입에 주력함으로써 이익을 얻었다. 반면에 세계시장에서 아직 경쟁력을 키우지 못한 중소기업과 농업부문은 큰 손실을 입었다. 특히 미국 등의 통상압력에 대처하면서 권위주의적이고 비공개적으로 급속하게 수입개방이 이루어짐에 따라 충분한 보상이 이루어지지 못해 피해가 더 컸다.

여러 분야에서 이루어진 수입자유화를 통해 재벌들은 일상품과 식료품에서 사치품에 이르기까지 여러 물품과 서비스를 주도적으로 수입함으로써 새로운 시장을 발굴하는 기회를 얻었다. 수입자유화 또한 경제력 집중의 부작용을 낳았다.

투자개방 역시 금융자유화와 마찬가지로 국가-자본의 관계에서 자본의 자율성을 크게 높이는 중요한 결과를 초래했다. 이러한 대외적 자유화가 자본가계급에 미친 영향은 첫째, 외국의 직접투자와 국제신탁자금이 대기업에게 외자를 조달할 수 있는 또 하나의 새로운 통로가 되었다. 둘째, 국제신탁자금은 한국의 기업이 외국의 증권시장에 광고될 수 있는 통로의 역할도 했다. 셋째, 다국적기업과의 합작투자는 외국기업으로부터 선진기술과 경영기술을 수입하는 통로로 작용했다. 또한 외국기업과 합작투자는 정부가 국내기업에 임의로 개입하는 것을 감소시켜주었고 재벌들로 하여금 새로운 자본에 쉽게 접근할 수 있도록 해주었다.

자본시장에서 시장원리의 강화로 효율적인 자금배분을 이루고자 실시된 이러한 조치들은 경제력 집중을 완화하기는커녕 사실상 더 강화했다. 이러한 역설적인 결과는 자본과 공고한 결합관계를 형성함으로써 정권을 유지시켜온 권위주의 국가의 발전전략 자체에 뿌리를 두고 있다고 할 수 있다. 대자본의 경제적 독점이 어느 정도 이루어진 상황에서 경제자유화 조치로 자원의 비효율적인 배분을 시정하려는 시도는 근본적인 한계를 노정할 수밖에 없었다.[267]

247) 박태호, 강인수, 김태준, 유재원, 유진수, 『한국경제의 이해』, 교보문고, 2005, 66~67쪽.

248) 경제기획원, 1992.

249) 이재희, 「1970년대 후반기 경제정책과 산업구조의 변화」, 『1970년대 후반기의 정치사회변동』, 백산서당, 132쪽.

250) 김진국, 『WWW.한국현대사.COM』, 민연, 2000, 215~216쪽.

251) 제1차 오일쇼크 : 1973년 10월 제4차 중동전쟁이 일어나자 아랍 산유국은 석유를 정치적인 수단으로 이용하고, 석유가격을 대폭 인상(약 4배)했다. 그 결과 아랍 산유국은 국제적인 정치력을 높이고, 외교 면에서는 서방세계로 하여금 지금까지의 친(親)이스라엘 정책에서 친아랍 정책으로 기울게 했다. OPEC는 국제석유자본이 독점하고 있던 원유가격의 결정권을 장악하게 되었으며, 세계적으로 자원민족주의(resource nationalism)를 강화하는 결과를 초래했다. 또한 석유수입국인 서방측 선진 여러 나라들은 석유의 대외의존에 유래하는 경제적인 취약성뿐만 아니라 그것을 안전보장상의 문제로 인식하게 되었다. 그리고 오일쇼크는 제2차 세계대전 후 1960년대까지 계속된 세계적인 고도성장을 종언시키고 경기침체와 인플레이션이 동시에 진행하는 스태그플레이션의 시대를 초래했다. [네이버 지식백과] 오일쇼크 [oil shock] (21세기 정치학대사전, 한국사전연구사.)

252) Woo, Jung-en. Race to the Swift : State and Finance in the Industrialization of Korea. New York : Columbia University Press 1991, 149~53쪽.

253) 같은 책, 169쪽.

254) 브루스 커밍스, 『브루스 커밍스의 한국현대사』, 창비, 2001, 445~446쪽.

255) 기업의 공개를 촉진하여 기업의 원활한 자본조달과 재무구조의 개선을 도모하고 국민의 기업참여를 조성하여 국민경제의 건전한 발전에 기여함을 목적으로 1972년 12월 30일에 제정된 법률이다. 우리나라에서는 이 법이 제정된 후 본격적인 기업공개가 이루어져서 근대적 증권시장 육성에 크게 기여했다. [네이버 지식백과] 기업공개촉진법 [public corporation inducement law, 企業公開促進法] (용어해설).

256) 이한구, 『한국재벌형성사』, 비봉출판사, 1999, 202쪽.

257) 경제기획원, 『주요경제지표』, 1979, 94쪽.

258) 역사학연구소, 『함께 보는 한국근현대사』, 서해문집, 2004, 381~386쪽.

259) 변형윤, 임원택, 「중화학공업화와 한국경제」, 『대한민국학술원논문집』 39집, 대한민국학술원, 2000, 13쪽.

260) 학현 변형윤 박사 정년퇴임기념논문집 간행위원회, 『경제민주화의 길』, 1992, 67쪽.

261) KDI, 『The Korean Economy 1945~1995: Performance and Vision for the 21st Century』, 1997, 459쪽.

262) 한국은행, 「기업경제분석」 한국과 일본은 1999년 기준, 대만은 1995년 기준.

263) 이한구, 『한국 재벌형성사』, 비봉출판사, 1999, 338쪽.

264) 임영태, 『대한민국史 1945~2008』, 들녘, 2008, 577쪽.

265) 이한구, 『한국 재벌형성사』, 비봉출판사, 1999, 344쪽.

266) 이한구, 같은 책, 476쪽.

267) 허문정, 「권위주의 국가의 경제자유화 : 제5공화국의 산업구조조정」, 이화여자대학교 석사학위논문, 1997, 44~51쪽.

PART 8

탈(脫) 한국 자본의 한국 지배

1
알깨기를 시도하는 한국 자본

1980년대 중반이 되면서 한국의 지배적 자본은 변화의 길목에 섰다.

첫째, 국가의 보호 아래 성장해온 재벌들은 이제 '알을 깨고 나오기에' 충분할 정도로 성숙해 있었다. 핵심 자본가 그룹은 국가의 간섭을 점점 불편하게 느꼈고 더 큰 자율성을 원하게 되었다. 둘째, 재벌들은 국내에서 사업을 확장하는 것이 한계에 도달했다고 느꼈고, 확고하게 세계시장을 노려보기 시작했다.

김영삼이 부르짖은 대로 한국 사회를 세계화해야 한다는 외부 압력이 없었다고 해도 재벌들은 스스로 국경이라는 한계를 넘어 더 큰 비즈니스 세계로 자본을 확장하려는 분명한 욕망에 휩싸였다. 이 시기에 이르면 삼성 등 한국의 대표적 재벌은 도요타, 미쓰비시, 소니 같은 일본 기업들을 경쟁자로 인식했다. 불과 얼마 전까지만 해도 이른바 '안행'(flying geese) 발전 모델에 입각해 자신들이 응당 따라가야 할 대장 기러기로 받아들였던 일본 기업들을 다르게 인식하게 된 것이다.

이승만·박정희 정권을 거치며 정경유착을 통해 거침없이 성장한 재벌은 1980년대 초반, 재벌에 대한 국민들의 반감이 고조되면서 새로운 방식의 국가 규제에 직면하게 되었다. "경제권력의 집중을 억제하려고" 독점규제법과 공정거래법이 제정되었고(1980년), 공정거래위원회가 설립되었다(1981년). 한국에서 30대 재벌을 지배적 기업집단으로 간주한 관행은 1980년대에 공정거래위원회가 특별감독대상으로 뽑은 명단에서 유래한다.

1960년대 초반 이래 한국의 지배적 자본은 외부적 '넓이 지향'을 권력 팽창의 기본방식으로 택해왔다. 이 축적 체제는, 간단히 말해 지배적 자본이 평균 기업보다 새로운 생산능력과 고용을 상대적으로 더 많이 더 빠르게 증가시킴으로써 달성하는 차등적 축적 체제를 가리킨다.

그러나 1960년대 초까지만 해도 가장 덜 개발된 국가 중 하나였던 한국 사회가 1990년대에 접어들면서 과잉 도시화와 농촌 공동화를 걱정하는 상황이 되었고, 과거 '넓이 지향' 체제 때 구가했던 호황의 원동력이 약해지자 국내총생산(GDP) 성장 속도가 느려졌다. 이에 따라 재벌은 팽창 동력의 감소를 느끼게 되었다.

1990년대 초반에 들어서면서 한국의 지배적 자본이 추구해온 '넓이 지향' 체제가 벽에 부딪혔다. 1997년 경제위기는 정체에 빠진 지배자본의 차등적 축적 체제에서 기인했다는 것도 한 가지 해석방법이다. 외국인 투자자들이 자본을 철수하고 부채 상환 연장을 거부했던 것이 금융체제 붕괴의 직접적인 요인이었다. 말하자면 '넓이의 비효율'이 발생한 셈이다.

1987년에 민주화운동이 커다란 성공을 거두면서, 독재정권의 보호 아래 성장가도를 달렸던 한국의 지배적 자본은 심각한 문제에 직면했다. 1987년 대중봉기 이후, 한국의 지배계급은 대통령직선제, 언론과 출판의 자유, 지방자치제 실시 등 정치개혁에 관한 민중의 요구를 수용하지 않을 수 없게 되었다. 형식적 민주주의에 머물긴 했지만, 민주화 과정은 자본과 노동의 힘의 균형점을 크게 이동시켰다.

또한 한국 정부는 반독점법을 강화하고 다른 한편으로 시장경쟁을 촉진함으로써 재벌개혁을 함께 모색했다. 그러나 재벌은 국가의 그런 규율에 순응하기에는 이미 너무 커져 있었다. 재벌은 자신들의 운동법칙을 따랐다. 바로 축적의 원칙이다. 재벌들은 계속해서 사회적 과정에 대한 지배력을 확대하는 방향을 모색하면서 다양한 방식으로 사업영역을 다각화하고 구조변화를 추진했다. 정실주의와 부정부패를 없애려는 정부의 시도는 그리 성공적이지 못했다. 새로운 정부가 출범할 때마다 재벌과 관료·정치인 간의 부정한 관계를 단절하겠다는 공약이 내걸렸다. 하지만 공약은 결코 실행되지 않았다. 군사독재정권이 끝난 뒤 집권한 민주정부들 또한 재벌들에 끌려다녔다.[268)]

김영삼 정부는 급진적 시장주의자들의 주도에 의해 본격적인 시장주의 경제개혁을 추진했으며 공식적으로 정부의 거시경제관리 전략을 폐기했다. 자유시장을 신봉하는 경제학자들은 그들이 기대한 시장질서가 미처 정착되기도 전에 경제자유화와 규제완화를 추진했고, 그 결과 대기업이 시장을 지배하게 되고 기업의 구조조정이 지연되어 기업경쟁력은 더욱 약화했다.[269)]

그렇지 않아도 1980년대 후반의 민주화에 따라 재벌체제에 대한 규율, 즉 감시(monitoring)와 제재(sanction)가 제대로 작동하지 않고 있었다. 과거의 독재정권 하에서는 국가가 재벌로부터 상당한 자율성을 확보했기에 재벌에 규율을 부과할 수 있었다. 그러나 민주화로 인해 이것이 어려워지면서 오히려 이제는 국가가 금권정치의 강한 영향 하에 놓이게

되었다.[270]

1990년대 자본시장 자유화에 직면하여 한국 재벌들은 복잡한 상호출자 그물망을 통해 자신들의 경영권을 방어하면서, 자본계정 자유화를 적절히 이용했다. 자본계정 자유화는 거대기업들이 자산을 키우는 방법으로 활용되었다. 1990년을 기점으로 정부는 점차 비금융기업들의 해외증권 투자와 증권 발행을 허용하기 시작했다. 그 전에는 허가받은 금융기관들만 세계 자본시장에 참여할 수 있었다.

자본시장 자유화는 특히 상위 5대 재벌(삼성, 현대, LG, 대우, SK)에게 차등적 혜택을 안겨주었다. 세계 자본시장에서 신용 접근성과 부채 비용 모두 신용등급에 의존하기 때문에 국제무역시장에서 거래 기록이 좋고 상대적으로 잘 알려진 재벌들이 다른 기업들보다 유리한 위치에 있었다. 실제로, 상위 5대 재벌의 자산 대비 해외부채 비율은 1991년 5.1%에서 1996년 9.9%로 가파르게 상승했다. 같은 기간, 30대 재벌 그룹 전체 평균은 4.5%, 비재벌 기업은 3% 내외로 일정한 수준을 유지했다.[271]

자본계정 자유화와 함께 실시된 국내 금융시장의 탈규제는 한국에서 재벌의 집적과 집중을 심화했다. 경쟁의 증가로 높은 효율성을 낳기는커녕, 거대기업은 국내시장의 자유화를 이용해 금융부문으로 사업을 확장할 수 있는 기회를 잡았고, 이를 통해 자본 배분에 대한 통제력을 강화했다.

한국 정부는 국가 지도 자본 배분 체제를 자유시장 체제로 바꾸려는 노력의 일환으로 사채시장의 자금을 공식적인 비은행 금융기관(NBFIs)[272]으로 전환하는 정책을 펼쳤다. 그 결과 한국 기업부문 전체의 외부자금 조달에서 직접금융이 차지하는 비중이 1980년 23%에서

1990년대 내내 평균 40% 이상을 차지할 정도로 높아졌다. 문제는 여기에서 순환구조가 발생했다는 점이다. 비은행 금융기관의 급성장은 재벌들이 주도했고, 이는 다시 자본 배분 체계의 재벌 장악력을 강화했다.[273)]

재벌은 아예 정부 정책을 대놓고 저지하기도 했다. 새로 출범한 김영삼 정부가 '신경제 5개년계획 작성지침'(1993년 4월 20일)과 '공정거래발전과제'(1993년 4월 29일), 대규모 기업집단의 '업종전문화 유도시책'(1993년 5월 30일) 등으로 재벌개혁 의지를 보이고, 노사관계에 대해서도 노동부가 노사 간의 자율적 합의 존중, 정부의 중립성 유지, 노동관계법 합리화 등의 움직임을 보이자, 재벌은 정부의 시도에 대해 반대여론을 형성하는 한편 투자기피를 통해 정부의 재벌규제정책을 무력화하려 했다.

재벌들의 투자 기피가 경제지표로 나타나자, 정부는 경제활성화를 위해 개혁대상으로 꼽은 재벌들과 타협을 하게 된다. 또한 국가 노동통제 정책의 전환도 보수세력과 자본의 반대로 저지되었다.[274)] 새로운 정권의 등장과 함께 경직된 노동통제정책을 완화하려는 일련의 시도는 정권 내부뿐만 아니라 독점자본에 의해 지속적으로 실패했다.[275)]

반면 재벌은 기존 방식대로 탐욕스럽게 몸을 키웠다. 단적으로 재벌의 계열사 증가를 통해 비대화를 확인할 수 있다. 현대는 1976년에 34개, 1980년에 31개, 1990년에 42개, 1996년에 46개, 1998년에 62개로, 삼성은 각각 37개, 33개, 48개, 55개, 61개로 증가했고, 30대 재벌의 계열사 총수는 1996년 669개에서 2년 후인 1998년에는 804개로 늘어났다. 개방화·국제화가 시대적 대세로 굳어지고 자본의 거래가 국경을 제한없이 넘나드는 세계무역기구(WTO) 체제 아래에서 더 이상 과거와 같은 방식으로 움직여서는 안 될 일이었는데, 전근대적 경영체제, 지나친 문어발

식 확장과 사업다각화, 과도한 차입경영 등으로 재벌들은 기존방식을 고수했다.[276]

이후 자동차·전자 등 한국경제의 주력산업은 과잉투자와 수출부진으로 재고가 늘어갔고, 재벌은 문어발식 확장으로 덩치 키우기를 계속했다. 기업 재무구조와 채산성은 악화하기만 했다. 1996년도부터 늘어나기 시작한 외채는 1997년에는 눈덩이처럼 불어났고, 금융비용을 견디지 못한 대기업들의 부도사태가 속출했다.

이렇게 되자 한국경제에 대한 국제사회의 신용도는 급속히 하락했고, 한국에 진출한 외국자본들이 썰물처럼 빠져나가면서 주식시장이 혼란에 빠져들고 외환위기가 찾아왔다. 김영삼 정부의 경제정책은 완전히 실패하고 말았다.[277]

2 외환 위기

외환위기가 닥치기 전에 한국 재벌들이 막대한 자본 투자를 하면서도 왜 신주발행을 통해 자기자본 비율을 높이지 않았을까 하는 의문은 쉽게 풀린다. 일반적으로 재벌들은 그룹 전체 수준의 수익과 자본비용에 더욱 초점을 맞추었으며, 대주주들의 지분이 희석되는 것을 피하는 경향을 드러냈다. 즉 자기자본 확충 비용이 낮다 하더라도 재벌들은 자기자본보다는 부채(타인자본)를 선호했다. 이러한 맥락에서, 내부자금이 바닥났을 때 재벌들이 신주발행보다 외부차입에 의존해왔던 것은 놀라운 일이 아니다.[278] 하지만 예상치 못한 외환위기가 덮치자 이 같은 기존 관행이 재앙의 원인이 된다.

외환위기 발발 전인 1997년에도 8개 재벌이 부도를 낸 것으로 보아 또 하나의 대규모 금융위기를 피할 수는 없었겠지만, 국내의 금융위기는 관점에 따라 이전의 금융위기와 마찬가지로 한국 정부의 조치로 해결할 수도 있었다. 하지만 1997년의 위기가 국내 금융위기로 끝나지 않고 외환위기가 된 것은 단기외채 때문이었다.

1990년대 초까지 한국 정부는 미국 등 선진국의 자본시장 개방 압력에도 불구하고 자본시장 개방에 있어서 매우 점진적 방식을 택하고 있었다. 그러다 1993년 은행에 무역 관련 금융과 해외지사 단기차입을 허용하자 재벌은 그것을 이용하여 일본 등으로부터 금리가 낮은 대규모 차입을 감행했다. 이 과정에서 차입자인 재벌과 은행의 위험관리에 관한 개념이 미약했고, 정부의 금융감독 시스템도 미비 상태였다.

자본 유입이 시작되자 정부는 해외부문의 통화증발 압력을 완화하고 경상수지 방어를 위해 자본 유출을 장려했다. 유출된 자본 중 큰 부분이 동남아 등지로 갔다가 동남아 위기로 부실자산이 되었다. 그런 상태에서 일본의 은행들이 대형 보험사의 도산 등 국내 금융사정 변화와 동남아 위기에 당면하여 국제결제은행(BIS) 자기자본비율을 맞추기 위해 자본을 회수하기 시작한 것이 외환위기를 촉발시키게 된 것이다.

1997년 초, 한보와 기아그룹의 붕괴는 많은 사람들을 놀라게 했다. 계열사들의 연쇄 지급불능 사태와 파산은 금융위기를 겪으면서 계속 나타났다. 1999년 6월에는 4대 재벌인 대우그룹이 붕괴되었다. 위험에 빠진 기업들은 다음과 같은 두 가지 특징을 갖는다. 즉 부채비율이 아주 높았고, 그렇게 조달한 자금을 너무나 많이 시설·설비투자에 사용했다. 재벌들의 거대부채와 금융위기는 건전한 기업지배구조의 미비 및 금융시장의 왜곡에서 비롯된 것이었다.[279)]

외환위기 이후 우리나라 경제는 전면적인 변화를 겪는다. 국제통화기금(IMF)이 한국 정부에 요구한 이행조건은 크게 단기적 관점에서 경기안정화를 위한 긴축정책, 장기적 관점에서 구조조정을 단행하는 자유화 정책으로 나누어 볼 수 있다. 먼저 긴축정책은 결국 지출을 축소시킨다는 것인데 재정긴축, 금리인상으로 인한 금융긴축, 임금인하 정책이다. 이는 저성장을 유도하기 위한 것이라고 볼 수 있다. 두 번째, 자유화정책으로는 환율상승과 금융자유화를 시행했고, 이것은 기업의 파산과 실업률 상승으로 귀결했다.

구조조정 정책은 이른바 신자유주의적 정책으로, IMF는 관치금융과 재벌의 금융독점을 금융위기의 원인으로 보고, 재벌의 기업지배구조 개선을 추진했다. 재벌 관련 프로그램을 살펴보면 금융산업 개편을 통한 재벌의 차입의존 경영행태를 쇄신하고 상호지급보증 폐지, 결합재무제표 작성을 통한 기업경영 투명성 제고가 주요 내용이다. 1998년 1월 대통령과 4대 재벌 총수가 합의한 '기업구조조정안 5개항'을 바탕으로 재벌의 사업구조, 재무구조, 지배구조 개혁을 동시에 추진했다. 재벌의 소유·경영의 집중화를 해소하기 위한 것이라고 볼 수 있다. 결합재무제표의 도입을 통해 계열사 간 내부거래를 막고, 재벌의 비관련 다각화를 방지하여 총수의 1인 독점을 타개하고자 한 것이었다. 그동안 재벌들이 무분별한 비관련 다각화를 진행해온 것에 대해 정부는 사업교환(빅딜) 정책을 시행했다.[280)]

외환위기의 의의 중 하나는 IMF라는 외부행위자가 국내경제에 개입했다는 점이다. IMF가 요구한 재벌 재무구조 개선, 상호지급보증 금지, 국제기준의 기업회계기준 적용, 외국인의 인수·합병(M&A) 허용 등을 골자로 하는 조건들은 국가-재벌 관계에서 점점 자신들의 목소리를 높여가던 재벌들을 아연 긴장하게 만들었다. 국제기준의 기업회계 기준을 적용하여 결합재무제표를 작성하게 되면 기업의 실질가치가 정확하게 공시되고 거래내역이 공개됨으로써 폐쇄적인 경영이 투명하게 공개된다. 동시에 비자금 조성, 정치자금 제공 등이 원천적으로 봉쇄될 수 있으며, 계열기업 간의 부당한 내부거래 행위도 감시할 수 있게 된다. IMF가 국가의 국제경제에 대한 외적 자율성을 감소시킨 반면 재벌에 대한 국가의 내적 자율성과 영향력을 강화한 셈이었다.

국가와 재벌의 관계에 있어 IMF의 역할은 상대적으로 재벌의 입지를 위축시키는 한편 국가의 개입을 정당화했고 재벌에 대한 국가의 정책도구를 보다 확대시켰다. 1998년부터 IMF의 통제 아래 금융감독위원회 등의 국가기구를 통한 재벌의 구조조정이 이루어지게 되었다.281)

김대중 정부는 외환위기를 맞아 한국의 거의 모든 은행들이 사실상 파산상태에 처함에 따라 금융부문의 구조조정에 우선 착수했다. 당시 외환위기가 임박하면서 은행으로부터 예금인출 사태가 일어나고 있었고, 기업들의 연쇄도산으로 은행 입장에서는 추가적인 대출을 제한할 수 밖에 없었다.

정부는 은행의 구조조정을 위해 1999년에만 총 45조 2,000억원의 자금을 투입했다. 이에 더해 정부는 문제가 된 생명보험회사를 위해 4조원의 자금을 투여했으며 문을 닫은 비은행권 금융기관들의 예금지급을 위해 11조 4,000억원의 자금을 지원했다. 이 과정에서 자산관리공사는 추가적으로 3조 2,000억원의 악성부채를 떠안게 되었다. 결국 1999년 12월 시점에서 정부가 모든 금융기관에 투입한 공적자금은 총 64조원에 이르렀다. 시중은행에 대한 이러한 대규모 공적자금 투입은 기업집단 소속 계열은행들이 타 계열사에 무분별하게 대출한 결과로 발생한 1981년의 칠레와 아르헨티나 외환위기 때와 유사하다.

실패한 금융기관에 대한 막대한 공적자금 투입은, 필요한 것이기는 하지만 한국 정부는 결과적으로 자신의 모든 금융자원을 소진했다. 1999년 당시 정부예산과 국민총생산(GNP)은 각각 80조원과 483조원에 불과했다. 이와 같은 공적 자금의 투입은 국민의 세금을 실패한 금융기관을 지원하는 데 사용한 나쁜 선례를 남겼으며, 국내 금융기관들의 도덕적 해이를 가져왔다. 더구나 부도기업들에게 신규대출을 강요하거나 이 기업들의 채권을 매입해주라는 등과 같은 정부의 간섭은 외환위기 이후에도 그치지 않았다.

재벌들은 대규모 자본 투입으로 사실상 국유화한 은행들로부터 철저한 감시를 받았다. 이와 같이 정부가 주도하는 기업구조조정 계획에 따라 기업들의 부채를 줄이기 위한 연쇄적인 조치가 실행되었다. 정부는 1999년 말까지 재벌의 부채비율을 200% 이하로 낮추기 위해 은행들을 이용하여 재벌을 압박했다. 이에 따라 단기간에 재벌의 부채비율이 급격하게 감소했다. 이는 재벌들의 자본금이 크게 늘어났기 때문이었다. 확충된 자본금의 상당 부분을 신규 주식 발행을 통해 조달했는데, 발행 주식 대부분을 계열사들이 매입했다. 이처럼 상호지분 소유 비중이 증가하는 방식으로 인위적인 부채비율의 감소가 이루어졌다. 자본금 증가의 나머지 부문은 대규모의 자산재평가 때문이었다. 재벌들은 자본금을 확충하기 위해 자신들이 보유한 부동산과 유가증권의 가치를 재평가했다.

신규 주식 발행을 통해 자본금을 늘리고 확보된 자금으로 부채를 상환하는 방식에 따라 4대 재벌의 자본금은 1998년의 53조 1,000억원에서 1999년에 96조 4,000억원으로 증가한 반면 부채는 1998년 174조 6,000억원에서 1999년 141조 1,000억원으로 감소했다. 결과적으로 4대 재벌의 평균 부채비율은 1999년 144.9%로 감소했다.[282]

3

외환위기 이후 : 여전한 재벌 중심의 한국경제

외환위기 이후 국가 및 경제 시스템은 크나큰 변화를 겪었다. 자본에 대해 국가가 확고하게 우위에 서서 지도하는 개발국가가 해체되고 국가는 시장국가가 된다. 또한 자본권력에 대한 국가 규율력이 사실상 상실됨에 따라 한국은 '연성국가'화한다.

오랫동안 유지되었던 국가·재벌 동맹은 재벌과 국제금융자본의 동맹으로 바뀐다. 이 동맹은 주주가치와 총수가치의 결합으로도 해석될 수 있다. 1997년 이후 정부의 재벌개혁은 미국식 주주가치 지향의 개혁을 추진하면서 동시에 사실상 재벌체제를 용인하는 이중성을 띠게 되었다. 외환위기 극복 과정에서 나타난 수출 주도의 돌출적 심화도 눈여겨볼 대목이다.

IMF체제와 김대중 정부를 거치면서 일어난 재벌의 부침과 변화 가운데 가장 중요한 것은 삼성의 독주, 현대의 분화와 위상 약화, 그리고 대우의 해체와 몰락일 것이다. 1998년 초까지 현대·대우·삼성은 한국 재계를 대표하는 1·2·3위의 재벌그룹이었지만 IMF를 거치면서 그 운명이 완전히 달라졌다. 재계 2위 대우그룹은 해체되어 개별기업으로 분할되었다. 재계 1위 현대그룹은 유동성 위기 때문에 그룹의 상징이며 중추였던 현대건설과 현대전자를 처분해야 했으며 '왕자의 난', 정주영 사망, 대북사업의 지체 등 우여곡절 끝에 세 조각으로 분해되어 위상이 크게 약해졌다.

반면 삼성은 삼성자동차로 인한 위기에도 불구하고 재무구조개선에 빠르게 성공해 IMF국면을 무난히 넘겼다. 삼성은 이 과정에서 삼성전자의 호조 등에 힘입어 그룹 전체의 덩치와 경쟁력을 키울 수 있었고, 한국경제에서 차지하는 비중을 확대해 독주체제를 굳혔다.[283]

외환위기 이후의 변화 중 하나로 시장주의의 득세를 빼놓을 수 없다. 동구 사회주의의 몰락과 일본 및 동아시아 신흥공업국 등의 국가주도 자본주의체제 경제위기를 기점으로 시장주의자들의 승리는 확고해진 듯했다. 시장을 불평등과 갈등의 장으로 보았던 체제마저 '시장사회주의'라는, 아직 정체가 뚜렷하지 않은 혼합형 제도를 도입하는 마당이었으니 말이다.

특히 1997년 경제위기 이후 한국 사회에는 시장 담론이 무성해졌다. 국가 주도 자본주의의 좌초는 시장주의자들에게 강력한 발언권을 부여했다. 그들은 국가의 시장 개입 즉 시장의 왜곡은 기어코 성장의 한계를 몰고 오고, 이와 함께 경제를 '수렁'으로 몰고 간다고 경고했다. 또한 한국경제에서 국가에 의해 오염되고 상처받은 시장을 회복시키는 일이 향후 최대 당면과제이며, 그러기 위해서는 더 이상 시장을 '더럽히지' 말라고 충고했다.[284] 그들의 가치체계는 이후 신자유주의란 용어로 일반화하며 한국인 대다수의 내면을 일상적이고 강력하게 채우고 지배하는 사유와 행동의 작동방식이 된다.

외환위기 이후 노동시장의 변화에도 주목해야 한다. 노동력 동원의 관점에서 이루어진 노동정책과 함께, 경제개발연대 이래의 한국 노동시장은 그동안 시장에서 인력을 직접적으로 조달하는 외부 노동시장보다는 기업 내부에서 인력을 충원 조달하는 내부 노동시장을 강화하는 방향으로 진전되어 왔다. 그러나 1997년 경제위기를 계기로 노동에 대한 국가 개입의 방향은 크게 변화하여 노동시장 유연화 전략이 본격적으로 추진되었다.[285]

김대중 정부는 시장주의 개혁과 함께 노동과 자본의 계급 타협을 추구했다. 그러나 노사정은 대립하며 정부의 경제개혁 추진 과정에 저항했다. 먼저 비효율적인 정부와 관료의 저항, 두 번째는 경제성장 과정에서 힘을 키운 강력한 재벌의 저항, 그리고 구조조정의 희생자가 된 노동조합의 저항이었다.

관료들은 구조조정과 시장주의 개혁에 불안감을 느꼈다. 겉으로는 시장경제를 주창하는 재벌들 역시 족벌경영과 비효율적 다각화 경영의 변화 요구를 거부하고자 했다. 무엇보다 노동자와 노동조합은 자유시장과 경쟁의 도입이 기업의 도산과 정리해고를 가져오고, 이에 따른 대량실업과 사회해체를 가져올 것이라는 불안감에 떨었다.

이러한 상황에서 김대중 정부는 신자유주의자들이 강조하는 자유시장과 시장의 경쟁을 수용하는 동시에 시장의 질서와 공정한 경쟁을 강조하는 쪽으로 방향을 잡았다. 국가의 개입을 통해 시장을 안정시키고 시장의 실패를 바로잡으려는 시도로 볼 수 있다. 그리고 기업구조조정에서 발생한 대량실업을 해결하고 사회통합을 이루기 위해 복지제도와 사회안전망을 동시에 도입하여 국가의 역할을 확대하고자 했다.

김대중 정부는 재벌개혁의 목표를 재벌의 지배구조를 정상화하고 재벌기업들의 경쟁력을 강화하는 것으로 설정했다. 이로써 김대중 정부의 초기 단계에 정부가 주도하던 재벌개혁은 정부와 기업의 공생과 협력관계를 강화하는 결과를 낳았다. 더불어 해외자본 투자 허용, 정리해고 허용, 비정규직의 증가 등 신자유주의적 경제개혁을 급속하게 추진했다.

재벌개혁으로 기업의 투명성과 책임성은 증가했지만, 금융기관의 매각으로 해외자본이 진출하면서 금융기관의 역할이 변화했다. 금융기관은 소극적 대출정책으로 돌아서 기업보다 부동산 담보 대출에 더 관심을 두었다. 기업의 투자가 위축되면서 한국경제는 저성장 체제로 전환했다. 노동시장 유연화로 계약직, 기간제근로자, 파견근로자 등 비정규직이 증가하면서 사회적·경제적 격차가 큰 폭으로 커지기 시작했다.[286]

결국 국민들 입장에서 체감하는 가장 큰 변화는 정리해고제의 실현으로 인한 실업자 양산과 파견근로제 도입에 따른 비정규직 노동자의 일반화와 같은 고용시장의 급변이었다.[287] 이 연장선상에서 노동시장 유연화를 위한 임시직·계약직 노동자의 확대, 개별적 성취를 강조하는 신보수주의적 생활관 등으로 중간계급의 구성비나 중산층 의식이 급속히 저하하는 중산층 하락 현상이 가시화했다.[288]

청년실업의 확대를 포함한 구조적인 실업사회, 사회안전망의 사각지대에 놓인 저소득 빈곤층의 양산, 중산층의 붕괴와 심각한 사회적 양극화 현상, 카드사태로 대변되는 신용불량자의 양산, 정보기술(IT) 거품의 붕괴와 자영업자의 파산, 비정규직으로 대변되는 하층 노동자의 극빈층화 등 한국 사회에서 사회양극화·빈부격차 문제가 등장한 것은 박정희 개발독재 시기부터였지만, 그 정도가 급격히 심화한 것은 소위 '진보정권'으로 분류되는 김대중·노무현 정부를 거치면서였다.[289] 시간이 지나면서, 늘 그랬듯 외환위기의 최종 승자는 자본이었음이 드러났다. 이른바 개혁조치들이 결국은 재벌의 활동반경을 넓히고 입지를 강화한 것으로 판명났기 때문이다. 패자는 당연히 노동자와 국민이었다.

4
위기를 극복하고 권력을 접수한 시장

대통령 후보 시절에 재벌개혁, 부동산 투기 근절과 부동산 가격 안정, 양극화 완화, 성장과 분배의 이분법을 넘어선 동반성장, 대기업과 중소기업의 합리적인 관계설정 등 강력한 개혁의지를 피력한 노무현은 집권 후 달라졌다. 먼저 SK글로벌 분식회계사건에 대해 "우리 경제사정도 고려해서 검찰이 살살 했으면 좋겠다"라며 재벌을 옹호했다.

그러나 이 문제는 그렇게 해결되어서는 안 되는 사건이었다. 재벌개혁의 척도가 될 수 있는 중요한 사건으로, 경제정의를 확고히 세우는 계기가 될 수 있었다. 결과는 재벌 총수 일가의 하수인라고 할 수 있는 손길승 회장이 모든 책임을 지고 전경련·SK 회장직에서 물러나고, 잠시의 구속을 감내하는 선에서 마무리되고 말았다. 반면 사회적 약자라 할 수 있는 노동자에 대해서는 '철저한 법과 원칙에 기초한 집행'을 내세워 노무현에게 희망을 품었던 많은 이들을 의아하게 만들었다.

2005년 3월 노무현은 유명한 "권력은 시장으로 넘어간 것 같다"라는 발언을 했다. 삼성 회장 이건희 등 재벌 총수들이 참석한 대기업과 중소기업의 상생협력회의를 주재한 자리에서 한 말이다. 노무현 정부에서 자본의 지위를 상징적으로 표현해주는 말이었다. 한국 사회에서 재벌의 영향력은 늘 대단했지만, 지금처럼 재벌의 힘이 비대해진 것은 그리 오래된 일이 아니다. 재벌과 국가의 관계를 두고 본다면 그렇다는 이야기다. 재벌이 정부로부터 사실상 독립적인 요소로 작용하기 시작한 것은 이른바 민간 정부에 들어오면서부터였다.

그나마 김영삼 정부에서는 정부의 우위가 확고했다. 김대중 정부에서는 초기에 외환위기와 IMF 구조조정이라는 조건 때문에 재벌이 잠시 정부의 눈치를 보았으나 집권 후기에는 국가권력으로부터 독자성을 확대했고 노무현 정부 들어 재벌의 영향력은 상상을 초월할 정도로 확대되었다.

단적인 예로, 노무현 정부 초기에 공무원들은 정부 혁신을 이유로 삼성인력개발연구원에서 연수를 받았다. 재벌을 관리·감독해야 할 정부기관 공무원들이 재벌 인력관리회사의 교육대상이 되어 교육을 받는 장면은 매우 엽기적이었다. 진대제(삼성전자 부사장 출신으로 정보통신부장관 역임)·홍석현(『중앙일보』 회장으로 주미대사 역임)·이언오(삼성경제연구소 전무 출신으로 국정원의 요직인 최고정보책임자 역임) 등 삼성과 직간접으로 연관된 인사들이 내각과 주요 요직에 포진함으로써 정부 정책의 집행 과정에도 삼성맨들이 직접 관계했다.

이 때문에 최장집이 노무현 정부를 "재벌·관료·권력엘리트의 연합에 의한 지배체제"라고 비판했을 정도로 노무현 정부와 삼성의 유착관계는 두드러졌다. 또한 참여정부 아래서 제기된 중요한 경제개혁 현안은 대부분 삼성과 관계가 있었고, 대체로 삼성의 의중대로 처리되었다. 이러한 일

련의 흐름은 "권력이 시장으로 넘어간 것"이 아니라 "삼성으로 넘어갔다"는 평가를 낳았다.[290]

어쩌면 "넘어간 것"이 아니라 "넘긴 것"이 아닐까? 노무현 개인의 성향을 감안할 때 그랬을 것 같지는 않고, 이미 국가권력이 어쩌지 못할 정도로 자본권력이 강력해져 '양심선언'만을 남긴 채 현실정치의 필요에 의해 재벌의 지배를 수용한 것이 아닐까 싶다. 해방 이후 끊임없이 탐욕스런 축적을 반복한 자본은 마침내 제 힘으로 정경유착을 끊어내고, 정치권력을 지배하는 한국 사회의 최상위 권력이 되었다. 선거 등과 같은 최소한의 통제로부터도 자유롭고, 돌발상황이 없는 한 자본권력가는 죽을 때까지 그 권력을 유지할 수 있으며 죽으면서도 후손에게 그 권력을 넘겨줄 수 있게 되었다. 자본은 정경유착을 통해 독점재벌로 성장했지만, 자본권력의 독점을 스스로 성취해내고 민주공화국 대한민국의 실제 주인으로 군림하게 되었다. 지금으로선 자본권력의 지배가 영구적으로 보인다.

268) 박형준, 『재벌, 한국을 지배하는 초국적 자본』, 책세상, 2013, 305~329쪽.

269) 김윤태, 『한국의 재벌과 발전국가』, 한울, 2012, 332쪽.

270) 유철규, 『한국자본주의 발전모델의 역사와 위기』, 함께읽는책, 2003, 66쪽.

271) 이종화 외, 『한국 기업의 부채구조: 재벌 기업과 비재벌 기업의 비교』, 「국제경제연구」 제5권 제1호, 1999, 99쪽.

272) NBFIs (Non-Banking Financial Institutions) : 제2금융권. 은행을 제1금융권이라고 하는 데 비해, 은행을 제외한 금융기관을 통칭하여 부른다. 은행법의 적용을 받지 않으면서도 일반 상업은행과 유사한 기능을 담당해 비은행금융기관(non-bank depository institution)이라고도 한다.

273) 박형준, 같은 책, 335~336쪽.

274) 박정은, 「1996~97년 노동법 개정과 국가 자본 노동의 역학관계」, 이화여대, 석사논문, 2000, 24~26쪽.

275) 박정은, 같은 글, 92쪽.

276) 임영태, 『대한민국史』, 들녘, 2008. 804~805쪽.

277) 임영태, 『대한민국史』, 들녘, 2008, 796쪽.

278) 장세진, 『외환위기와 한국기업집단의 변화: 재벌의 흥망』, 박영사, 2003, 146~148쪽.

279) 이제민, 「한국의 외환위기-원인, 해결과정과 결과」, 『경제발전연구』, 제13권 제2호, 2007, 157~159쪽.

280) 강민정, 「경제위기 이후 한국 재벌의 소유구조 변화 분석 : 계열사간 내부지분 변화에 대한 연결망 분석」, 연세대학교 석사학위논문, 2001, 42~44쪽.

281) 이충현, 「한국의 국가와 재벌관계에 관한 연구 : 1993년 이후를 중심으로」, 연세대학교 석사학위논문, 1999, 84~85쪽.

282) 장세진, 『외환위기와 한국기업집단의 변화: 재벌의 흥망』, 박영사, 2003, 192~198쪽.

283) 이병천, 「'시장사회'와 '시장인간': '97년 위기 이후 한국사회 시스템과 생활세계의 전환 1」, 한국연구재단(NRF)연구성과물, 2009, 924쪽.

284) 김왕배, 『산업사회의 노동과 계급의 재생산』, 한울아카데미, 2001, 351쪽.

285) 유철규 편, 『한국자본주의 발전모델의 역사와 위기』, 함께읽는책, 2003, 191쪽.

286) 김윤태, 『한국의 재벌과 발전국가』, 한울, 2012, 326~337쪽.

287) 임영태, 『대한민국史』, 들녘, 2008, 915쪽.

288) 김문조, 『한국사회의 양극화 '97년 외환위기와 사회불평등』, 집문당, 2008, 40쪽.

289) 임영태, 같은 책, 1074쪽.

290) 임영태, 같은 책, 1038~1044쪽.

PART 9

자본

민주주의 국가의 시장과 사회를 지배하는 최고 권력[291)]

1
시장경제에서 시장사회로

시장경제란 시장을 매개로 작동하는 경제체제다. 재화의 생산·유통·분배는 자기조정 기능을 갖췄다고 간주되는 시장의 지배를 받는다. 시장은 한마디로 가격이다. 가격은 시장이 존재를 사유하는 방식이라고 할 수 있다.

시장경제에서 모든 생산은 원하는 혹은 형성된 가격에 판매할 것을 목적으로 한다. 그렇기에 시장경제는 상품화를 요청한다. 자본주의에서 상품 없는 시장이나 시장 없는 상품은 둘 다 무의미하다. 상품화한 재화와 용역은 가격을 통해 순환한다.

순환의 매개체는 화폐인데, 시장경제가 발달하면서 화폐는 시장을 보조하는 역할과 함께 자체 시장을 구축했다. 시장경제는 특정한 가격으로 얻을 수 있는 상품의 공급량이 그 가격에 대응하는 수요량과 일치하는 시장을 가정하며, 일치가 어긋나면 조정을 통해 새로운 균형점을 찾는다고 본다. 이렇게 시장을 통해 수요와 공급이 균형을 찾다 보면 사회 전체적으로 자원을 가장 효율적으로 사용하고 분배하게 된다는 논리가 앞서 말한 '자기조정 기능'이란 신화다. 신화에 근거한 시장주의자들의 이 논리는 현실에 뿌리를 내리면서 발전에 발전을 거듭했다.

문제는 이 신화가 날조됐다는 사실이다. 결론적으로 효율성을 보장하는 자기조정 기능의 자유시장(free market)은 역사상 한 번도 존재한 적이 없었다. 시장은 언제나 특정 참여자가 유리한 편파적 시장이었고, 자기조정 기능은 고장나기 일쑤였다. 많은 예시를 들이댈 것 없이 2008년의 서브프라임 사태를 봐도 자기조정 기능의 좌초와 시장의 편파성을 입증할 수 있다. 흥미로운 건, 자기조정 시장처럼 오랫동안 성공적으로 지속된 거짓말이 없다는 사실이다.

신자유주의에서는 경제에서 정치를 분리해낸다. 정치가 배제된 순수시장. 사실 그것은 자기조정만큼이나 억지다. 손쉽게 참여 역량과 참여 과실을 잣대로 하여 '시장의 탈(脫)정치적 공정성'을 검토할 수 있는데, 두 경우 모두 형용모순이다. 우선 참여 역량의 차이를 감안하지 않고 기회를 공평하게 주는 시장은 공정한 시장이 아니다. 참여 역량의 차이를 감안하지 않은 시장을 설계하는 것 자체가 이미 정치적이다. 참여 역량에 따라 기회를 조정하면 조금 더 공정해지겠지만, 이 공정한 시장을 위한 조정 또한 정치적인 것이다. 참여에 따른 과실을 어떻게 배분하느냐 하는 문제는 논할 필요도 없이 정치적이다. 그런데도 시장주의자들은 정치의 배제를 말한다. 여기서 정치의 배제는, 시장 참여 역량 수준이 높은 참여자들의 자유를 보장하는 '탈정치의 정치'라고 규정할 수 있다.

자기조정 시장에서는 오로지 시장만이 경제영역을 조직하는 유일한 권력이 될 수 있어야 하며, 또한 시장의 자기조징 기능을 확보하는 데 도움이 될 만한 정책과 법안을 만들어내는 방식으로 자기조정 시장의 필요조건들을 창출한다. 자기조정 시장은 사회를 정치영역과 경제영역으로 제도적으로 분리하라는 엄청난 요구를 내놓는다.

시장경제는 오로지 시장사회에서만 존재할 수 있다.[292] 시장경제의 전제로서 시장사회는 정치와 경제의 분리라는 더 본질적인 정치행위에 의해서만 실현될 수 있다. 이러한 탈정치의 정치는 '메타정치'로도 표현될 수 있는데, 정치적인 것을 정치의 바깥에 위치시킴으로써 정치적인 것의 영역에서 이탈케 하는 효과를 거둘 수 있다. 금권적 과두제 민주주의에서 지배블록은 탈정치의 정치를 가장 핵심적인 정치행위로 설정한다. 당연히 이 정치행위는 일상의 민주주의 정치과정에서 보이지 않는다.

폴라니는 인간과 자연이라는 사회의 실체 및 사회의 경제조직이 보호받지 못하고 시장경제라는 '사탄의 맷돌'에 노출된다면, 그렇게 무지막지한 상품 허구의 경제체제가 몰고 올 결과를 어떤 사회도 단 한순간도 견뎌내지 못할 것이라고 보았다.[293]

우리가 견뎌내고 있는 것(또는 견뎌내지 못한다는 사실을 인식하지 못하고 있는 것)은 탈정치의 정치로 은폐된 고도의 정치적 책략 때문이다. 리오넬 조스팽 전 프랑스 총리가 "시장경제는 받아들이지만 시장사회는 거부한다"고 말한 적이 있는데, 지금 와서 생각하면 순진하기 그지없는 발언이었다. 시장경제는 폴라니가 지적했듯이 시장사회를 수반한다. 만약 많든 적든 시장경제와 해당 사회 사이에 불일치와 간극이 있다면 시장권력은 즉시 사회의 시장화 기획에 돌입하여 빠른 시간 내에 불일치를 해소하고 간극을 메운다.

많은 사람들이 1979~80년 마거릿 대처 영국 정부와 로널드 레이건 미국 정부의 등장과 함께 신자유주의 시대가 열리면서 시장경제가 본격적으로 시장사회로 이행하기 시작했다는 데 동의한다. 정치적 합리성으로서 신자유주의는 입헌주의, 법 앞의 평등, 정치적·시민적 자유, 정치적 자율성과 보편주의적 포함 같은 자유민주주의의 기본 원리를, 비용/수익 비율, 능률, 수익성, 효율성 같은 시장의 기준으로 대체하면서 자유민주주의의 뼈대를 전방위적으로 공격했다. 신자유주의적 합리성은 각종 권리와 정보 접근, 정부의 투명성과 책임성, 절차주의 같은 여타의 입헌적 보호장치마저 쉽게 회피하거나 무시하고, 정치영역에서 민주주의의 원리를 기업가적 원리로 대체한다.[294)]

정치를 기업화하는 신자유주의적 합리성 아래에서는 비즈니스 또한 정치적이었다. 자본주의의 팽창은 자본가들이 뻐기는 대로 새로운 재화를 개발하거나 생산방법을 혁신하여 이룩되지 않았다. 닥치는 대로 더 많은 삶의 영역을 자본주의 왕국으로 끌어들였기 때문에 팽창에 성공할 수 있었다. 보통 상품화라고 알려진 과정을 통해, 시장과 축적 체계 바깥에 존재하는 인간의 모든 행위가 자본주의의 경계 안으로 들어오게 되었다.[295)] 경계 내에서 자본의 축적은 베블렌의 '깽판놓기' 개념을 통해 잘 설명된다.

시장경제가 사회 전반을 지배하게 되는 것, 즉 시장사회화하는 데 따른 문제는 재화·용역이 시장 내에서의 거래 가능성, 다시 말해 상품화만을 존재의 잣대로 설정하는 데서 야기된다. 여기에는 당연히 '도덕적 가치'에 관한 판단 결여가 수반된다. 시장이 지닌 매력 중 하나는 스스로의 선택이 만족스러운지 판단할 때 수치(數值) 외에는 결코 참조하지 않는다는 점이다. 시장은 값을 따지지 가치를 따지지 않는다. 다른 말로 교환가치만을 중시한다. 누군가 섹스나 간 이식의 대가로 기꺼이 돈을 지불하려고 하고 여기에 동의한 어느 성인이 기꺼이 팔고자 한다면, 경제학자가 던질 수 있는 유일한 질문은 "얼마죠?"일 뿐이다. 시장은 고개를 가로젓지

않을 것이다.[296]

시장은 효율적일지 모르지만(사실 시장이 효율적인지에 관해서도 의문은 많다. 시장이 효율적이라기보다는 시장의 효율성이란 명제가 효율적인 건 아닐까?) 도덕적이진 않다. 이 문장을 읽은 독자 중 상당수는 "당연하지. 그게 왜?"라고 반박할 법하다. 이런 반응을 예상할 수 있는 건 시장만큼 자신의 부도덕성에 관해 당당하게 면죄부를 받은 존재가 드물기 때문이다. 시장은 당당하게 부도덕하다. 그게 현실이긴 하지만 과연 바람직한 것일까?

시장의 도덕적 한계는 공정성과 부패라는 두 가지 쟁점으로 드러난다. 공정성에 입각해서는, 사람들이 물건을 사고팔 때 평등하지 못한 조건이나 경제적 필요성의 긴박한 정도에 따라 생겨날 수 있는 불평등이 지적된다. 시장에서 교환은 시장을 적극적으로 옹호하는 사람들이 말하는 것만큼 항상 자발적으로 이루어지지 않는다. 굶주리는 가족을 먹여 살리려는 절박한 이유에서 어떤 농부가 자신의 신장이나 각막을 팔겠다고 동의할지 모르겠으나 이 동의의 자발성과 진정성에는 분명 의문이 제기될 법하다. 사실상 어쩔 수 없는 상황에 몰려 불공정하게 강요받았다고 보는 게 올바른 해석이다.

부패는 조금 다른 양상을 보인다. 비판자들은 시장의 가치평가와 교환이 특정 재화와 관행을 변질시킨다고 주장한다. 특정 도덕적·시민적 재화는 사고파는 경우에 가치가 감소하거나 변질된다는 견해다. 부패의 관점에 입각하면 거래의 계약조건이 공정하다고 문제가 해소되지 않는다. 평등한 조건과 불평등한 조건 아래서 부패 쟁점은 모두 똑같이 적용되기 때문이다.[297] 시장의 활용은 그 자체로 재화의 질을 더 나쁘게 만들 수 있다. 재화와 용역을 시장을 통해 제공하면, 비용을 치르지 않고서는 재화와 용역에 접근할 수 없다는 근원적 장벽이 세워진다. 이 장벽 때문에 재화와 용역의 성격 자체가 때때로 변해버릴 수 있다.[298]

이 때문에 공정성과 부패 우려에 입각한 각각의 시장 비판론은 당연히 시장에 대해 서로 다른 입장을 취한다. '공정성'과 관련해서는 심각한 불평등으로 인해 야기된 불공정한 거래조건과 이에 따른 거래를 반대한다. 공정성 요건을 충족한다면 섹스든 신장이든 대학 입학 허가든 상품화에 관한 반대는 제기되지 않는다. 이와는 대조적으로 '부패' 입장에서는 재화와 용역 자체의 특성과 재화와 용역을 지배하는 규범에 초점을 맞춘다. 공정한 거래조건을 형성하는 것만으로는 문제가 해결되지 않는다고 본다. 힘과 부에 불공정한 차이가 존재하지 않는 이상적인 사회에서도 여전히 돈으로 사서는 안 되는 것이 있다는 논리다.

시장은 단지 하나의 메커니즘에 불과한 것이 아니다. 흔히 말하듯 가치중립적이지는 않기 때문이다. 분명 시장은 특정 가치를 구현한다. 또한 때때로 시장가치는 관심을 기울여 존속시켜야 할 비(非)시장 규범을 밀어낸다.[299]

시장의 도덕적 한계를 직시하면서 샌델은 "시장에 속한 영역과 '비시장 영역'의 구분이 민주주의 사회의 중요한 기준이 된다"라고 말한다. 시장과 비시장의 구분, 나아가 특정 재화와 용역이 두 영역 중 어디에 속하는지를 판정하려면 사회적인 논의와 결정이 필요하다. 이러한 과정은 당연히 도덕적이며, 그렇다면 정치적일 수밖에 없다. 인정하든 안 하든 정치의 본령은 도덕적인 결정을 다루는 것이다. 특정한 재화와 용역의 도덕적 의미와, 가치의 적절한 평가방법에 관해 사례별로 토론을 벌여야 한다.

그러나 시장사회에서는 이러한 토론이 의도적으로 생략된다. 그 결과로, 이러한 문제를 제대로 인식하지 못하는 사이에, 그렇게 하겠다고 결정하지도 않은 채, 우리는 시장경제를 가진(having a market economy) 시대에서 시장사회(being a market society) 시대로 휩쓸려왔다. 시장사회에서는 시장의 이미지에 따라 사회관계가 형성된다.[300] 가장 큰 문제는 우리가 우리의 의지와 선택에 따라 시장사회에서 살게 된 게 아니라는 점이다.

2
시장경제를 시장사회로 이행시키는 요소

시장사회를 추동하는 요인은 다양하다. 그중 하나가 경제의 세계화다. 무페는 세계화와 민주주의의 조합과 관련하여 "칼 슈미트는 세계화와 민주주의를 동시에 추구한다고 주장하는 '범세계적 민주주의'를 비판한다. … 모든 경우에 있어서 이러한 범세계적 민주주의는 만약 그것이 설혹 실현될 수 있다 하더라도 민주적 정부 형태의 실질적 소멸에 불과하다"라고 말한다.[301)]

'범세계적 민주주의'는 기업에게서 적정한 가능성을 발견했다. 세계화의 진전은 다국적기업이란 유례없는 현상을 만들어냈다. 다국적기업은 국경에 구속받지 않으며 개별 국가의 통치 능력에도 개의치 않는다. 다국적기업은 능동적으로 민주주의를 배제한다. 단적으로 말해, 민주주의는 세계화를 향한 자본주의의 돌진과 보조를 맞추지 못했다.[302)]

사실상 개별 국가의 역량을 초월해버린 다국적기업의 경영진은 민주주의에 관심을 두지 않는다. 그들의 유일한 관심사는 돈이다. 전체주의에서 주는 돈이든 민주주의에서 주는 돈이든 많은 돈을 안정적으로 벌 수 있다면 개의치 않는다. 그러나 전체주의의 몰락과 전 세계적 민주주의 보급에 따라 그들은 민주주의적 기업시민으로 거듭나고 있다. 그들의 민주주의는 '범세계적 민주주의'다. 다국적기업이 난민과 달리 마음만 먹으면 언제든지 국경을 건너갈 능력을 갖췄다는 사실은 역으로 국경 내에서 협상력을 키운다. '언제든지 떠날 수 있다'는 '능력'을 떠날(수 있는) 자뿐 아니라 남는 자가 아는 게 중요하다. 떠날(수 있는) 자 입장에선 남는 자의 태도가 우호적이기만 하다면 굳이 떠날 이유가 없다. 국경은 '범세계적 기업시민'에겐 호의적이다.

국경 내의 영토를 배타적으로 장악한 지배블록 안에는 다국적기업군의 일원이나 내통자가 있기 마련이다. 이들은 자신들의 대내외적 이익의 포트폴리오에 따라 때로 애국심을, 때로 국제경쟁력을 운운하며 글로벌 스탠더드를 주창한다. 그 전에는 유치산업 보호를 부르짖던 이들이 말이다. 세계화란 추세를 거스를 수는 없기 때문에 또는 그러한 명분으로, 개별 국가는 세계화를 통해 확장되고 확고해지는 세계시장에 맞춰 스스로 국내시장을 조정할 뿐 아니라 사회마저 시장화한다. 1997년 무렵 우리나라에서 보았듯, 외환위기 같은 특별한 계기는 시장사회화를 급격하게 촉진시킨다.

세계화에 발맞춰 진행되는 개별 국가의 시장사회화에는 과거 제국주의 시대와 달리 폭력적인 수단이 동원되지 않는다. 그때나 지금이나 매판세력(이 용어가 불편하다면 그러한 변화를 통해 이익을 보는 세력)의 협조가 불가결하지만 이른바 '경제적 행위'에 굳이 물리력이 동원될 까닭이 없다. 점차 또는 급격하게 시장사회화의 결과가 폭력적으로 드러나긴 하겠지만, 다국적기업들과 그들의 내통자들에게는 민주주의라는, 세계화 시대의 합리적 마케팅 수단이 평화적으로 적용된다.

특히 현존 세계화는 정보기술(IT)과 자본시장 발전에 힘입어 '유동화한 세계화'로 구현되기 때문에 과거와 비교해 상상을 불허할 정도로 빠른 속도를 자랑한다. 영토를 지켜야 하는 느린 지배블록과 영토로부터 자유로운 빠른 다국적기업 간에는 협상력에 차이가 날 수밖에 없다. 또한 매우 공교롭게도 다국적기업의 이익은 대체로 민주화한 혹은 민주화하는 중인 국가의 지배블록의 이익과 일치[303]하기에 시장사회화의 흐름은 저지되기 힘들다. 여기에는 세계화 세력과 지배블록 간의 (대체적인) 이익 공유 현상뿐 아니라 세계화를 거스르기 어렵다는 지배블록 나름의 중상주의적 정세판단이 개입한다. 결국 노동시장, 자본시장, 환경규제 등 다양한 영역에서 세계화가 진행되며 이때 세계화는 내용상 시장사회화와 동의어이다.

이러한 흐름을 뒤집기는 거의 불가능하다. 국경 내에서 대표성의 왜곡이 일어나 피지배블록은 자신들의 이익을 대변할 힘 있는 정치세력을 갖지 못한 채 끊임없이 정치적으로 주변화하면서 그들 이익의 몫을 국내뿐 아니라 이제 국외에도 나눠주고 있다. 세계화는 다국적기업과 거칠게 말해 매판세력의 배를 불릴 뿐, 다수에게는 영구히 끝나지 않는 궁핍화가 주어진다. 소위 '바닥을 향한 경쟁'(race to the bottom)의 저주에서 헤어나지 못하게 된다.

세계화를 중심으로 한 지금까지 묘사는 특정한 시각에서 바라본 신자유주의의 형상이다. 사실 시장사회화의 주범을 찾자면 앞서 지적했듯이 신자유주의를 빼놓을 수 없다. 신자유주의의 물결이 워낙 도도하다 보니 의식 있다고 생각되는 많은 사람들이 겁을 먹고 말았다. 그중에는 저명한 전 영국 수상 토니 블레어가 있다.

한동안 반짝 각광을 받았던 블레어의 이른바 '제3의 길'은 중도 좌파 사회민주주의자들의 창의적인 활로 모색이란 내심과 달리 실제로는 신자유주의에 대한 세련된 항복선언이 되고 말았다. "'세계화는 우리 모두가 적응해야 할 시대의 지배적 힘'이며, 국가 내부의 경제정책과 사회정책은 선순환을 이룰 수 있다"라는 블레어의 주장이 대표적이다.

1970년대 말부터 경제 강국인 서구 주요 국가들과 신자유주의적 국제기구들(미국 정부, G7 국가, OECD, IMF, 세계은행 등) 사이에 합의가 존재했다. 이 합의는 한편으로 법질서와 정치전략을 자유민주주의 원칙에 따르고, 다른 한편으로는 이 합의가 분명한 목표설정에 기초해야 한다는 것이었다. 여기서 분명한 목표란 낮은 인플레이션, 균형재정, 자본이 누릴 수 있는 최대한의 자유, 노동시장에 대한 최소 규제와 국민을 노동으로 이끌어낼 수 있는 긴축재정에 기초한 적응력 있는 복지국가 같은 것이다.

'제3의 길'에 따라 영국은 국제경제 적응을 경제정책의 기준으로 삼았다. (신자유주의적인) 일반적 견지에서 보면, 각국 정부는 시장의 결정을 정확하게 예측할 수 없으며, 그러한 예측을 시도해서도 안 된다. 예측하다 보면 특정한 경제적 이해관계를 우선시하게 되고 공공의 이익을 편협하게 이해하게 된다. 이것은 정치의 종말이다. 시민들은 적응능력을 갖춰야 하고, 유연해야 하며, 높은 숙련도를 갖추고, 경쟁에 노출되어 있는 기업들이 어떤 개인을 '선택해' 일자리를 제공할 경우 만족할 줄 알아야 한다.[304)]

그러나 이른바 새로워지고 근대화한 사회민주주의 즉 '제3의 길'의 정치가 보다 공정하고 책임이 구현되는 사회를 만들고자 한다면 새로운 기득권 세력의 부와 권력에 대한 도전을 감행해야 한다. 블레어주의의 대표 상표인 사회적 합의는 이미 존재하고 있는 계서적 관계를 유지하는 데 도움이 될 뿐 아무짝에도 쓸모가 없으며 도전과도 무관하다. 여하한 대화나 설교가 지배계급 스스로 자신들의 권력을 스스로 포기하도록 만든 적은 없다. 그렇다면 국가가 시장 실패의 사회적 결과에 대처하는 것을 스스로 제한해서는 안 된다.[305] 시장 실패의 사회적 결과에 적극 대처하는 일은 원래 국가의 본질적 기능이었고, 국가가 유지된다면 이 기능 또한 유지되어야 한다.

전 지구적 경제가 더 이상 개별 국가의 통제를 따르지 않게 되면서 반대로 국가가 경제에 봉사하게 되었다. 이 상황은 형식적이나마 권력이 국민에 있다는 민주주의에 더 이상 부합하지 않는다. 신자유주의자들에 의하면, 국가는 시장이라는 자유경쟁 기계장치가 원활히 돌아가도록 사회갈등을 무마하고 공공질서를 유지하기 위해서만 개입해야 한다. "국가의 역할은 경제권력을 제한하는 것이 아니라 촉진하는 것"이다.[306] 세계화, 규제완화, 자유화 등은 주지하듯 신자유주의가 작동하는 방식이고 이 과정에서 국가 혹은 정부가 왜소해지는 반면 국경 이편 저편에 펼쳐진 시장은 탐욕스럽게 비대해진다.

시장의 비대화와 공공부문의 위축을 반증하는 대표 지표는 민영화이다. 공공성 보편성 독점가능성 등의 이유로 또는 자유시장에서는 이윤이 보장되지 않는다는 이유로 그동안 특정한 재화와 용역의 생산과 유통을 공공부문에서 맡았다. 일종의 보편적 복지 개념으로 혹은 변형된 기본권으로서 정부는 이러한 재화와 용역의 공급을 책임졌다. 정부 본연의 재분배 기능을 시장을 통해서 보완하되, 재분배의 기능 자체가 살아있도록 한도를 설정한 것이 공기업이다. 전달은 시장의 형태지만 태도는 공공적이다. 사회는 앞서 지적한 것과 같은 이유가 있는 특정 재화와 용역을, 어느 범위까지 공기업을 통해 공급할지 또 아예 시장에 넘겨서 공급할지를 결정한다.

영국 대처 정부의 정책을 떠올리면 쉽게 이해할 수 있듯이, 신자유주의 정부는 공공부문의 산업을 민간으로 대거 이전해버린다. 그나마 공기업의 효율성 제고, 복지경로의 재편 등과 같은 새로운 사회적 합의나 가치에 의거해 민영화가 추진될 때까지는 사회 내에 시장사회화에 대한 저항이 존재한다고 볼 수 있다. 그러나 어느새 정부 자체의 운영방식에까지 기업적 발상 또는 시장화 논리가 침투하면서 공기업에 관한 정부의 고유한 역할을 주장하는 모습은 후진적인 것으로 치부되는 상황이 빚어진다.

이 같은 공공사업의 민영화나 민간위탁은 정부에서 일하는 관료들에게도 나쁜 일은 아니다. 민영화가 대의 또는 대세로 받아들여짐에 따라 공공부문에 대한 직접적 책임을 우아하게 모면할 수 있게 되기 때문이다. 민간기업이 공공사업에 관해서도 전문성을 보유했다고 간주됨에 따라 정부는 적절한 민간기업을 선택할 최소한의 전문성만 갖추면 된다. 민영화는 오랫동안 존재한 관(官) 우위를 사라지게 만들고, 정부가 점차 자신감을 상실하면서 민영화의 필요성은 더 강해지는 순환논법을 구축한다. 그러다 보면 초기의 그나마 우아한 모면은 사라지고 정부는 사회에서 가장 무능한 집단으로 무시받는다.

이 지경에 이르면 민간의 지도 없이 정부 자체의 운영이나 공공사업을 수행하는 것을 두려워하게 된다. 386운동권이 주축이 된 참여정부가 출범 즈음에 그렇게 혐오해 마지않던 삼성의 싱크탱크, 삼성경제연구소의 도움을 받은 풍경을 떠올려보라. 정부는 일종의 '제도화한 멍청이'로 전락한다.[307] 그저 시장의 수발을 드는 것으로 족하다.

한국, 러시아 등의 민영화는 정경유착을 매개로 한 국부의 불법적인 이전이란 성격을 갖기 때문에 민영화의 또 다른 불편한 특징이라 할 수 있다. "새우가 고래를 먹었다"라는 후일담이 전하는 SK(구 선경)의 한국석유공사 인수 같은 민영화 사례는 많다. 이처럼 불법에 가까운 민영화가 아닌 합법적인 민영화 역시 이권의 이전을 수반한다. 민영화에 참여하는 기업은 애초에 수익성이 낮게 설계된 재화·용역에 대해서는 민영화의 조건으로 시장설계의 변경을 요구한다. 수익성이 보장되지 않으면 원초적으로 성립하지 않는 민영화의 구조는, 민영화를 둘러싼 온갖 미사여구에도 불구하고 민영화에 일종의 약탈논리가 숨어 있음을 시사한다.

수익성의 보장 수준이 높은 공공사업이 민간에 우선 매각되다 보면, 민영화하지 못하는 공공사업은 '잔여화'한다. 시장과 정부 양쪽으로부터 천덕꾸러기 취급을 받게 되는 잔여적인 공공사업은 불가피하게 그 질이 매우 낮아진다. 왜냐하면 오직 가난하고 정치적으로 거의 영향력이 없는 사람들만이 그 서비스를 이용하기 때문이다.

우리의 현존 민주주의에서는 정치적 잔여화와 경제·복지의 잔여화 사이에 비례관계가 성립한다. 결국 잔여화한 공공서비스는 시장 영역으로부터도, 시민권 영역으로부터도 축출된다.[308] 시장지위가 뚜렷한 공공사업과 그렇지 않은 사업 사이에 다른 민영화 문법이 적용되고, 그 결과는 공공사업을 편입한 시장의 확대와 잔여화를 동반한 공공사업의 위축이다. 민영화에 따른 시장사회화의 모습이다.

언론의 상업화 및 독과점화는 기존 민영화 논의와는 다른 맥락에 위치하지만 크게 보아 민영에 의한 공공성의 약화라는 공통점을 갖는다. 언론의 상업화 및 독과점화는 전통적 '시민 민주주의'를 무력하게 만들고 '소비자 민주주의'를 발호하게 만든다. 언론의 상업화 및 독과점화 자체가 신자유주의 체제의 산물이다. 신자유주의는 상업화 및 독과점화의 트랙에 언론을 올려놓고, 언론은 다시 신자유주의를 강화하는 되먹임이 양자 간에 존재한다. 언론의 상업화는 건전한 여론형성을 저해하여 민주주의의 기반을 갉아먹고 언론의 독과점화는 현존 민주주의에서 발생하고 있는 과두제 경향을 심화한다. 특히 현대 과학기술 발전에 힘입어 언론의 정보 전달 역량이 어마어마하게 커지는 경향과는 대조적으로 뉴스와 정보의 통제권이 소수에게 집중된 과두제 현상은 자체 논리에 의거해 상업화를 정치화하는 전략을 추구한다. 정치적인 것의 상업화와 상업적인 것의 정치화는 서로 연결된다.

언론의 공공성이 급격하게 상업성으로 대체되는 현상은 세계 전역에서 나타나고 있다. 언론의 상업화는 당연히 언론산업 자체만의 문제일 수가 없다. 이로 인한 민주주의의 상업화는 사회 저변을 흔들어놓은 심대한 영향을 산출했다. 특히 언론의 상업화는 현대 민주주의 사회에서 최고 권력집단인 자본권력에 대한 비판을 원천적으로 무력화하는 구조를 만들고 고착시키므로 매우 심각한 문제이다. 단지 시민은 상업화한 언론을 통해서 민주주의를 수동적으로 소비함으로써 '민주주의적 개인'이 될 뿐이다. 무력하게 파편화한 개인들이 향유하는 이 한심한 민주주의는 시장사회의 특색이다.[309]

이제 언론은 선동적인 정보(섹스, 스캔들, 폭력)와 여타의 판촉정보를 교묘하고 자연스럽게 뒤섞는다. 정보와 의견, 선동과 마케팅이 혼합된 칵테일주스의 최종 목표는 대중 설득이 아니라 조작이다. 따라서 현재 체제는 더 이상 민주주의라고 할 수 없다. 그렇다면 현재의 정치체제를 무엇이라고 불러야 할까.

한국 자본주의의 발전과정이나 전 세계적 신자유주의의 전개 및 보편화와 강화 경향을 감안한다면, 현 정치체제는 금권정치라고 할 수 있다. 권력은 민중이 아니라 자본이 가진다. 돈과 경제력 또한 당연히 자본이 가진다. 자본가라는 개인은 다수에게 자기 의지를 강요할 수 있다.[310) 시장경제는 시장사회를 불러내었고, 시장사회는 불가피하게 금권적 과두제로 이행한다. 이 이행이 불가역적인 것일까, 하는 질문은 그 자체로 고통스럽다.

291) 9장은 필자가 쓴 『선거파업…우리의 민주주의는 민주주의가 아니다』(영림카디널, 2016)의 일부 내용을 인용하여 수정·보완·정리했다.
292) 칼 폴라니, 『거대한 전환』, 도서출판 길, 1944(2009), 241~242쪽.
293) 칼 폴라니, 『거대한 전환』, 도서출판 길, 1944(2009), 242~244쪽.
294) 웬디 브라운, 「오늘날 우리는 모두 민주주의자이다……」, 『민주주의는 죽었는가?』, 난장, 2010, 89~90쪽.
295) 콜린 크라우치, 『포스트 민주주의』, 미지북스, 2005, 134쪽.
296) 마이클 샌델, 『돈으로 살 수 없는 것들』, 와이즈베리, 2012, 33쪽.
297) 마이클 샌델, 『돈으로 살 수 없는 것들』, 와이즈베리, 2012, 157쪽.
298) 콜린 크라우치, 『포스트 민주주의』, 미지북스, 2005, 140~142쪽.
299) 마이클 샌델, 『돈으로 살 수 없는 것들』, 와이즈베리, 2012, 158쪽.
300) 마이클 샌델, 『돈으로 살 수 없는 것들』, 와이즈베리, 2012, 28쪽.
301) 샹탈 무페, 『민주주의의 역설』, 인간사랑, 2006, 70쪽.
302) 콜린 크라우치, 『포스트 민주주의』, 미지북스, 2005, 47쪽.
303) 한국에 있어서 지배블록에는 당연히 자본권력이 포함되며 지난 장에서 언급했듯 삼성 등 자본권력은 권력의 최상층을 차지한다. 이승만, 박정희 정권기에 자본이 보호장벽 안에서 육성될 때와 달리 상위 포식자 역할을 수행하는 거대 자본가들은 개방과 자유화를 통해 거의 대부분 이익을 본다. 스스로 다국적기업화한 한국 기업들이 국내 시장에서 외국계 다국적기업들과 싸우게 될 때는 당연히 '애국심'을 강조한다.
304) 귄터 그라스, 울리히 벡, 프랜시스 후쿠야마 외, 『세계화 이후의 민주주의』, 평사리, 2005, 138~139쪽.
305) 샹탈 무페, 『민주주의의 역설』, 인간사랑, 2006, 33쪽.
306) 츠베탕 토도로프, 『민주주의 내부의 적』, 반비, 2012, 106쪽.
307) 콜린 크라우치, 『포스트 민주주의』, 미지북스, 2005, 69쪽.
308) 콜린 크라우치, 『포스트 민주주의』, 미지북스, 2005, 148쪽.
309) 소위 '보수' 진영에서 이명박 대통령의 최대 치적은 '종편'이라는 말을 하곤 한다. 1987년 체제는 김영삼 대통령의 자유화 이후 성숙의 길로 접어들어 이명박 대통령의 '종편'에서 마침내 정점에 도달한 느낌이다.
310) 츠베탕 토도로프, 『민주주의 내부의 적』, 반비, 2012, 144쪽.